社会治理河南省协同创新中心智库丛书
A SERIES OF SOCIAL GOVERNANCE
COLLABORATIVE INNOVATION CENTER OF HENAN

河南社会治理发展报告

(2018)

ANNUAL REPORT ON SOCIAL GOVERNANCE DEVELOPMENT OF HENAN (2018)

主　编／郑永扣
副主编／郑志龙　刘学民　高卫星　樊红敏

社会科学文献出版社
SOCIAL SCIENCES ACADEMIC PRESS (CHINA)

社会治理河南省协同创新中心简介

社会治理河南省协同创新中心原成立于2012年10月。牵头单位为郑州大学，协同单位包括河南大学、河南省社会治理综合治理委员会办公室、河南省人民政府研究室、民政部政策研究中心、河南省民政厅。中心主任郑永扣教授为河南省社会科学界联合会副主席，第十一届、十二届全国人大代表，郑州大学马克思主义理论一级学科、哲学学科学术带头人。中心常务副主任为郑州大学公共管理学科学术带头人郑志龙教授。中心自成立以来，致力于打造河南省社会治理智库，在数据库建设、社会服务、学术研究、人才培养等方面取得了丰硕成果，获得了较大的社会影响力。

建立资源共享、开放包容的河南省社会治理数据库。中心目前已经形成寒暑假常规调查及专项调查相结合的调查机制，为出版《河南社会治理发展报告》奠定了坚实基础。已启动且完成的社会调查主要有：2014年春、夏“百村调查”；2014年冬“河南省城市居民幸福感专项调查”；2015年春、夏“城乡社区综合调查”；2015年“河南省经济发展环境调查”；2016年春、夏“河南省社会治理综合调查”；2016年冬“河南省宜居城市调查”；2017年春、夏“城乡社会治理综合调查”；2017年冬“河南省宜居城市调查”；2018年春“城乡社会治理综合调查”；等等。内容包括城乡社会治理综合调查、农民工意识形态调查、社区治理跟踪调查、返乡农民工跟踪调查以及党风廉政调查。

构建河南省社会服务高地，设立社会服务平台。中心精心组织编写了《决策参考》，涉及当前河南省社会发展的各个方面：新型城镇化建设、产业集聚区发展和社会管理创新、基层公共文化建设、新型农村社区建设、基层信访稳定治理等。每月定期报送省委、省政府相关部门，以及18个地市和直管县党政领导，促进了中心与政府、学术机构的沟通和联系，推动了科研成果的转化。中心参与的政府决策咨询，为河南省各级政府提供社会治理专家咨询，与政府开展横向课题研究工作。

产出一系列有重大影响的研究成果。《河南社会治理发展报告》是中心系列成果之一，是中心对外交流、推动河南省社会治理创新、打造社会治理智库的平台，中心建立了蓝皮书平台，发布出版了 2014 年度、2015 年度、2016 年度、2017 年度《河南社会治理发展报告》，面向河南省经济发展的重大需求，通过热点透视、形势分析和发展展望，着力于社会治理的价值导向性、前沿性和地方特色，回应人民群众重大关切，获得了社会各界的广泛关注，形成了有影响力的社会服务品牌。

探索建立协同机制，发挥学术研究部门、政府决策部门、基层实践部门协同创新平台功能。中心与省政府相关部室、地方政府、相关院校、企事业单位以及校内相关院系、部室建立了协同合作机制；与汝州市政府、孟州市政府、济源市政府等确立了战略合作关系；与省政府研究室、省综治办等建立了协同合作机制，在县、乡、村建立了城镇化、社会工作、公共服务等多层次、宽领域实验基地。以项目为支撑，以蓝皮书为平台，建立了跨学科、跨部门、跨学校的学术团队；充分发挥校内不同学科、校外各学术单位协同的优势，实现了协同发展。

主编简介

郑永扣 教授，博士生导师；社会治理河南省协同创新中心主任，郑州大学马克思主义哲学研究中心主任，河南省社会科学界联合会副主席，第十一届、十二届全国人大代表，郑州大学马克思主义理论一级学科、哲学学科学术带头人，河南省哲学学会会长。

郑永扣教授长期从事马克思主义理论教学与研究工作，在马克思主义哲学、意识形态理论等方面，承担有国家社科基金项目、省部级重大项目十余项。在《中国社会科学》《哲学研究》等刊物发表学术论文40余篇，出版学术专著《共产党员理想信念论》等5部。

摘　要

本报告是由社会治理河南省协同创新中心研究人员深入河南省基层进行调查研究的基础上撰写完成的。报告作者分别来自河南省党政机关、郑州大学、河南大学、河南财经政法大学、郑州轻工业学院以及河南人民广播电台等单位。本报告的资料来源主要包括：一是全国统计年鉴、河南省统计年鉴、2017 年河南省各地市的工作总结、相关厅局年度工作报告、专题报告等；二是社会治理河南省协同创新中心围绕本书编写开展的综合调查和专项调查，如“2017 年河南省城乡社会治理调查”“2017 年夏河南省居民价值观调查”“2017 年河南省宜居城市调查”“2018 年春河南社会治理综合调查”等。

基于对社会治理内涵的理解，本报告的写作突出了四个特点：一是保持时效性，报告写作过程中运用的一手调查数据为中心 2017 年夏、2017 年冬及 2018 年春组织的社会调查和调研数据；二是体现价值导向，体现社会治理的价值导向如社会活力、社会参与、社会公平等；三是突出地方特色，面向河南省经济社会发展重大需求，反映河南省地方社会治理创新的实践探索；四是凸显实践创新，将社会治理与当前河南省社会发展面临的新形势、新问题、新任务结合起来，与各行动主体的创新性实践结合起来。

报告共分为六个部分：第一部分为总报告，即《2018 年河南省社会治理形势分析与展望》，该报告从社会安全、矛盾化解、社会组织、公共服务、社会公平五个维度，对河南省社会治理形势进行分析和总体评价。研究结果表明，河南省社会安全形势总体向好，社会矛盾化解平稳推进，社会组织逐步壮大，基本公共服务状况显著改善，社会公平状况有待改善。

第二部分为自主创新示范区建设篇，主要研究了郑洛新国家自主创新示范区协同创新运行机制、创新生态环境评价、区域创新与城市化的耦合协调，提出了创新示范区建设的发展方向和着力点。

第三部分为新型城镇化与社会治理篇，聚焦于河南省十八地市城市宜居度、城市社区治理、农民工社会参与、郑州市共享单车发展等议题。

第四部分为地方政府与社会治理篇，主要研究了城镇老年人养老服务需求供给以及农民工返乡创业等问题，介绍了河南省政府社会治理能力状况、河南省辖市政府信息公开状况、城市居民公共服务需求状况。

第五部分为社会治理评价篇，主要包括河南省社会治理舆情状况、城市居民幸福感、城市居民获得感、居民价值观调查等，基于问卷调查的数据，调查报告从不同的角度对河南省社会治理的诸多方面进行了定量分析，提出了优化河南省社会治理的对策建议。

第六部分为精准扶贫篇，主要介绍和研究了河南省深度贫困地区脱贫攻坚、农村医疗贫困、五县市脱贫攻坚成效、兰考县“三位一体”金融扶贫模式，以及嵩县旅游扶贫开发中农民再组织化等问题。这些实践探索反映了河南省在精准扶贫方面的成效和主要问题，为河南省打赢脱贫攻坚战、重点攻克深度贫困地区脱贫提供了经验和启示。

Abstract

This report is written by researchers of Social Governance Collaborative Innovation Center of Henan Province after the thorough investigation and study. The researchers include some officials of government and specialists and scholars from collaborative research institutions. The data depend on 2 aspects: the first is from China statistical yearbooks, Henan province statistical yearbooks and regional work summaries of Henan province in 2017, etc; the second is from special surveys of social governance which was conducted by Social Governance Collaborative Innovation Center of Henan Province, such as the Urban and Rural Social Governance Survey in Henan Province in 2017, the Survey of Residents' Values in Henan Province in the summer of 2017, the Survey of Livable Cities in Henan Province in 2017, and the Comprehensive Survey of Social Governance in Henan Province in the spring of 2018 etc.

Based on the connotation of social governance, this report reflects 4 characteristics: the first is timeliness, the date are latest, including two social surveys conducted by Social Governance Collaborative Innovation Center of Henan Province in 2016; the second is value guidance, this report gives prominence to the participation of social organization and citizens in governance and the change of social service mode, and shows the governance's value orientation such as social energy, participation and justice; the third is local features of Henan province, this report pays close attention to the current situation of social governance in Henan Province; the forth is practicalness, the report reflects innovations of local social governance practices, it combines the theory and the innovative practice of social governance well.

This report includes 5 parts: the first is general report——the analysis and prospect of situation of social governance in Henan Province in 2018. The general report analyzes and comprehensively evaluates the situation of the social governance in Henan province from 5 dimensions: social security, social contradiction resolving, social organizations, public services and social justice. It shows that the situation of public security is getting better, the resolution of social contradiction is promoted steadily, the social organizations are expanding gradually, the conditions of fundamental public services improve significantly, and the conditions of social justice need to make better.

The second part is the subject of construction of independent innovation demonstration zone. This subject mainly discusses the cooperative innovation operation mechanism of Zhengluoxin's Independent Innovation Demonstration Zone, innovative ecological environment evaluation, Coupling and Coordination of Regional Innovation and urbanization. Put forward the development direction and focus of construction of independent innovation demonstration zone.

The third part is the subject of new urbanization and social governance. This subject mainly analysis the livability of eighteen cities in Henan, urban community governance development, social participation of migrant Workers and the present situation of shared bicycle development in Zhengzhou.

The fourth part is the local government and social governance. This subject mainly studies the demand and supply of old-age services for the elderly in urban areas and migrant workers returning home to start their own businesses. And this part also introduces the situation of the Government's ability of Social Governance in Henan Province, the information publicity of municipal government in Henan Province, the public service demand of urban residents.

The fifth part is the subject of social governance evaluation, it mainly contains the public opinion of local government of Henan Province, the residents'sense of happiness, urban residents' accessibility and analysis residents' values. Based on the questionnaire survey data, the survey reports from different perspective on the social management of Henan Province, puts forward to optimize the social management of Henan Province.

The sixth part is the precision poverty alleviation. This part mainly introduces and studies the key problems of poverty alleviation in deep poverty areas of Henan Province, rural medical poverty, the effect of three cities and counties on overcoming poverty, Lankao County "Trinity" financial poverty alleviation model, and Farmers' re-organization in tourism poverty alleviation and development in Songxian County. These practical explorations reflect the achievements and main problems in the precision poverty alleviation in Henan Province, and provide experience and inspiration for Henan Province to win the battle against poverty and tackle poverty in areas with deep poverty.

目 录

Ⅰ 总报告

Ⅱ 自主创新示范区建设篇

Ⅲ 新型城镇化与社会治理篇

Ⅳ　地方政府与社会治理篇

Ⅴ　社会治理评价篇

Ⅵ　精准扶贫篇

CONTENTS

I General Report

II Construction of Independent Innovation Demonstration Zone

III New Urbanization and Social Governance

Ⅵ Targeted Poverty Alleviation

总 报 告

General Report

2018年河南省社会治理形势分析与展望

马琳 岳磊*

摘 要： 本报告以《中国统计年鉴》《河南省统计年鉴》以及2017年社会治理河南省协同创新中心组织开展的城乡社会治理综合调查数据为基础，从社会安全、矛盾化解、社会组织、公共服务、社会公平五个维度对河南省社会治理的整体状况及其显著特征进行全方位的分析。研究发现，河南省社会安全形势总体平稳，社会矛盾化解平稳推进，社会组织进一步壮大，基本公共服务状况显著改善，社会公平状况有待改善。进一步推进河南省社会治理实践创新，需要从以下几个方面着手：加强社会心理服务体系建设，培育良好的社会心态；推进社

* 马琳，博士，郑州大学公共管理学院讲师，社会治理河南省协同创新中心研究员，研究方向为新型城镇化与社会发展；岳磊，博士，郑州大学公共管理学院讲师，社会治理河南省协同创新中心研究员，研究方向为廉政建设与社会治理。

会治理重心向基层转移，助力乡村振兴战略；激发社会组织活力，打造共建共治共享的治理格局；增强社会治理实效，提升公众获得感、幸福感、安全感；推进社会治理实践创新，助推精准扶贫。

关键词： 社会治理　社会安全　社会服务　社会公平

党的十八届三中全会将“推进国家治理体系和治理能力现代化”作为全面深化改革的总目标，并正式提出社会治理的概念。自此，“社会治理”取代“社会管理”正式成为我国社会建设的关键词与方法论。五年来，全国各界在社会治理体制创新和社会治理方式方法上不断探索，社会治理理论与实践取得了一系列重大进展，为不断完善社会治理体系奠定了坚实基础，为确保社会既充满活力又和谐有序提供了重要支撑。随着中国特色社会主义进入新时代，我国社会的主要矛盾已转化为“人民日益增长的美好生活需要和不平衡不充分的发展之间的矛盾”。为了有效应对我国社会主要矛盾的变化，党的十九大报告着重提出建立“共建共治共享”的社会治理格局；相较于之前提出的“共建共享”的社会治理格局，党的十九大报告增加了“共治”，更加充分地体现了社会治理的核心思想。这既是对我国以往社会治理经验的科学系统总结，也是对新时代社会治理创新提出的新目标和新要求。在此基础上，党的十九大报告还指出，加强社会治理制度建设，完善党委领导、政府负责、社会协同、公众参与、法治保障的社会治理体制，提高社会治理社会化、法治化、智能化、专业化水平，这是形成有效的社会治理、良好的社会秩序，促进社会公平正义，让人民群众安居乐业且获得感、幸福感、安全感更加充实、更有保障、更可持续的有效途径。

加强和创新社会治理，必须坚持以现实问题为导向，紧密联系地方经济社会发展水平和阶段性特征，准确评估地方社会治理整体状况，系统总结社会治理创新和改革的先进经验，全面探寻社会治理发展过程中的薄弱环节，敏锐发现社会治理实践过程中存在的突出问题，引导社会治理创新的方向，及时调整相关社会政策，从整体上提高社会治理水平。为了系统考察河南省社会治理实践的动态变迁过程，本文延用《河南社会治理发展报告（2014）》《河南社会治理发展报告（2015）》《河南社会治理发展报告（2016）》《河南社会治理发展报告（2017）》中社会治理评估指标体系的总体框架，从社会安全、矛盾化解、社会组织、公共服务、社会公平五个方面评估河南省社会治理状况，并对其中的三级指标进行略微的调整。具体指标如表 1 所示。

表 1　河南省社会治理三级指标评价体系

一级指标	二级指标	三级指标
社会治理	社会安全	(1)安全生产 (2)火灾事故 (3)交通事故 (4)社会治安 (5)群众对社会安全满意度
	矛盾化解	(1)人民调解 (2)劳动人事仲裁 (3)法律援助 (4)民商案件 (5)公众对矛盾化解满意度
	社会组织	(1)社会组织数量 (2)社会组织的增长速度 (3)公众对社会组织满意度
	公共服务	(1)预算支出 (2)人均水平 (3)社会保障 (4)公共服务满意度
	社会公平	(1)居民参与人大选举情况 (2)城乡收入差距 (3)城镇居民差距 (4)农村居民差距 (5)社会公平满意度 (6)低保发放公平程度

为准确描述和客观评价河南省社会治理的整体状况，本书以国家及各省统计年鉴中相关数据为主，并以社会治理河南省协同创新中心开展的关于河南省居民的专项调查数据为补充，其主要包括以下三部分。

第一，《中国统计年鉴2017》《河南省统计年鉴2017》和民政部网站公布的社会服务统计数据。

第二，2017年河南省城乡社会治理调查。调查涵盖河南省18个地市，调查对象为河南省城乡居民，调查时间为2017年7月10日到2017年8月20日，调查人员为经过系统培训的郑州大学公共管理学院、商学院、法学院等学院研究生232名。为保证调查数据的真实性、可靠性，调查采用结构式访谈的方法，由调查员进行一对一的面访。调查共发放问卷5104份，回收有效问卷4908份。

第三，2017年河南省宜居城市调查。调查涵盖河南省18个地市，采用多阶段抽样方法，首先在每一地市按照等距抽样方法抽取2个街道办事处，其次在每一街道办事处按照等距抽样方法抽取4个社区居委会。由于难以获取每一社区居委会详细名单，所以调查采用在社区居委会偶遇抽样的方法选取调查对象，每一社区居委会选择25名居民作为调查对象。共调查城市居民4000名，回收有效问卷3967份。

在写作思路上，本文不仅利用数据对各个指标进行了单变量描述，而且对部分指标进行了年度趋势分析。为突出河南省社会治理的基本特征，本文还选取了部分指标与中部地区其他省份以及全国的平均数据进行了对比分析，并从公共安全、矛盾化解、社会组织、公共服务和社会公平等方面对河南省社会治理状况进行了评价，在此基础上提出了河南省社会治理形势的发展展望。

一　社会安全形势总体向好

保障社会安全是经济社会稳定、健康发展的基本要求，也是社会治理的首要目标。以下主要从社会治安、生活安全和生产安全三个方面来分析河南省社会安全形势。

（一）社会治安形势平稳

良好的社会治安环境，对于维护社会和谐稳定，保障经济社会正常运行意义重大。近年来，河南省积极开展各项社会治安综合治理工作，积极探索建立维护社会治安长效工作机制的有效途径，取得了较好的成绩。

1. 河南省社会治安形势较为平稳

2016 年河南省公安机关立案的刑事案件数目为 527252 件，较上年降低了 3. 59%；万人刑事案件率为 55. 31 件，比 2015 年低 2. 38 件。法院审理刑事罪犯人数 76144 人，较上年增加了 5. 79%；万人犯罪率为 7. 99 起，比 2015 年增加 0. 4 起（见表 2）。

表 2　2015 年、2016 年河南省社会治安情况比较

类　　别	2015 年	2016 年
公安机关立案的刑事案件数目(件)	546891	527252
万人刑事案件率(件)	57. 69	55. 31
法院审理刑事罪犯人数(人)	71978	76144
万人犯罪率(起)	7. 59	7. 99

从全国平均情况来看，2016 年，河南省万人刑事案件率为 55. 31 件，高于全国的 46. 49 件；河南省万人犯罪率为 7. 99 起，显著低于全国的 8. 82 起。总体来看，河南省社会治安形势优于全国平均水平，相对平稳。

2. 居民对社会治安情况的总体评价较高

在调查样本中，对于“当地社会治安的总体评价”问题，12. 18% 的居民认为“非常好”，52. 62% 的居民认为“比较好”，30. 03% 的居民认为“一般”，4. 80% 的居民认为“比较差”，仅有 0. 37% 的居民认为“非常差”。总的来看，只有 4. 80% 和 0. 37% 的河南省居民对周边的社会治安评价是“比较差”和“非常差”，合计 5% 左右，群众对公共安全的评价较高（见图 1）。

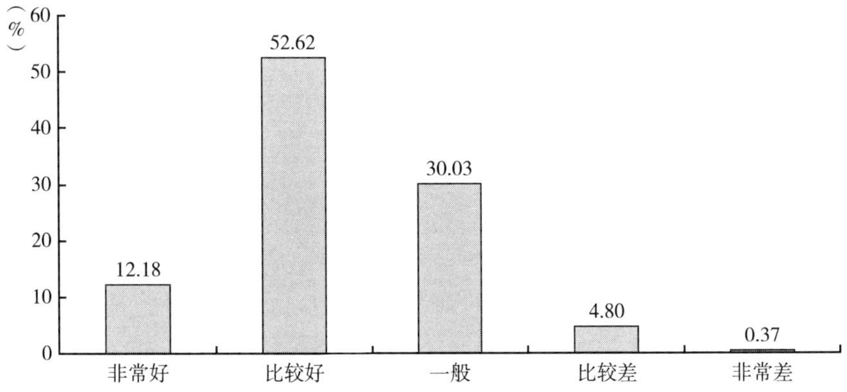

图1　居民对社会治安情况的总体评价

（二）生活安全情况整体向好

1. 火灾形势稳定

在社会生活中，火灾是威胁公共安全，危害人民生命财产的灾害之一，通常用火灾事故的发生率和死亡率来评价生活安全形势。从近 3 年河南省的相关数据来看，河南省的火灾发生数量和造成的经济损失均不断下降，死亡人数也呈整体下降趋势。河南省火灾发生数量由 2015 年的 19925 起下降到 2016 年的 16165 起，下降了 18.87%；火灾造成的死亡人数由 2015 年的 117 人下降到 2016 年的 52 人，下降了 55.56%；火灾造成的经济损失由 2015 年的 19755 万元下降到 2016 年的 14348 万元，下降了 27.37%。整体来看，2016 年河南省火灾形势相较于 2014 年和 2015 年有不同程度的改善（见表 3）。因此，河南省居民的生活安全形势不断向好。

表 3　2014～2016 年河南省火灾形势比较

类　目	2014 年	2015 年	2016 年
发生数量(起)	22873	19925	16165
死亡人数(人)	73	117	52
损失折款(万元)	20740	19755	14348

表4显示了2016年河南省各市火灾事故的情况。从事故发生数量来看，最多的是郑州市3685起，最少的是济源市124起；从死亡人数来看，最多的是郑州市20人，最少的为0人。

表4 2016年河南省各市火灾事故情况

地　区	发生数量(起)	死亡人数(人)	损失折款(万元)
郑州市	3685	20	2767
开封市	635	1	1130
洛阳市	773	1	884
平顶山市	2189	0	432
安阳市	655	3	1917
鹤壁市	158	1	182
新乡市	979	0	617
焦作市	1400	3	558
濮阳市	830	4	783
许昌市	346	6	215
漯河市	344	1	731
三门峡市	339	3	256
南阳市	930	3	882
商丘市	439	4	927
信阳市	692	0	599
周口市	878	2	995
驻马店市	769	0	296
济源市	124	0	176

从河南省18个省辖市的十万人火灾事故发生率来看，最低的是商丘市6.03起，第二是许昌市7.90起，第三是南阳市9.24起，随后依次为鹤壁市9.81起，周口市9.95起，信阳市10.75起，驻马店市11.00起，洛阳市11.37起，安阳市12.77起，漯河市13.03起，开封市13.96起，三门峡市15.00起，新乡市16.99起，济源市17.06起，濮阳市22.87起，郑州市37.91起，焦作市39.44起，平顶山市最高，为43.96起。总体来看，河南省各市十万人火灾事故发生率差异较大，最多的平顶山市是最少的商丘市的7.3倍（见图2）。

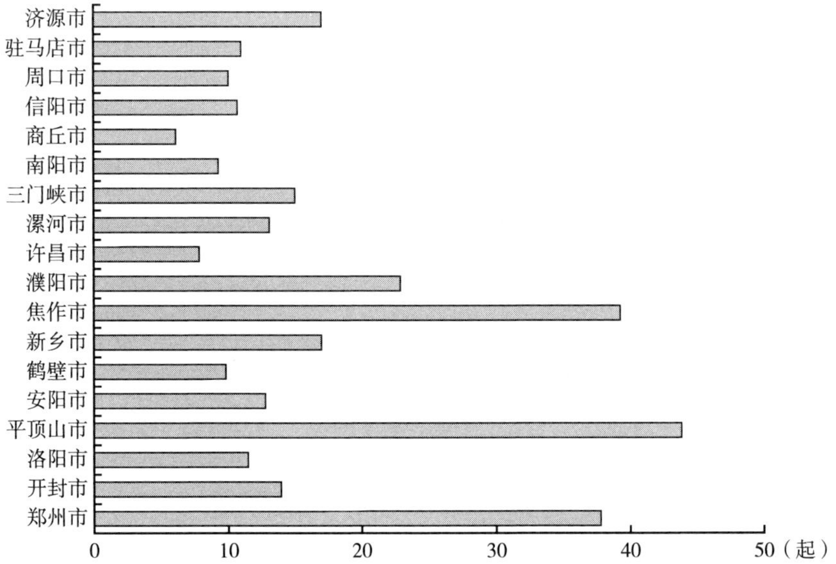

图2　2016年河南省各市十万人火灾事故发生率比较

2. 交通事故十万人发生率与十万人死亡率在中部六省最低

近年来，随着机动车数量的不断增长，交通事故频发，人员伤亡和财产损失严重，交通形势日益严峻。根据河南省2016年的相关数据，河南省共发生交通事故5825起，死亡人数1950人。从十万人交通事故发生率和十万人交通事故死亡率指标来看，2016年河南省交通事故形势显著优于全国平均水平。2016年河南省十万人交通事故发生率为6.11起，显著小于全国的15.39起和中部地区其他五个省份；河南省十万人交通事故死亡率为2.04人，显著小于全国的4.56人和中部地区其他五个省份（见图3）。

3. 群众对食品安全评价不高

对于“当地食品安全状况的评价”问题，仅有7.45%的居民认为“非常好”，31.26%的居民认为“比较好”，39.26%的居民认为“一般”，18.03%的居民认为“比较差”，4.00%的居民认为“非常差”。因此，从调查结果看，仅有不足2/5的居民认为当地食品安全状况好，群众对食品安全的评价不高（见图4）。

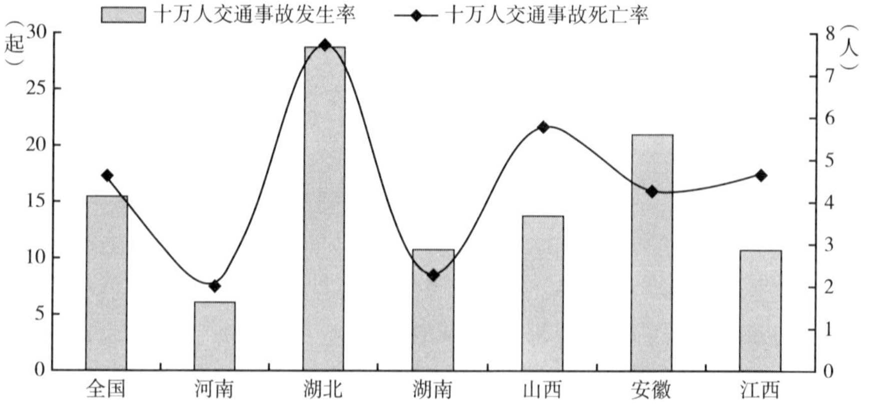

图 3　2016 年中部六省与全国十万人交通事故发生率与死亡率比较

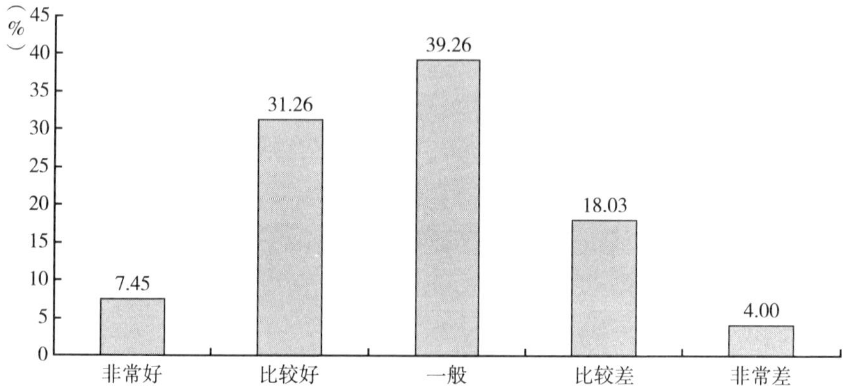

图 4　河南省居民对食品安全的评价

（三）生产安全有所改善

安全生产是安全与生产的统一，保护劳动者的生命安全和职业健康是安全生产的核心内涵。表 5 显示了 2016 年河南省安全生产基本情况。

2016 年，全省发生伤亡事故总计 1405 起，其中商贸制造业 66 起，占比 4.70%，建筑业 53 起，占比 3.77%，交通运输仓储业 1250 起，占比 88.97%；全省伤亡事故造成死亡总人数 932 人，其中商贸制造业 94 人，占

表 5　2016 年河南省安全生产基本情况

类　别	商贸制造业	建筑业	交通运输仓储业
发生伤亡事故总数(起)	66	53	1250
造成死亡总人数(人)	94	79	714
一次死亡 10 人以上特大事故(起)	1	1	—

比 10.09%，建筑业 79 人，占比 8.48%，交通运输仓储业 714 人，占比 76.61%；一次死亡 10 人以上特大事故共 2 起，商贸制造业 1 起，建筑业 1 起。

与 2015 年的数据对比可以发现，河南省安全生产形势有所改善。发生伤亡事故总数从 2015 年的 1438 起减少到 2016 年的 1405 起，减少了 2.29%；伤亡事故造成的死亡总人数从 2015 年的 753 人增加到 2016 年的 932 人，增加了 23.77%；煤矿百万吨死亡率从 2015 年的 0.109 人减少到 2016 年的 0.092 人，减少了 15.60%（见表 6）。

表 6　2015 年与 2016 年河南省安全生产形势比较

类　别	2015 年	2016 年
发生伤亡事故总数(起)	1438	1405
造成死亡总人数(人)	753	932
煤矿百万吨死亡率(人)	0.109	0.092

二　社会矛盾化解平稳推进

按照省综治委在全省开展社会矛盾化解活动的统一部署，河南全省上下以“解决实际问题”为核心，以“维护社会稳定”为目标，多措并举、攻坚克难，处理了大量社会矛盾纠纷案件，为全省社会经济跨越式发展创造了和谐稳定的社会环境。下面主要从法律援助工作情况、人民法院民商案件情况和群众满意度几个方面来分析河南省社会矛盾化解的形势。

（一）人民调解工作运行平稳

人民调解是在人民调解委员会的主持下，以国家法律、法规、规章、政策和社会公德、规范为依据，对民间纠纷双方当事人进行调解、劝说，促使他们互相谅解、平等协商、自愿达成协议、消除纷争的一种群众自治活动。

从过去5年河南省人民调解基本情况的变化来看，人民调解委员会的数量起伏变化不大，但调解民间纠纷的案件数量显著增长，特别是2013年以来迅速增长，从2013年的49.72万件增长到2015年的101.80万件，2016年调解民间纠纷的数量达到100.71万件（见表7）。

表7　2012～2016年人民调解工作基本情况

类目 \ 年份	2012	2013	2014	2015	2016
人民调解委员会(万个)	5.52	5.53	5.56	5.57	5.58
调解民间纠纷(万件)	52.12	49.72	90.76	101.80	100.71

（二）劳动人事仲裁委员会处理案件趋于稳定

劳动仲裁是指由劳动争议仲裁委员会对当事人申请仲裁的劳动争议做出居中公断与裁决。我国劳动仲裁是劳动争议当事人向人民法院提起诉讼的必经程序。河南省大力健全各类劳动争议调解组织，维护用人单位和劳动者的合法权益，促进劳动人事调解事业发展。

过去5年，河南省劳动人事仲裁委员会立案受理案件总数有所增长，从2012年的19101件增长到2016年的24273件，增长了27.08%；集体劳动（人事）争议数有所减少，从2012年的268起减少到2016年的168起，减少了37.31%；立案受理案件涉及劳动者人数有所增加，从2012年的25336人增加到2016年的29706人，增加了17.25%；集体劳动（人事）争议人数有所减少，从2012年的4639人减少到2016年的2941人，减少了36.60%（见表8）。

表8　2012～2016年劳动人事仲裁委员会受理情况

类目＼年份	2012	2013	2014	2015	2016
立案受理案件总数(件)	19101	21689	21437	23799	24273
集体劳动(人事)争议数(起)	268	254	162	209	168
立案受理案件涉及劳动者人数(人)	25336	27369	26276	28711	29706
集体劳动(人事)争议人数(人)	4639	3494	2552	2904	2941

（三）法律援助工作范围不断扩大

法律援助主要是通过向那些缺乏能力、经济困难的当事人提供法律帮助，使他们能够平等地站在法律面前，享受平等的法律保护，实现公平和正义，是衡量一个地区法制完善和社会文明程度的公认标准之一。表9为2013～2016年河南省法律援助工作基本情况。法律援助机构个数逐渐增长，实有人数基本稳定；诉讼案件总数由2013年的81442件增长至2016年的97390件，增长了19.58%；咨询数大幅增长，由2013年的497242次增长至2016年的719332次，增长了44.66%。

表9　2013～2016年法律援助工作基本情况

类目＼年份	2013	2014	2015	2016
机构数(个)	207	209	211	213
实有人数(人)	1043	1023	1023	1061
诉讼案件总数(件)	81442	81540	88402	97390
咨询(来访、来电)数(次)	497242	648100	688791	719332

（四）居民矛盾化解满意度较高

1. 居民矛盾处理方式平和

调查结果显示，河南省居民处理矛盾的方式相对平和。居民的正当利益受到侵害时，选择的前五位解决方式依次是“法律途径”“自己协调解决”“找政府解决”“找村（居）委会协调”“忍了算了”，而选择“与对方直接正面冲突”的占3.19%，选择“上访”的占16.09%。可见，河南省居民矛盾化解形式相对平和（见图5）。

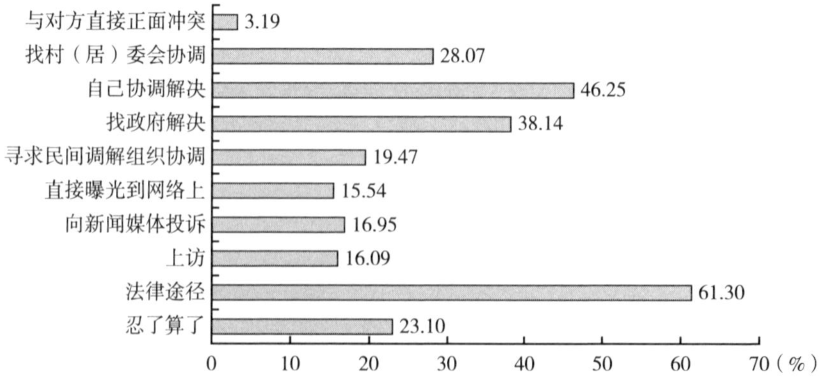

图5　居民利益受到侵害时的解决方式

2. 居民对维权制度建设较为满意

对于“当地有关矛盾纠纷化解的制度规范或村规民约建设”问题，仅有8.55%和0.68%的居民认为“比较差”和“非常差”，认为“一般”的占54.22%，而认为“非常好”和“比较好”的占1.78%和34.77%。仅有不到10%的居民认为目前维权制度建设情况差（见图6），因此，居民对目前社会维权制度建设较为满意。

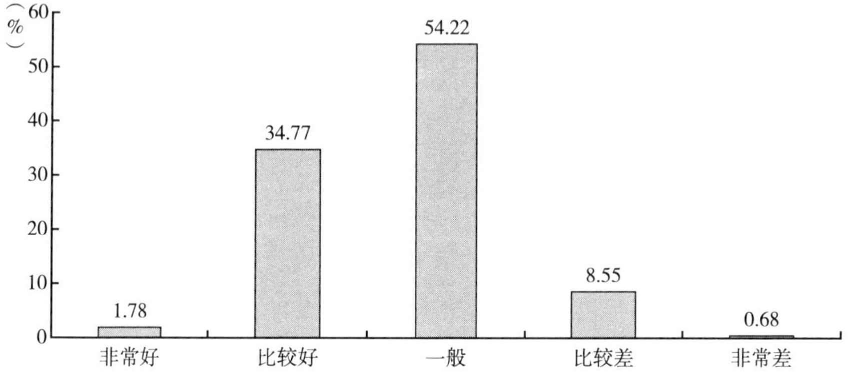

图6　居民维权制度建设情况

3. 居民对矛盾化解满意度较高

对于“当地化解基层社会矛盾的满意度”问题，有 2.28% 的居民认为“非常满意”，30.65% 的居民认为“比较满意”，54.71% 的居民认为“一般”，11.32% 的居民认为“不太满意”，1.05% 的居民认为“非常不满意”。从调查结果看，仅有不足 1/8 的居民对当地化解矛盾纠纷的满意度为“不太满意”和“非常不满意”，因此，群众对于矛盾化解的满意度较高（见图 7）。

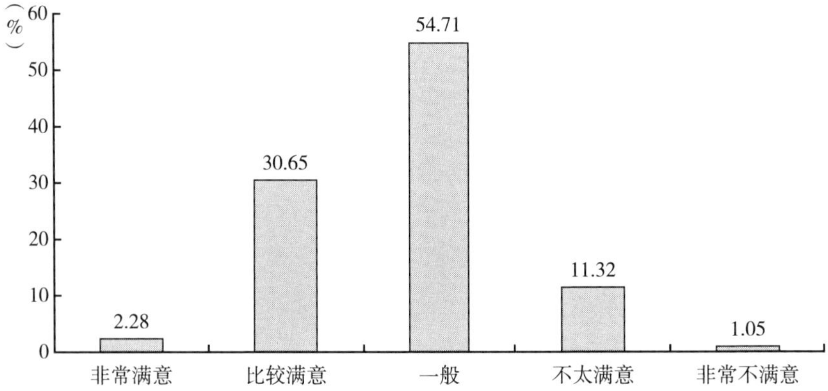

图 7　河南省居民矛盾化解满意度情况

三　社会组织逐步壮大

社会组织在了解和反映民生需求、提供公共服务、化解矛盾冲突等方面发挥着不可替代的重要作用。因而，党的十八届三中全会将“激发社会组织活力”作为创新社会治理体制的重要方面，从政府与社会关系的角度提出“适合由社会组织提供的公共服务和解决的事项，交由社会组织承担”。社会组织作为公民参与社会治理的有效途径，是推进社会治理精细化的重要渠道和载体。因而，党的十九大报告从政府、社会和个人之间相互协调、相互补充的角度着重强调“发挥社会组织作用，实现政府治理和社会调节、居民自治良性互动”。

（一）河南省社会组织数量居中部六省首位

近年来，河南省始终聚焦并不断深化社会组织管理制度的改革创新，探索开展一系列创新性举措，如取消民办非企业单位登记管理消防前置许可条件和社会团体登记申请筹备环节、社会组织登记审批全程网上公示、实施省级社会组织网上年检、加强社会组织党建工作、建立社会组织管理专项权责清单和重大事项报告制度、开展社会组织第三方评估，有力地促进和保障了河南省社会组织快速、健康、有序的发展。自2012年以来，河南省社会组织的数量呈逐年上升趋势。2012年河南省各类社会组织数量为20970个，2013年为22983个，2014年为27238个，2015年为29207个，2016年为29293个，2017年河南省社会组织的数量已达到33358个，数量居中部六省首位（见表10）。

表10　2017年中部六省社会组织数量

单位：个

排名	省　份	社会团体	民办非企业	基金会	合计
1	河南省	10719	22504	135	33358
2	湖南省	14674	18344	280	33298
3	湖北省	12313	16895	148	29356
4	安徽省	13032	14850	124	28006
5	江西省	9419	9122	64	18605
6	山西省	6652	6914	77	13643

（二）河南省社会组织增长速度迅猛

首先，从河南省社会组织数量的增长速度来看。自2012年以来，河南省社会组织数量在整体上处于上升趋势，平均增长速度约为9.85%。其中，

2014 年增长速度最高，为 18.51%；之后增长速度逐步放缓，其中 2016 年较上年仅增长 0.29%；2017 年增长速度又迅速提升，较上年增长了 13.88%（见表 11、图 8）。

表 11　2012～2017 年河南省社会组织数量及增长速度

单位：个，%

年度	社会组织			合计	较上年增长
	社会团体	民办非企业	基金会		
2012	10915	9978	77	20970	7.40
2013	10817	12068	98	22983	9.60
2014	11158	15976	104	27238	18.51
2015	11728	17365	114	29207	7.23
2016	9576	19592	125	29293	0.29
2017	10719	22504	135	33358	13.88

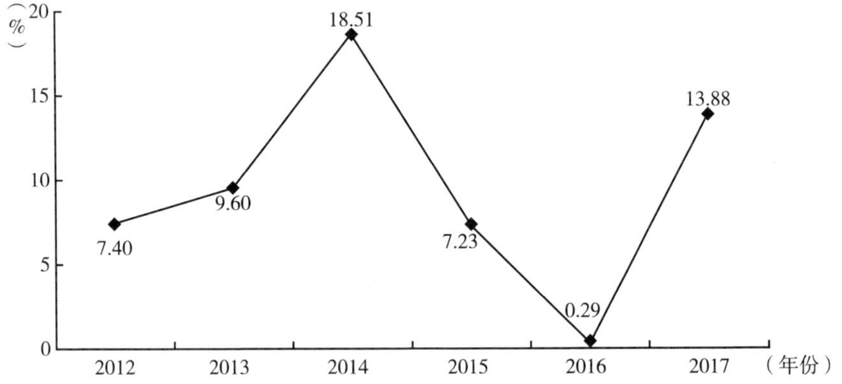

图 8　2012～2017 年河南省社会组织增长速度

其次，从 2017 年全国社会组织数量的平均增长幅度来看。相较于全国社会组织的平均增长速度，2017 年河南省社会组织的增长速度为 13.88%，高于全国平均增长速度（7.91%）。其中，河南省社会团体的增长速度

（11.94%）和民办非企业的增长速度（14.86%）均高于全国的平均增长速度（4.96%和10.56%）；河南省基金会的增长速度为8.00%，低于全国14.48%的平均增长速度（见表12、图9）。

表12　2017年河南省社会组织数量及增长速度与全国比较

单位：个，%

类别	河南省		全　国	
	数量	增长速度	数量	增长速度
社会团体	10719	11.94	352048	4.96
民办非企业	22504	14.86	396844	10.56
基金会	135	8.00	6323	14.48
合　计	33358	13.88	755215	7.91

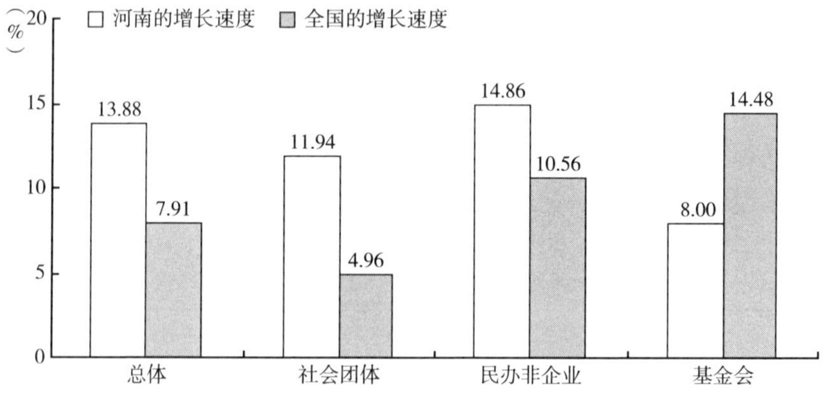

图9　2017年河南省社会组织增长速度与全国比较

最后，从2017年中部六省社会组织数量及增长速度来看。2017年，中部六省除山西省社会组织数量的增长速度有所下降外，其他五省社会组织数量的增长速度均有所提升。河南省社会组织数量的增长速度为13.88%，居于中部六省第二位，略低于江西省的14.92%（见表13）。其中，河南省社会团体增长速度居中部六省首位（11.94%），民办非企业的增长速度位于中游（14.86%），而基金会的增长速度则较为缓慢（见表14）。

表 13　2016～2017 年中部六省社会组织数量及增长情况

单位：个，%

省　份	2016 年社会组织数量	2016 年增长速度	2017 年社会组织数量	2017 年增长速度
湖南省	29842	7.80	33298	11.58
山西省	13038	6.15	13643	4.64
江西省	16189	5.68	18605	14.92
安徽省	25708	5.09	28006	8.93
湖北省	28296	3.38	29356	3.75
河南省	29293	0.29	33358	13.88

表 14　2017 年中部六省社会组织各类别数量及增长情况

单位：个，%

省　份	社会团体		民办非企业		基金会	
	数量	较上年增长	数量	较上年增长	数量	较上年增长
湖南省	14674	6.29	18344	16.16	280	14.29
山西省	6652	1.74	6914	7.58	77	5.48
江西省	9419	9.72	9122	20.79	64	20.75
安徽省	13032	4.22	14850	13.43	124	10.71
湖北省	12313	0.71	16895	6.00	148	12.12
河南省	10719	11.94	22504	14.86	135	8.00

（三）公众对社会组织发展状况满意度一般

社会组织已经成为社会公共服务的重要依托和基础力量之一，发挥社会组织在社会治理创新中的协同作用，就需要社会组织为公众提供大量社会化、多样性的公共服务。因此，公众对社会组织的满意度也是社会组织发展状况的重要衡量指标。通过调查发现，河南省公众对社会组织的发展状况整体满意度不高。选择“非常满意”和“比较满意”的公众分别占 2.6%、26.4%，选择“一般”的公众占 48.7%，还有 19.2% 和 2.9% 的公众分别选择了“不太满意”和“非常不满意”（见图 10）。

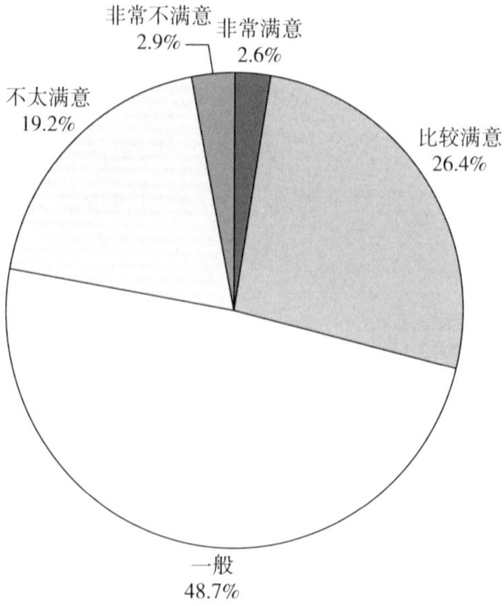

图 10　公众对社会组织发展状况满意度

四　基本公共服务状况显著改善

社会治理状况与公共服务的数量、质量和公平分配有着密切的关系。建立健全基本公共服务体系，对于推进以保障和改善民生为重点的社会建设，对于切实保障人民群众最关心、最直接、最现实的利益具有十分重要的意义。下面从基本公共服务预算、人均基本公共服务支出及区域差异、民众满意度几个方面来分析河南省基本公共服务状况。

（一）基本公共服务预算支出显著增长

表 15 显示了河南省 2015 年和 2016 年公共财政预算支出中公共服务类支出的情况。总体来看，河南省公共财政预算总支出 2016 年为 7453.74 亿元，2016 年较 2015 年增长了 9.62%。从绝对量来看，社会保障和就业、

科学技术、教育、医疗卫生的公共预算均实现不同程度的增长；从相对量来看，社会保障和就业支出占比从 2015 年的 13.9% 增加到 2016 年的 14.3%；科学技术支出占比由 2015 年的 1.2% 小幅上升到 2016 年的 1.3%；教育支出占比略有减少，从 2015 年的 18.7% 减少到 2016 年的 18.0%；医疗卫生支出占比有所减少，从 2015 年的 10.6% 减少到 2016 年的 10.4%。

表 15　2015 年、2016 年河南省公共财政预算支出及占比情况

单位：亿元，%

类　别	2015 年	2016 年	2015 年占比	2016 年占比
公共财政预算总支出	6799.4	7453.74	100.0	100.0
社会保障和就业	945.8	1067.40	13.9	14.3
科学技术	83.3	96.10	1.2	1.3
教育	1271.0	1343.76	18.7	18.0
医疗卫生	717.7	778.01	10.6	10.4

（二）人均基本公共服务支出区域差异显著

从统计数据来看，河南省各地市基本公共服务水平地域差异明显。郑州市作为河南省省会，各项公共服务人均财政预算支出均名列前茅。

从各地市分项水平来看，在教育方面，三门峡市（1635.84 元）、郑州市（1597.74 元）、信阳市（1405.59 元）位于前三名，商丘市（958.93 元）、焦作市（980.00 元）、平顶山市（1014.26 元）位于后三名；在科学技术方面，郑州市（223.46 元）、洛阳市（137.21 元）、济源市（110.96 元）位于前三名，商丘市（26.65 元）、周口市（29.48 元）、信阳市（32.92 元）位于后三名；在社会保障和就业方面，济源市（975.34 元）、驻马店市（944.92 元）、开封市（922.86 元）位于前三名，新乡市（665.16 元）、洛阳市（687.06 元）、许昌市（705.02 元）位于后三名；在医疗卫生方面，周口市（891.04 元）、郑州市（890.43 元）、三门峡市

（847.79 元）位于前三名，济源市（623.29 元）、漯河市（656.06 元）、新乡市（681.71 元）位于后三名（见表16）。

表16　2016 年河南省各地市人均公共服务财政预算支出

单位：元

地　区	教　育	科学技术	社会保障和就业	医疗卫生
全　省	1409.73	100.82	1119.81	816.21
郑州市	1597.74	223.46	883.74	890.43
开封市	1133.41	66.59	922.86	816.04
洛阳市	1389.26	137.21	687.06	716.91
平顶山市	1014.26	61.04	855.82	721.89
安阳市	1229.04	81.68	729.04	745.22
鹤壁市	1137.89	78.88	896.89	711.80
新乡市	1157.49	89.02	665.16	681.71
焦作市	980.00	89.30	853.52	793.24
濮阳市	1227.55	63.36	875.21	768.87
许昌市	1322.15	64.61	705.02	708.90
漯河市	1031.06	50.00	801.14	656.06
三门峡市	1635.84	92.04	761.06	847.79
南阳市	1080.44	70.21	792.45	712.61
商丘市	958.93	26.65	785.85	784.34
信阳市	1405.59	32.92	846.43	766.30
周口市	1094.22	29.48	790.70	891.04
驻马店市	1168.24	60.23	944.92	845.78
济源市	1350.68	110.96	975.34	623.29

（三）人均公共服务支出在中部六省排名居中

表17 显示了中部六省 2016 年人均公共服务财政支出的情况。总体来看，由于人口众多，河南省的人均公共服务支出水平在中部六省排名居中。其中，河南省教育人均财政支出为 1409.73 元，在中部六省排第二；河南省科学技术人均财政支出为 100.82 元，在中部六省排第四；河南省社会保障

和就业的人均财政支出为1119.81元，在中部六省排名第三；河南省医疗卫生人均财政支出为816.21元，在中部六省排名第二。

表17　2016年中部六省人均公共服务财政支出比较

单位：元

地　区	教　育	科学技术	社会保障和就业	医疗卫生
河　南	1409.73	100.82	1119.81	816.21
湖　南	1402.87	97.08	1188.22	742.32
湖　北	619.45	112.44	578.91	348.30
山　西	1192.94	67.92	1065.80	591.31
安　徽	704.30	200.65	588.87	371.24
江　西	1721.17	168.53	1180.52	889.54

（四）居民对基本公共服务满意度较高

1. 居民对医疗服务的满意度较高

对于“医疗服务满意度”问题，有7.63%的居民认为“非常满意”，45.91%的居民认为“比较满意”，36.55%的居民认为“一般”，8.86%的居民认为“不太满意”，1.05%的居民认为“非常不满意”。从调查结果看，仅有不到10%的居民对当地医疗保健服务“不太满意”和“非常不满意”，因此，群众对于医疗服务的满意度较高（见图11）。

2. 居民对养老服务的满意度较高

对于“养老服务满意度”问题，有6.95%的居民认为“非常满意”，36.55%的居民认为“比较满意”，42.46%的居民认为“一般”，12.37%的居民认为“不太满意”，1.66%的居民认为“非常不满意”。从调查结果看，仅有14%左右的居民对当地社区养老服务“不太满意”和“非常不满意”，因此，居民对于社区养老服务的满意度较高（见图12）。

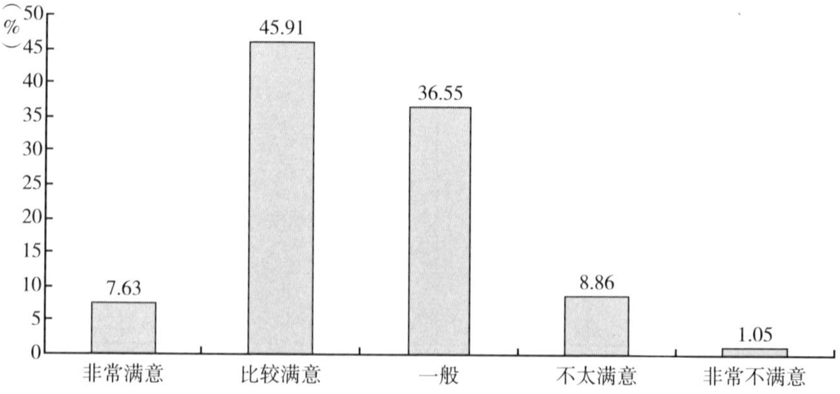

图11　居民对医疗保健服务满意度情况

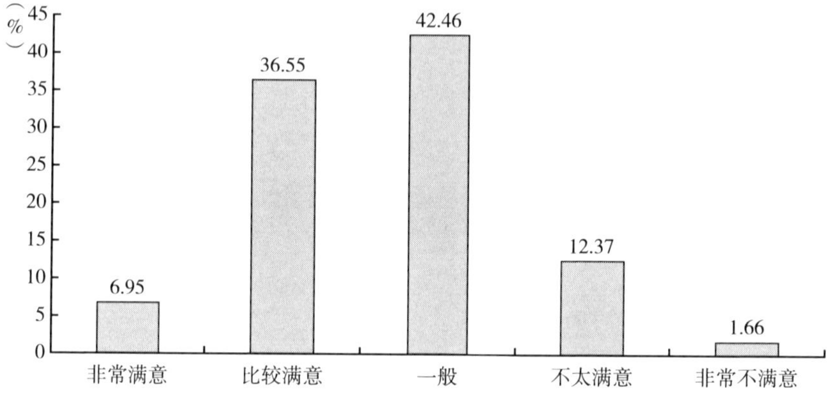

图12　居民对社区养老服务满意度情况

3. 居民对公共服务总体评价较高

对于“公共服务的总体满意度”问题，有7.45%的居民认为“非常满意”，38.40%的居民认为“比较满意”，42.52%的居民认为“一般”，9.91%的居民认为“不太满意”，1.72%的居民认为“非常不满意”。从调查结果看，仅有近1/10的居民对社区服务的总体满意度为“比较差”和“非常差”，因此，居民对于社区服务的总体满意度较高（见图13）。

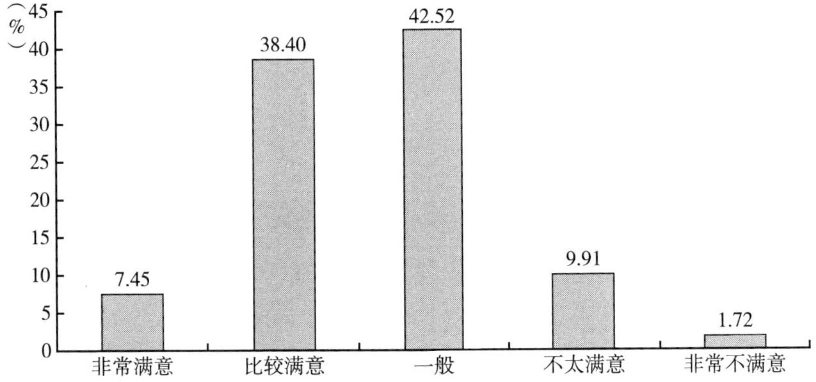

图 13　居民对社区服务总体评价情况

五　社会公平状况有待改善

社会公平是一种价值判断，建立在权益平等的基础之上。衡量社会公平的指标主要有权利公平、规则公平、效率公平、分配公平和社会保障公平。下面主要从权利公平、分配公平、社会保障公平和居民社公平感四个维度对河南省社会公平形势进行分析。

（一）权利公平适中

调查问及“您认为当地居民正当权益维护情况”时，认为“非常好”和“比较好”的占 2.46% 和 32.25%，认为“一般”的占 53.42%，认为“比较差”和“非常差”的占 10.40% 和 1.48%。因此，仅有近 1/3 的居民认为正当权益维护情况“非常好”和“比较好”（见图 14），权利公平状况需要改善。

调查问及“您认为本地派出所在化解矛盾纠纷时的公正程度”时，认为“非常公正”和“比较公正”的占 4.62% 和 47.69%，认为“一般”的占 38.28%，认为“不太公正”和“非常不公正”的仅占 8.68% 和 0.74%。因此，仅有不足 10% 的居民认为本地派出所化解矛盾纠纷时“不

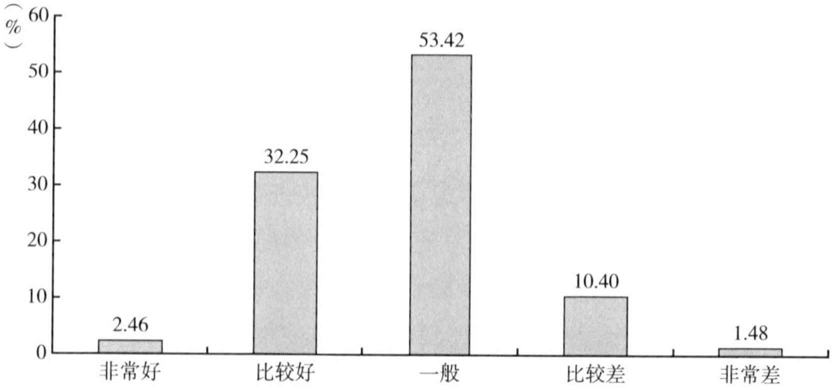

图 14　居民正当权益维护情况

太公正”和“非常不公正”（见图 15），居民对于派出所权利维护公平状况评价较高。

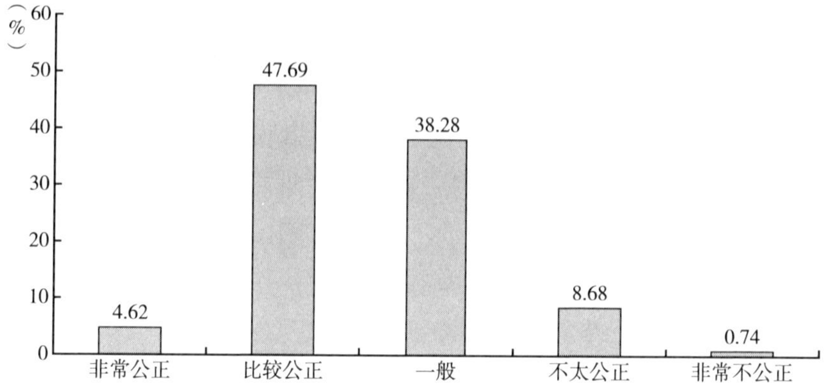

图 15　居民对派出所处理矛盾纠纷的公正状况评价

调查问及“据您了解，您或您周围的人在诉讼（打官司）时法院判决的公正程度”时，认为“非常公正”和“比较公正”的占 7.38% 和 52.00%，认为“一般”的占 33.60%，认为“不太公正”和“非常不公正”的占 6.40% 和 0.62%。仅有 7% 左右的居民认为法院判决时“不太公正”和“非常不公正”（见图 16），因此，居民对于法院权利维护公平状况评价较高。

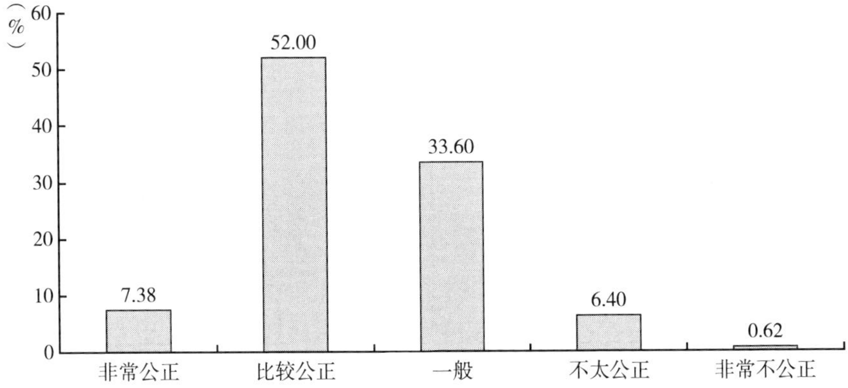

图 16　居民对法院判决公正状况评价

（二）分配公平有待加强

1. 城乡居民人均收入差距依然显著

图 17 显示了 2012～2016 年河南省城镇居民家庭人均可支配收入与农村居民家庭人均可支配收入的对比情况。无论是城镇居民还是农村居民，家庭人均可支配收入均稳步上涨，但是，城乡居民的家庭人均收入差距依然显著，2016 年，城镇居民的家庭人均收入是农村居民的 2.3 倍。

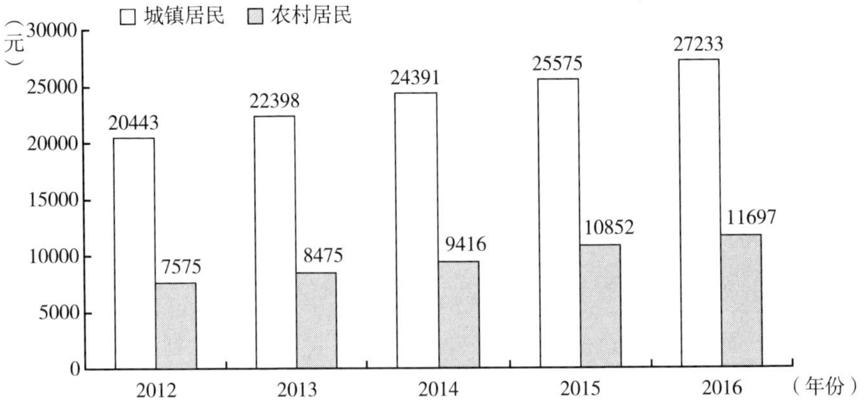

图 17　2012～2016 年河南省城镇、农村居民家庭人均可支配收入对比

恩格尔系数是食品支出总额占个人消费支出总额的比重。家庭生活越贫困，恩格尔系数就越大；反之，生活越富裕，恩格尔系数就越小。图 18 为 2012～2016 年河南省城镇、农村居民家庭恩格尔系数的对比情况，从城乡居民恩格尔系数的差距来看，从 2012 年至 2014 年城镇居民和农村居民的恩格尔系数差距并不显著。但 2015 年和 2016 年城镇居民与农村居民的恩格尔系数差距明显，2016 年农村居民的恩格尔系数是城镇居民的 1.6 倍。由此看来，河南省城乡居民生活水平差异近年越来越大。

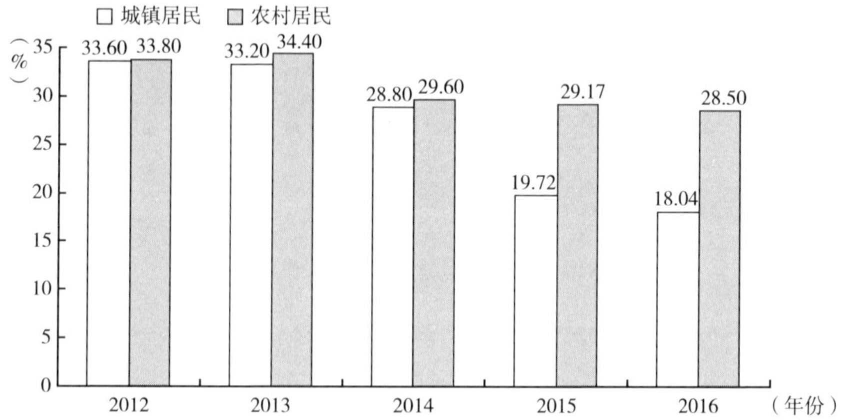

图 18　2012～2016 年河南省城镇、农村居民家庭恩格尔系数对比

2. 城镇居民收入支出状况差异较大

表 18 显示了 2016 年按收入等级分城镇居民家庭生活情况。城镇居民家庭人均可支配收入均值为 27233 元，工资性收入占比 58.12%，家庭人均总

表 18　2016 年按收入等级分城镇居民家庭生活情况

单位：元，%

类　别	家庭人均可支配收入	工资性收入占比	家庭人均总支出	消费性支出占比
城镇平均	27233	58.12	22644	79.88
低收入户	12312	72.03	12863	78.03
中低收入户	19693	72.11	16387	84.20
中等收入户	25881	65.28	22741	79.89
中高收入户	34371	56.01	27937	80.98
高收入户	54460	43.21	40419	77.35

支出为22644元，消费性支出占比79.88%。收入方面，高收入户为低收入户的4.42倍；支出方面，高收入户为低收入户的3.14倍。因此，城镇居民的低收入户与高收入户不论是在家庭人均可支配收入还是在家庭人均总支出方面差距均较为悬殊。

3. 农村居民收入支出状况差异较大

表19显示了2016年按收入等级分农村居民家庭生活情况。农村居民家庭人均总收入均值为14384元，经营性收入占比49.64%，家庭人均总支出为13006元，消费性支出占比66.02%。收入方面，高收入户为低收入户的4.7倍；支出方面，高收入户为低收入户的2.5倍。因此，农村居民的低收入户与高收入户不论是在家庭人均总收入还是在家庭人均总支出方面差距均较为悬殊。

表19　2016年按收入等级分农村居民家庭生活情况

单位：元，%

类别	家庭人均总收入	经营性收入占比	家庭人均总支出	消费性支出占比
农村平均	14384	49.64	13006	66.02
低收入户	6625	56.41	9438	64.20
中低收入户	9489	45.14	9918	71.79
中等收入户	12489	41.84	11376	70.72
中高收入户	16992	44.94	13795	68.64
高收入户	31156	56.53	23309	58.95

（三）社会保障公平较好

调查问及“您认为当地低保认定、发放过程中的公平程度”时，结果显示，认为“非常公平”和“比较公平”的占4.42%和42.17%，认为“一般”的占37.26%，而认为“不太公平”和“非常不公平”的占13.75%和2.40%。因此，近1/2的被调查者认为低保认定、发放过程“非常公平”和“比较公平”，社会保障的公平状况较好（见图19）。

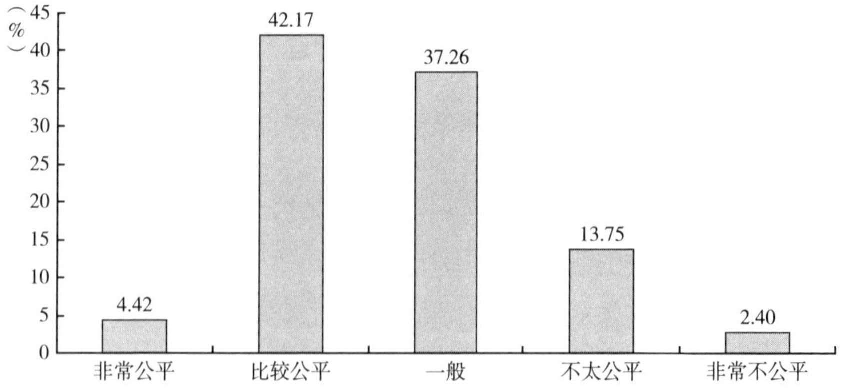

图 19　河南省居民社会保障公平感

（四）居民的社会公平感较高

对于“您认为当前社会的公平状况”问题，有 10. 89% 的居民认为“非常公平”，47. 14% 的居民认为“比较公平”，32. 12% 的居民认为“一般”，8. 31% 的居民认为“不太公平”，1. 54% 的居民认为“非常不公平”。从调查结果看，仅有不到 10% 的居民对社会公平的判断为“不太公平”和“非常不公平”，因此，群众的社会公平感较高（见图 20）。

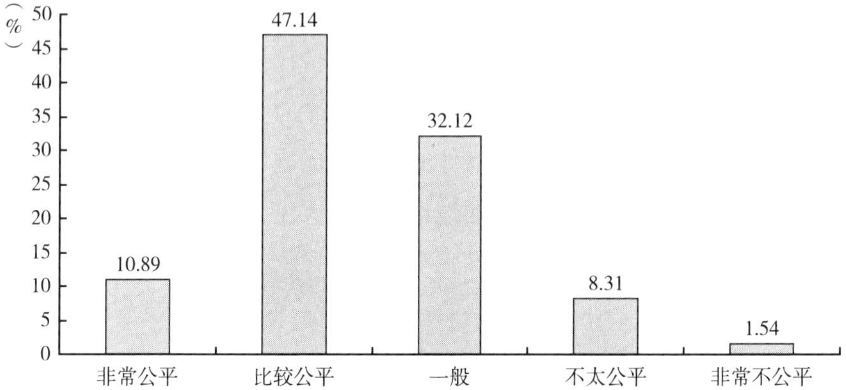

图 20　河南省居民社会公平感

六　2018年河南省社会治理发展展望

（一）加强社会心理服务体系建设，培育良好的社会心态

社会心理服务体系是促进个体心态平稳，实现人际关系和谐，进而达到社会和谐稳定的关键措施。开展社会心理服务，强化社会心理疏导，不仅是社会治理的一个基本内容，更是推进社会治理实践持续深化的重要途径。首先，搭建社区心理服务基础平台。社区具有紧密联系群众、直接服务群众、有效组织群众的重要属性，在社区层面全面构建心理服务平台，能够直接面对群众提供充足的心理服务供给，能够有效化解群众的心理问题及其可能引发的社会问题，更好地满足群众的心理需求，提高社会治理效能感。其次，培育社会化的心理服务机构。社会心理服务机构的建立对解决我国国民心理健康问题发挥着重要作用，改变当前零散化、片段化的心理服务机构发展布局，促进心理服务机构向社会化、全面化、系统化、基层化、深入化方向发展。组建专业化的社会心理服务团队，积极对本区域内的居民进行专业的心理健康测量，建立系统化的居民心理健康档案。再次，发挥社会工作的专业优势。社会工作者能以专业技巧和方法为案主提供心理咨询与心理辅导服务，并以助人自助的理念帮助案主加强心理建设、恢复社会功能，因此发挥社会工作的专业优势有助于培育良好的社会心态。发挥社会工作的专业优势，加强社会心理服务体系建设，需要大力加强社会工作机构建设，扩大社会工作专业人才队伍，并提高社会工作专业人才的应用程度。最后，强化社会舆论的宣传引导。充分发挥新媒体的优势，促进优秀精神文化产品的有效供给，增加正能量文化的宣传。通过宣传栏、文化下乡等群众喜闻乐见的方式做好社会宣传，以积极健康的文化丰富人民群众的精神文化生活，形成良好的社会心理环境，用良好的社会心态为社会治理提供精神支撑。

（二）推进社会治理重心向基层转移，助力乡村振兴战略

社会治理的重点在基层，难点也在基层。基层是把全面深化改革的顶层

设计和制度规章有效转化为具体措施和方法的平台，因而，推进社会治理向基层转移，能够进一步提升社会治理实践的针对性、实效性，从而不断夯实国家治理体系的社会基础。首先，加强党建引领，提升基层社会治理的领导能力。基层党组织是党直接联系群众、团结群众的桥梁和纽带，加强基层党建就是加强党与人民群众的紧密联系。坚持以群众满意度为指标导向，加强基层党员的作风建设，提高党员意识与能力，充分发挥基层党组织在农村的带头作用，改善乡村治理困境，提升乡村的合聚力、向心力。其次，立足文化特质，深化基层社会治理的德治内涵。乡村文化是基层治理的内在动力，是振兴乡村的基石。不断强化以村规民约为核心的价值共识，既有利于提升乡村文化的时代价值，又有利于保留乡村的乡土味道。加强文化传承，注重对家族文化、乡贤文化和共同体文化的培育，形成良好的乡村民风环境。再次，完善居民自治，充实基层治理的社会力量。促进居民自治的进一步完善，不断增加居民参与社区治理的动力与积极性。完善居民自治，能够不断提高居民的公民意识，增强社会责任感，积极主动培育自我教育、自我服务、自我管理的能力。推进村民自治活动的开展，能扩大民主建设的基础，壮大基层民主力量，为乡村治理提供群众支柱，推进乡村振兴的进程。最后，挖掘治理资源，探索基层社会治理的有效模式。治理模式应因地制宜，根据本地特殊历史文化传承与独特地理环境，创新发展适合本地的治理模式。充分挖掘培育本土优秀的人才资源，增加社会治理的人才储备。积极借鉴传统治理方式，在乡村善治中发挥传统治理资源的优势，在乡村优秀传统文化的熏陶下，发挥乡贤的积极作用，将乡村基层治理不断引向深入。

（三）激发社会组织活力，打造共建共治共享的治理格局

党的十九大报告提出“打造共建共治共享的社会治理格局”的战略目标。这就意味着，我国社会治理格局由“共建共享”转向了“共建共治共享”，社会组织的地位更加凸显。社会组织是连接人民与政府的桥梁，社会组织的健康发展有利于解决新时代人民的现实矛盾纠纷，有利于回应民意，维持社会的和谐稳定发展，推动社会治理方式的创新。首先，建设优化枢纽

型社会组织。枢纽型社会组织作为国家与社会之间的桥梁纽带，具有服务性、整合性、过渡性等特征，建设优化枢纽型社会组织可以充分发挥其起承转合作用，进一步加强对社会组织的管理。枢纽型社会组织是社会组织的核心领导者、推动者，建设优化枢纽型社会组织能够帮助实现社会组织的创新转型，使其更好地适应社会治理的新格局，为其可持续发展奠定基础。其次，培育发展社区社会组织。社区社会组织是密切联系居民、服务居民生活、反映居民诉求、规范居民行为的重要载体，能够更好地帮助社区综合治理，培育发展社区社会组织，有利于完善社区治理体系、创新基层社会治理。完善社区社会组织相关培育机制，促进“三社联动”，提高社区社会组织的服务水平，完善其内部结构，促进其规范化、制度化发展，激发其活力，从而有利于打造共建共治共享的社会治理格局。最后，促进社会组织能力提升。社会组织在社会建设和社会治理中发挥了重要独特的作用，促进社会组织能力提升，为社会组织能力的提升创造良好的社会环境并培育人才，是促进社会治理专业化、社会化的要求。加强第三方机构监督，保障社会组织严守纪律、恪尽职责，是促进社会组织能力提升的基础，是打造共建共治共享的社会治理格局的需要。

（四）增强社会治理实效，提升公众获得感、幸福感、安全感

党的十九大报告明确提出“形成有效的社会治理、良好的社会秩序，使人民获得感、幸福感、安全感更加充实、更有保障、更可持续”。这既是广大人民群众的内心愿景，也是我国社会治理的发展目标。我国社会主要矛盾的转变，对社会治理实践发展提出了新任务、新要求，也对社会治理的创新探索提出了新方向、新目标。首先，着力保障改善民生，提升人民群众获得感。民生水平反映了人民的基本生活水平，民生改善成为提升群众获得感的源头活水，改善民生应积极推进新时代扶贫方式创新，促进农民增收，提高人民收入获得感。改善民生应改善人居环境，发展多样化养老方式，提高基本医疗和大病医保的保障水平，提升人民福利获得感。其次，完善公共服务体系，提升人民群众的幸福感。公共服务体系建设的目的是保障人民各方

面的基本权益、增进人民福祉，完善公共服务体系，会使社会更公平安定，有助于提升人民群众的幸福感。完善公共服务体系不仅需要政府高度重视并予以政策性支持，还需要社会多元主体参与，创新服务机制，实现公共服务供给方的多样化，从而更充分、公平地为人民群众提供服务，提升其幸福感。最后，加强社会依法治理，提高人民群众的安全感。依法治理就是运用法治的思维和方式进行社会治理，通过法治解决社会问题、调节社会关系、维护社会秩序是国家和谐安定的保障，有利于提升人民群众的安全感。加强社会依法治理，应加大政府依法行政力度、健全法治监督机制、加强全社会法治宣传，同时基层在调解矛盾纠纷时也应依法处理，营造法治的社会大环境，提升人民群众安全感。

（五）推进社会治理实践创新，助推精准扶贫

社会治理是以谋求民生改善、社会公平、人民安居乐业为福祉的由下至上推进社会有序和谐发展的实践过程。在这一意义上，精准扶贫是社会治理实践的内在要求和基本内容。因而，有效的社会治理能够为精准扶贫的有效实施创造良好的社会环境，能够为精准扶贫的有序进行和推进提供坚实保障。第一，提高多元主体合作扶贫的能力，形成精准扶贫的整体合力。在社会治理层级上，动员社会多元主体共同参与精准扶贫是一种有效的手段，以社会治理助推精准扶贫深化，需要创新多元主体合作扶贫的方式，形成更有活力的合作机制，提高多元主体合作扶贫的能力。建立有效的沟通机制，加强主体间的协调联动，构建资源、信息共享交流的平台，增强主体间的合作意识，打造责任共担的理念，从而帮助多元主体形成整体合力，共同推动精准扶贫事业发展。第二，发挥党委和基层党支部的核心作用，夯实精准扶贫的政治基础。基层党组织是党的执政之基、力量之源，同时也是精准扶贫的战斗堡垒，要发挥党委和基层党支部的核心作用，必须加强基层党组织建设。加强党组织建设，可以通过教育培训提高基层党员干部的素质和能力，夯实人才基础；也可以优化基层党组织结构，提高其组织力、执行力及战斗力，在精准扶贫工作中更好地发挥其政治功能。第三，培育和发展社会企

业，提升精准扶贫的针对性、实效性。社会企业以满足需要、提升就业、促进个人发展、建立资本及可持续发展为目标，能够通过自身创造的效益为精准扶贫开拓渠道。这就需要政府为社会企业的培育和发展提供政策支持，为社会企业扫清扶贫道路上的政治障碍，也需要社会企业自身加强人才素质能力的培训，加强内部管理，提升社会责任意识，积极参与精准扶贫。第四，建立有效的利益诉求机制，提高化解精准扶贫问题和矛盾的能力。一方面，构建一个畅通、有效的利益诉求机制，拓宽扶贫对象的政治表达渠道，使其利益诉求能及时准确地向上反映；另一方面，对非法阻碍扶贫对象表达利益诉求的行为追究法律责任，将扶贫对象的利益诉求表达纳入法治化的轨道。

自主创新示范区建设篇

Construction of Independent Innovation Demonstration Zone

郑洛新国家自主创新示范区协同创新运行机制研究

王淑英　李思佳　赵文峰　张佳朋*

摘　要： 郑洛新国家自主创新示范区是河南省实施创新驱动发展战略的重要举措，而目前示范区的协同发展进展较慢，因此有必要探寻示范区协同创新发展运行机制。为促进示范区协同创新能力的提升，本文通过调研访谈和调查问卷的方式对郑洛新协同创新发展现状进行分析，研究了郑洛新国家自主创新示范区的协同创新运行机制，以期为示范区协同创新发展能力的提升提供一定的有益参考。研究发现，郑洛新国家自主创新示范区应从产业技术创新链构建机制、产创资协同创新机制、协同创新保障机制、创新协调控制

* 王淑英，郑州大学管理工程学院教授，研究方向为区域创新与战略投资决策；李思佳，郑州大学管理工程学院2016级硕士研究生；赵文峰，郑州大学管理工程学院2016级硕士研究生；张佳朋，郑州大学管理工程学院2016级硕士研究生。

机制四个协同创新运行机制着手提升示范区的协同创新能力。

关键词： 郑洛新国家自主创新示范区　协同创新运行机制　区域协同发展

为全面贯彻习近平总书记的重要指示和调研指导河南工作时的重要讲话精神，河南省大力实施创新驱动发展战略，将创新的重要性提到了新的高度。区域协同创新作为一种跨地区间的协作活动，是一种新型的综合性创新模式，可通过对创新要素的整合和配置，合理利用优势互补等协同效应，有效提升区域创新绩效，进而推动区域经济的发展。在国家大力推进各类型企业进行科研创新、各行政区政府保障科研创新、各地区人民加入全民创新的大背景下，对协同创新的运行机制进行深入研究和探讨迫在眉睫。本文的调研以示范区内高新技术企业为主要问卷发放对象，共发放调查问卷 200 份，收回 181 份，其中有效问卷 152 份，问卷的有效回收率为 76%。调查问卷的主要发放对象是郑洛新示范区内的高新技术企业。调查问卷的发放形式主要包括实地调研的问卷发放、电子邮件的问卷发放和集中培训期间的问卷发放。问卷调查的目的是通过对郑洛新国家自主创新示范区协同创新运行现状的认识，了解各影响因素对企业协同创新的作用效果，把握协同创新的运行关键，为郑洛新国家自主创新示范区协同创新运行机制的提出提供重要的信息。本报告以郑洛新国家自主创新示范区协同创新运行机制为研究主题，以示范区的企业和政府为重点研究对象，探寻郑洛新国家自主创新示范区的协同创新运行机制，以期更好地提高示范区协同创新运行效率，并为河南省加快推进创新驱动发展战略提供针对性的对策。

一　郑洛新国家自主创新示范区协同创新定位及相关概念

（一）相关概念概述

区域协同创新强调充分利用区域的地理位置、政策统筹等外部环境的统一协调来促进主体间协同创新效率水平的不断提升。根据对现有文献的梳理可以看出，良好的外部创新发展环境对区域内企业创新能力的提升和创新成果的转化具有极大的促进作用，因而区域协同创新愈发引起关注。

对于国家批准成立的自主创新示范区来说，示范区的协同创新不仅强调通过对创新要素进行统一整合和合理配置，利用创新要素间的配合协作而带来整体创新能力大于部分创新能力之和的效果，更强调的是通过协同创新过程中核心主体（企业）的技术创新带动区域的综合创新，通过部分重点产业的协同创新带来经济效益的显著提升，吸引更多产业链中的企业加入协同创新的队伍中，共享区域间协同创新带来的业绩收益，通过示范区协同创新能力的不断提升辐射周边区域，进而拉动全省或者整个区域的创新能力大步向前迈进。区域间协同创新对于创新主体及其创新能力的提升作用毋庸置疑，而想要达到良好的创新能力、形成各创新主体在产业链上的创新良性循环，关键就在于创新主体间的合理协作，即区域间协同创新的运行机制研究。通过提升区域内创新主体结构的运作幅度、加强区域内创新主体的双向互动、促进区域内创新主体间协作网络的构成和优化升级，来推进郑州、洛阳、新乡三市的协作互动，带动区域内创新能力的大幅提升。

通过对现有文献进行梳理，本文选用企业和政府作为郑洛新国家自主创新示范区协同创新运行机制研究的核心对象。企业作为协同创新的核心要素，为了实现企业价值最大化、持续提升企业绩效的最终目标，是对创新需求最为强烈的主体，是协同创新成果的重要产出方。其对于当前区域协同创新的现状最为了解，对于当前区域协同创新的需求也最为明确，因此选择企业作为协同创新运行机制研究的重要对象。政府虽不是协同创新运行过程的直接参与者，却是影响外部环境的宏观调控者，在政策的制定、资源的配置、过程的调控、成果的保护方面都有着不可替代的作用。同时，根据各地区对于重点创新产业定位的不同，对创新资源进行合理的调控，可以将有限的创新资源用在更需要的地方，从另一个角度来说也是最大限度地避免资源的不平衡。

（二）郑洛新国家自主创新示范区协同创新定位

自 2016 年郑洛新国家自主创新示范区成立后就成为党中央和国务院赋予河南省的又一重大战略，同时这也成为中国重要的经济大省——河南省抓住实施创新驱动发展战略的契机，加快经济转型升级、深化改革扩大开放、实现开放创新与自主创新相结合，进而引领和带动全省各个产业从“以劳动力和资源能源驱动发展”转变为“以创新驱动发展”的又一重要举措。通过对政策的解读和梳理可以看出，郑洛新三市的创新侧重点分别是：郑州市的科技服务和科技金融、洛阳市的双创生态和机构建设、新乡市的成果转化和产业组织，三市分别从金融、生态和产业三方面入手，进行创新定位的协同和互补。

在空间上，郑洛新三市地缘相近、交通便利、资源丰富，是河南省创新资源最集中、创新体系最完备、创新活动最丰富、创新成果最显著的区域。郑州市作为河南省省会是国家重要的综合交通枢纽，也是中原经济区的核心城市，拥有众多河南省一流高校和金融机构的有利条件更使其成为河南省的金融和科研中心。洛阳市作为中原城市群副中心城市是中国重要的老工业基地，工业基础雄厚，其中有色金属冶炼、能源燃料加工、通用设备制造等行业更是成为带动全省经济增长的重要行业，同时拥有的各类科技机构、科研院所和国家级企业技术中心也使得洛阳市的科技实力在全省名列前茅。新乡市是中原地区重要的工业基地，是国家新能源电池及电池材料产业集聚区和生物医药产业集群，是河南省推进新能源建设和科技成果转移转化的重要基地。三地创新资源丰富、创新氛围良好，但是由于示范区成立时间较晚，三地也拥有自身的创新模式和创新环境，不能很好地进行协同创新，促进科技资源和创新要素优化配置及合理流动。因此要利用三地创新特色，形成优势互补、错位发展、特色明显的产业格局，从而全面提升示范区创新能力和整体效益。

二　郑洛新国家自主创新示范区协同创新运行现状

为了更好地了解郑洛新国家自主创新示范区协同创新的运行现状以及在协同创新运行过程中存在的主要问题和障碍，本文以调查问卷及调研访谈的形式分析示范区协同创新的运行现状。企业既是区域协同创新主体的核心，也是区域协同创新最强大的动力来源，更是区域协同创新成果的体现者和运行效果的直观感受者，因而选择企业作为调查问卷的对象。而政府作为政策的制定者和宏观环境的影响者，通过对其进行调研访谈，可了解现有政策的实施情况和宏观环境的影响情况。

（一）科研资金补贴方式有待优化完善

投资融资、经费补贴、税收减免等资本的投入是 R&D 投入中最为重要的一部分。表 1 是协同创新运行过程中，企业对政府金融投入和财税支持等的关注程度。从表 1 可以看出，4 个调研题项的均值都超过 3 分，甚至最低也是 3.82 分，也就是说政府的金融财税支持对于促进企业协同创新具有较大的影响作用。科研经费补贴对于企业创新积极性的激励均值最高，这也就

表 1　金融财税政策有效推进企业科研创新

单位：分

调　研　题　项	均值	标准差
金融政策为企业创新提供多元化的融资渠道和投资主体	4.05	0.87
科研经费补贴能激发企业协同创新的积极性	4.25	0.86
政府采购能激励企业新技术或新产品的研发	3.82	1.06
减征创新型企业所得税能够激发创新积极性	3.98	0.99

意味着，企业在科研方面具有较大的资金需求，通过多种方式对高新技术企业的研发环节进行投资融资可以更为有效地激发企业的协同创新积极性。

（二）政策支持覆盖力需进一步提升

区域内协同创新的良好运作离不开政策保障的支持。从表2可以看出，示范区为企业提供了较为全面的知识产权保护政策，有利于科技创新成果转化为经济产出。但“现有政策能够帮助企业提高创新资源整合的效率”题项得分较低，这也就说明为企业参与协同创新提高资源整合效率方面的政策还有所欠缺。在政策保障支持分类中，3个调研题项得分普遍偏低，说明企业和政府在政策保障支持方面还需要更好地平衡供需。

表2　政策保障护航协同创新

单位：分

调　研　题　项	均值	标准差
区域间的合作政策能够促进产业发展	3.38	0.99
现有政策能够帮助企业提高创新资源整合的效率	3.03	0.91
政府为企业的科研创新提供了较好的知识产权保护政策保障科技成果转化	3.95	0.90

（三）协同创新运行过程有待进一步补充

表3体现了示范区目前的协同创新运行情况，可以看出4个调研题项的得分均值普遍偏低，也就意味着目前示范区内的协同创新运行水平亟待提高。“企业内部存在有效的应对区域间协同创新冲突和矛盾的协调解决机制”题项分数最低，这表明大部分企业内部并未设立解决协同创新矛盾和冲突的协调机制，这在很大程度上影响了区域间协同创新的良好发展。同时，与高校和科研院所的交流程度也偏低，缺乏及时的沟通也会影响协同创新的效率和成果。政府对于示范区内企业的协同创新过程可以进行一定程度的监督和引导，如由政府牵头建立跨区域、跨企业的问题协调解决机制，引

导企业建立自身的协同创新运行平台，使其与示范区整体协同创新运行平台进行更好的对接互动，有效提升协同创新运行效率。

表 3 协同创新运行过程有效提升创新效率

单位：分

调研题项	均值	标准差
协同创新团队有良好的合作精神	3.93	0.88
与科研院所有经常的知识共享和技术交流	3.86	0.86
与高校有经常的知识共享和技术交流	3.91	0.90
企业内部存在有效的应对区域间协同创新冲突和矛盾的协调解决机制	3.07	0.78

（四）创新成果转化路径有待进一步提升

关于协同创新成果的作用，从数据中可以看出被调查者普遍持支持的态度，尤其是在“协同创新能够节省主体间的交流成本”“协同创新能够为企业分摊创新研发风险”“区域协同创新成果能有效带动地区创新发展水平的提高”方面，企业均持较强的支持态度。但从表 4 数据分析中也可以看出，科研成果转化方面的 2 个调研题项均值只有 3.70 分和 3.76 分，也就是说协同创新成果的转化和产业承接间仍具有较大的断层。

表 4 协同创新成果有效带动创新能力提升

单位：分

调研题项	均值	标准差
新产品的市场开拓能力较强	3.70	0.91
科研成果商业化能力较强	3.76	0.75
区域协同创新成果能有效带动地区创新发展水平的提高	4.03	0.91
协同创新能够为区域创新资源整合利用带来较高的效益	3.62	1.25
协同创新能够节省主体间的交流成本	4.20	0.89
协同创新能够为企业分摊创新研发风险	4.15	0.96

（五）协同创新环境有待进一步优化

表 5 体现了郑洛新国家自主创新示范区的协同创新环境，可以看出除了

“区域内有浓厚的创新文化氛围”题项分数较高外，其他8项得分均偏低。可见，自主创新示范区为示范区内的高新技术企业提供了良好的创新氛围，但在协同创新平台的建设、人才的培养、项目的筛选和矛盾的解决等方面仍然还有很大的进步空间，这也就意味着在此方面需要更加合适的协同创新运行机制发挥作用。示范区在人才引进方面运行良好，但缺乏一定的人才培养与学习交流的机会，大力培养本土的创新型人才，给予示范区内企业和科研机构更多的与国际先进经验和技术交流的机会，有助于促进示范区人才素质的整体提升，更能够拉动示范区创新能力的显著提高。

表5　协同创新环境影响创新发展水平

单位：分

调　研　题　项	均值	标准差
现有的创新环境对企业研发创新具有较好的促进作用	3.98	0.99
政府等有关机构存在有效的协调解决机制以应对区域协同创新中的冲突和矛盾	3.88	0.76
政府等有关机构组织的平台或提供的协同创新项目与贵企业所处行业对口性较高	3.76	0.85
协同创新平台为企业提供了资源整合服务	3.71	0.93
区域内有浓厚的创新文化氛围	4.32	0.80
区域内有充分的人才培养与学习机会等良好的发展环境	3.67	0.92
有完善的科技转化服务平台并为技术知识转移提供支持	3.80	0.87
有完善的信息资源平台促进企业创新发展	3.68	0.97
有完善的技术研发平台促进企业创新发展	3.62	0.77

三　示范区协同创新运行机制分析

通过对调研数据的分析和对访谈情况的整理，可以看出以下几点：一是协同创新环境有待进一步优化。二是协同创新成果转化效率有待进一步提升。三是政策保障支持力度有待进一步加大。由此，针对郑洛新国家自主创新示范区自身的特点和对国内外经验启示的借鉴，本文提出如下协同创新运行机制，具体如图1所示。

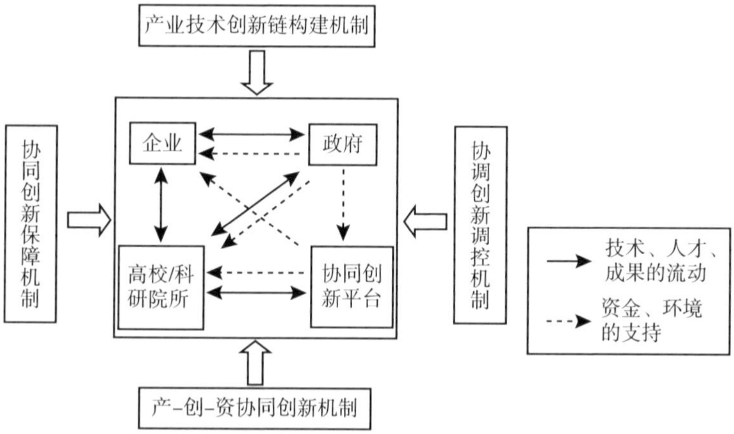

图1　郑洛新国家自主创新示范区协同创新运行机制

（一）加快产业技术创新链的构建和完善

目前，郑洛新国家自主创新示范区内的协同创新多是由政府主导和拉动的，通过给予市场竞争不充分的项目、非招标采购或者政府采购的形式来调动企业协同创新的积极性。在示范区的逐步发展中，应将政府拉动的协同创新逐步过渡为企业自发的协同创新，而想要达到这个目的，就要构建产业技术创新链。即各个企业根据自身所处的产业、本企业的产品以及所拥有的技术基础，以市场需求为导向，自发主动地与产业链上下游企业或高校、科研院所等重要的创新产出方展开合作，寻求新产品的研发、技术的创新以及产业链的协作，形成以企业本身需求为源动力、以协同创新为手段、以政策支持为推动力的产业技术创新链，以期共用产业内的创新资源来引进新技术、研发新产品，不断推进创新能力的提升、产业技术的升级和协同合作的加深。同时，以市场需求为导向的产业技术创新链机制使得新产品和新技术的产出更加适应市场需求，不仅提升了企业新产品的市场开拓能力，更能够提高科研成果的商业转化能力。

（二）促进产业链、创新链、资金链联动发展

产业链、创新链和资金链三者相互影响，形成产业链拉动创新链不断进

步、创新链推动产业链不断升级、资金链支持创新链不断发展的产、创、资协同创新机制。对于郑洛新国家自主创新示范区来说，加速创新链的构建不仅可以提高协同创新的运行效率，更能完善示范区内的资金链运作方式，资金奖励、技术入股、成果入股等方式都拓展了示范区内投资融资的渠道和方式。同时，加快产业链、创新链和资金链三者的协同发展更有利于改善示范区内的创新环境，为郑洛新国家自主创新示范区注入新的创新活力。

在产业链方面，三地应根据示范区整体规划和本地的实际情况选取有特色、有基础、相互补充的产业作为优先试点的龙头产业，集合三地共同的资源和力量，通过合理分配创新资源、优惠政策保驾护航、积极收取反馈信息等方式培养出具有三地特色又在整体上相互补充的优质产业链。在创新链方面，以产业链的需求为导向，有针对性地进行创新研发。利用现代信息技术和政府的“牵线搭桥”建立信息共享平台以提供更多沟通交流的机会，加强技术研发人员与技术实践人员的相互沟通和信息共享，保证创新链上下游的信息通畅。在资金链方面，对于具有不同资金需求的高新技术企业有针对性地进行资金支持，建立金融平台，为企业提供更多的融资可选项，如对于中小型高新技术企业采取供应链金融融资方式、对于大型企业采取更具激励性的资金奖励和政府采购措施，等等。

（三）加强区域协同创新的资源和成果保护

现阶段，郑洛新国家自主创新示范区内的协同创新保障还有所欠缺，因而协同创新保障机制不可或缺。协同创新的保障机制不仅包括协同创新成果的保护，更应该包括协同创新资源的保护。例如，对于协同创新人才的吸引和培养，不仅应将关注点放于如何吸引高层次人才的入驻上，更应放在如何留住高层次的人才以及建立人才培养机制上，从外吸引并留住高层次人才，从内培养本土的高层次人才。注重高校与本地高新技术企业的良好交流，利用先进的技术知识和先进的实践经验共同培养企业需要的专业性创新人才，同时也要提高创新人才的待遇和补贴，以便更好地留住人才。在对创新成果的保护中，不仅要制定知识产权保护政策，更要关注对创新成果的孵化，提高将创新成果转化为新产品、新技术的运作效率。加强创新产出方和创新孵化方的交流协作，共同保障创新成果高速有效转化为创新产出，提升示范区内创新绩效。

（四）加快构建区域协同的协调控制机制

为促进创新资源的合理配置和提高创新资源的整合效率，应构建创新协调控制机制。针对郑洛新国家自主创新示范区的实际情况，在创新协调控制机制下可以主要包括：协同创新平台建设、协同创新资源整合和利益成果分配。加快构建具有信息资源共享、产业技术对接、协调沟通顺畅的协同创新平台，为示范区内各创新要素的交流沟通和政策的及时传达提供重要的保障服务，降低企业、高校、科研院所跨区域开展协同创新活动的时间成本和资源成本。

郑州、洛阳、新乡三市应根据自身的优势创新资源情况，在示范区内进行三位一体的创新资源整合，根据不同产业的需求合理利用三市的优势创新资源，最大限度解决各地创新资源不平衡的问题，减少创新资源缺乏而导致的协同创新活动损失。

为建立长期稳定的跨区域协同创新合作机制，必须完善利益成果的分配，解决协同创新主体各方的投入产出分配比例问题，尤其是郑州、洛阳、新乡三地财政、税收等方面的协调和分配问题。及时了解各方的观点，组织各方代表进行利益和需求的协商，利用各种方式避免损害协同创新积极性。

四　对策与建议

（一）优化产业空间布局，合理配置创新资源

为实现产业技术创新链的构建，需要优化区域空间布局，避免产业同构现象，借鉴北京中关村自主创新示范区“一区多园”的经验，优化郑州、洛阳、新乡三市的产业布局。加强协同创新产出与产业应用的合理对接，避

免产业技术创新链上的断层现象，对创新资源进行整合和合理配置，使创新成果在创新链全过程上实现各创新主体无缝对接。如，洛阳金属冶炼方面的制造业高新技术企业，可着眼于整条产业链，从制造业企业的上下游入手：上游培养在金属冶炼创新方面的人才和科研机构，为产业链提供专业的技术创新来源；下游为利用新技术而制造的新产品提供如政府采购或优惠政策等绿色通道，帮助新产品降低开拓市场的难度。为此，不仅需要三市政府的协同一致，更需要成立统一的领导小组，由各市的主要负责人组成，共同制定郑洛新协同发展的政策和规划，为优化郑洛新产业空间布局、加快产业链上下游之间的衔接、合理配置创新资源、因地制宜地培养重点产业、有的放矢地进行创新资源的倾斜提供有利条件，最终为实现郑洛新国家自主创新示范区协同创新发展水平的提升提供重要的推动力。

（二）充分创新科技金融，积极促进成果转化

拓宽投资融资渠道，为郑洛新国家自主创新示范区内的企业提供更加多样的融资方式，减少示范区内高新技术企业的融资壁垒。政府出台积极的金融政策，成立示范区内的风险投资公司，完善高新技术企业信用担保制度，促进科技与金融的结合。实现以市场需求为导向，以满足创新需求为目标，运用市场化的方式进行运作，优化整合郑洛新区域内的创新资源，根据三地的实际情况分析郑州、洛阳、新乡的产业发展情况，对产业链和创新链进行合理高效的对接，以重点产业为主要对象，以高新技术企业为中心，以高校和科研院所为创新依托，通过政府的统筹协调形成多方协同发展的创新格局，建立郑洛新国家自主创新示范区协同创新体系，克服协同创新过程中的协调难题、创新成果转移过程中的沟通不畅问题、创新成果商业化过程中的利益分配问题，加快郑洛新国家自主创新示范区的产业转型升级，进而带动整个地区创新能力的提升。

（三）加快引进创新人才，保护创新成果

制定多种激励政策吸引高层次人才入驻郑洛新国家自主创新示范区，并

设身处地地思考如何留住高层次人才。如鼓励科研人员以自主创新的科技成果入股，不仅使科研人员可以享受到创新成果带来的利益分红，激发科研人员创新积极性，也能够通过利益共享的方式留住创新人才。科研院所或企业的研发机构可以采取分类的人事管理方式，分别制定有针对性的激励政策，不仅可以使人才更好地展示自身的能力，更可以提升企业或研发机构的创新能力。建立人才引进和交流的平台，不仅为吸引人才创造新的渠道，更为示范区内的创新人才与世界先进的经验、技术进行交流和学习提供机会。三地政府可出台一定的激励政策，鼓励各高校、科研院所以及企业的研发机构外派人才学习先进的科研创新经验、了解现阶段世界最前沿的专业知识，进一步提升示范区内的人才素质。同时，政府也可为示范区提供一定的外出学习项目、基金等，鼓励引导示范区协同创新人才的良性循环。此外也要注重对创新成果的保护，减少冗余的审核手续，减少审核等待时间，完善创新成果的保护面，加快创新成果进入孵化器的转移时间，提升创新成果升级为创新产出的效率。

（四）集中制定创新目标，协同建设创新平台

郑洛新三地政府必须在创新目标以及大政方针的制定上保持一致，为三地的协同发展提供重要的前提条件。避免因三地政策矛盾或三地减免税收的范围不同而造成的协同创新渠道不顺畅。同时，三地政府也应该考虑协调如养老金、医疗保险等生活保障方面的政策，避免因为对人才的争抢而造成示范区内生活保障政策混乱、冲突的局面。为更好地实现郑洛新国家自主创新示范区协同创新发展，应着力构建信息资源共享、产业技术对接、协调沟通顺畅的协同创新平台。协同创新平台的构建不仅有利于创新主体对现有政策的掌握和了解，更有利于各创新主体间的交流、创新技术的转移和创新成果的交易，同时也有利于加强政府对示范区的规范和管理。因此，协同创新平台的建设十分重要。

郑洛新国家自主创新示范区区域创新与城市化的耦合协调研究

李文亮　赵文峰　张佳朋　李思佳*

摘　要： 本文在探讨郑洛新区域创新与城市化之间耦合机理的基础上，进一步构建了区域创新与城市化综合发展水平评价模型，选取三个城市2012～2016年相关指标数据，利用耦合协调度公式，计算出三地市区域创新与城市化的耦合度和耦合协调度。研究发现，郑洛新三个城市区域创新和城市化发展水平在这五年间呈现上升趋势，其中在区域创新方面，郑洛新三个城市发展水平之间梯度明显；在城市化水平方面，郑州位居第一，洛阳和新乡两市城市化水平接近；在区域创新和城市化耦合协调方面，郑州处于高度耦合协调阶段，洛阳和新乡耦合协调指数接近，均处于中度耦合协调阶段，据此对郑洛新国家自主创新示范区的建设方向提供相关建议。

关键词： 郑洛新国家自主创新示范区　区域创新　城市化

中国把提高自主创新能力、建设创新型国家作为国家发展战略的核心

* 李文亮，郑州银行博士后工作站博士后；赵文峰，郑州大学管理工程学院2016级硕士研究生；张佳朋，郑州大学管理工程学院2016级硕士研究生；李思佳，郑州大学管理工程学院2016级硕士研究生。

和提高综合国力的关键。党的十九大报告再次强调了创新是引领发展的第一动力，是建设现代化经济体系的战略支撑。2016 年 3 月，国家确定在现有 11 个国家自主创新示范区的基础上新增设河南郑洛新、山东半岛、辽宁沈大 3 个国家自主创新示范区。郑洛新国家自主示范区的建立为河南省创新驱动发展提供了非常好的历史性机遇，标志着河南融入国家创新发展战略的主体，所以加快郑洛新国家自主创新示范区的建设是刻不容缓的任务。

为了探索郑洛新国家自主创新示范区中区域创新与城市化之间的耦合协调机制及两系统耦合协调情况，本文分析了区域创新与城市化之间的耦合作用机理，并以郑洛新国家自主创新示范区为例，选取河南省郑州、洛阳、新乡三个地级市为研究区域，引入综合评价模型和耦合协调模型，在计算区域创新与城市化的综合发展水平的同时，也定量计算了 2012～2016 年河南省这三个地级市的区域创新与城市化耦合度及协调度，并根据计算结果对三个地级市区域创新与城市化之间的耦合协调情况进行分析。在此基础上，提出推进郑洛新国家自主创新示范区区域创新与城市化耦合协调发展的若干政策建议。

一　区域创新与城市化的耦合作用及指标构建

（一）区域创新与城市化的耦合作用机理分析

区域创新对于城市化建设，加快城市化进程有显著的促进作用。一方面，由于区域发展的劳动力需求农村剩余劳动力向城镇逐步转移，城镇人口逐步密集化，同时科技投入和教育费用的增加，必将会促进生产要素从劳动密集型产业向知识密集型和资本密集型产业流动，同时其带来的科技成果的改革，也将会推动更多的新兴产业应运而生，催化社会的技术进步，为产业的分工深化奠定基础。另一方面，高新技术产业的迅猛发展使传统制造业被迫改革，技术创新发展促进了科技产出，如网络技术、电子通信、新型交通工具等方面的不断发展都在持续推动社会进步、提升人们的生活质量。因此，区域创新进程加快了经济城市化的进程。区域创新不仅能够提升生产能力，而且对于推动城市经济快速持续发展有重要作用。

城市化促进区域创新发展和区域创新产出。人力资本对于创新发展而言举足轻重，而城市化对于人才集中交流具有明显的促进作用，更为关键的是，城市化有利于集中创新要素、减少信息沟通成本、优化资源配置。除此以外，城市区域内竞争相对激烈，表现为同一产业内企业间的激烈竞争，迫使其从事的各自领域内的活动更加专业化，这些推动和促进了技术创新与知识创新。城市环境多样化，使城市中聚集了不同专业领域的人才，促进不同专业知识背景的人员交流，有利于知识和技术的扩散，促进新知识和技术的产出。

城市化有利于区域创新的扩散。具体表现为在空间方面，城市化一般先表现在大城市，再由大城市向周边地区和次级城市扩散。城市中的企业、高校和研究机构聚集在一起，依托更多资源促进知识共享和人员沟通；城市中的基础配套设施相对完善，有助于知识和技术的有效扩散和创新产出。由此可知，推进城市化进程能够为创新扩散提供有利环境并促进区域创新。

（二）区域创新和城市化评价指标的选取

目前有理论和实证两种方式对城市化与创新之间的关系进行研究。其中之一是通过理论研究，探讨创新型城市建设。国外学者已有研究表明，1994～2001年，瑞典接近50%的创新都产生于斯德哥尔摩、哥德堡和马尔默三大都市；美国城市化水平与专利申请数之间具有密切联系。在人口密度较大的城市区域，外部性对创新有明显的积极影响。因此，从空间分布来看，创新活动可以看成是一个城市现象。也有学者研究发现，人均申请专利数量与城市规模成正比，与发明源地理上的邻近有利于提高创新动力。相对于乡村而言，城市的诸多特征更有利于创新与发明。姜磊、季民河通过空间自相关性指标测量分析发现，中国创新活动呈区域化状态，有明显的空间集群现象。在考虑了空间效应后，空间计量经济模型的结果也充分表明了城市化、R&D 投入、市场化均与创新产出为正相关关系。综上，目前对于区域创新和城市化关系的研究普遍集中于运用空间计量方法，对省域等大尺度的研究区域进行实证分析，而对于在地市级、县域等小尺度的研究区域下，探讨区域创新和城市化的空间耦合，分析其耦合协调机制的研究还鲜有涉及。

基于此，本文以郑洛新三市为研究对象，探讨区域创新与城市化之间的关系，同时得出两系统的耦合协调程度。旨在发现两系统发展水平与耦合协调水平，以期为郑洛新国家自主创新示范区以后的发展方向与政策颁布提供对策建议，为找出一条适合其可持续发展的道路提供依据。测度区域创新与城市化两系统的综合发展水平，需要构建两系统的综合评价指标体系。笔者根据区域创新与城市化的内涵和特征，遵循系统性、客观性、数据可获得性等原则，结合朱海就、欧向军等学者的观点，运用多指标综合评价方法构建了区域创新与城市化综合评价指标体系，见表 1。

表 1　区域创新与城市化综合评价指标体系

目标层	准则层	指标层
区域创新	A_1 创新投入	A_{11} R&D 活动人员数（万人）
		A_{12}科技经费投入（万元）
		A_{13} R&D 经费内部支出（万元）
	A_2 创新产出	A_{21}专利申请量（件）
	A_3 创新环境	A_{31}政府科技拨款占地方财政比重（%）
		A_{32}公共图书馆藏书量（万册）
		A_{33}高校数量（个）

续表

目标层	准则层	指标层
城市化	B_1 人口城市化	B_{11}城镇人口总数(万人)
		B_{12}城镇人口比重(%)
		B_{13}城镇从业人员(万人)
		B_{14}人口自然增长率(%)
	B_2 经济城市化	B_{21}人均GDP(万元)
		B_{22}第二、第三产业产值占GDP比重(%)
		B_{23}固定资产投资额(万元)
	B_3 社会城市化	B_{31}城镇居民年可支配收入(元/人)
		B_{32}医疗卫生机构床位数(张/万人)
		B_{33}社会消费品零售总额(万元)

区域创新与城市化综合评价指标体系的目标层为示范区城市中的两系统区域创新和城市化，准则层为创新投入、创新产出、创新环境、人口城市化、经济城市化、社会城市化六个部分，指标层是在准则层下面细分的17个具体的指标。其中区域创新方面，根据以往研究经验，分别从创新的投入、产出和环境出发建立了相关指标，以此来度量区域创新水平。城市化方面，参照以往文献通用做法，将城市化分为人口城市化、经济城市化和社会城市化三方面，并以此细化指标来综合考量城市化的发展水平。从人力、财力方面出发，分别以R&D（研究与发展）活动人员数（万人）、科技经费投入（万元）、R&D（研究与发展）经费内部支出（万元）三个指标衡量创新投入水平。创新产出则以直接明了的专利申请量（件）进行度量。创新环境则是从政府、社会和高校三个方面出发，分别以政府科技拨款占地方财政比重（%）、公共图书馆藏书量（万册）、高校数量（个）来测量。城市化方面，人口城市化采用城镇人口总数（万人）、城镇人口比重（%）、城镇从业人员（万人）、人口自然增长率（%）来进行评估。在经济城市化方面，可选取的指标较多，本文根据多数研究做法，分别以人均GDP（万元），第二、第三产业产值占GDP比重（%），固定资产投资额（万元）来反映社会中经济发展水平。最后的社会城市化则分别从可支配收入水平、医

疗基础设施、消费情况来测量，指标分别为城镇居民年可支配收入（元/人）、医疗卫生机构床位数（张/万人）、社会消费品零售总额（万元）。

二　自主创新示范区区域创新与城市化耦合协调度的评价方法

（一）数据来源

本文以郑洛新国家自主创新示范区为例，选取郑州、洛阳、新乡三个城市为研究对象。对2012～2016年这三个城市区域创新和城市化系统耦合协调情况进行计算和分析。上述指标数据主要来自郑洛新三个城市的统计年鉴及各市的统计局网站，部分数据经人工整理后计算得出，见表2、表3、表4。

（二）确定指标权重

利用信息熵来测度指标值的变异程度，对多指标系统进行综合评价的方法称为熵值法，在信息论中，熵是对不确定性的一种度量。信息量越大，不确定性就越小，熵也就越小；信息量越小，不确定性越大，熵也越大，其可以深刻反映指标信息效用价值。使用熵值法的优点在于可以有效避免层次分析法、主成分分析法、专家打分法等方法的主观性给计算结果带来的偏差。因此，本文运用了熵值法确定指标层的权重。根据熵值法公式，带入相关指标数据，计算得出区域创新与城市化两个系统下属指标层的权重，具体指标权重见表5。

（三）耦合协调度评价模型的引入

根据区域创新与城市化相互作用的强弱程度，用耦合度与协调度来量化系统间的耦合协调水平，反映各系统间不同的耦合协调发展程度。根据以往研究经验，参照吴玉鸣、刘耀彬等学者的研究成果，将耦合度与协调度均划分为4个层次（见表6）。

表 2　郑州市区域创新与城市化评价指标数据

目标	指标	2012 年	2013 年	2014 年	2015 年	2016 年
区域创新	R&D 活动人员数(万人)	2.80	3.50	3.99	4.24	4.46
	科技经费投入(万元)	91000	112000	134000	178000	217000
	R&D 经费内部支出(万元)	560812.5	711600.9	808560.7	894841.4	1002866.9
	专利申请量(件)	9065	10372	12316	16125	17884
	政府科技拨款占地方财政比重(%)	1.50	1.55	1.61	1.89	2.15
	公共图书馆藏书量(万册)	610.1	655.2	703.3	733.3	780.6
	高校数量(个)	7	8	8	8	9
城市化	城镇人口总数(万人)	598.6	616.5	640.6	666.91	690.59
	城镇人口比重(%)	66.28	67.08	68.3	69.69	71.02
	城镇从业人员(万人)	281.35	346.50	388.66	432.02	463.92
	人口自然增长率(%)	5.5	5.6	5.9	5.8	6.6
	人均 GDP(万元)	6.1685	6.8021	7.2993	7.7179	8.2872
	第二、第三产业产值占 GDP 比重(%)	97.5	97.7	97.8	97.9	98.0
	固定资产投资额(万元)	36698000	45093000	53553000	63717000	70757000
	城镇居民年可支配收入(元/人)	24246	26615	29095	31099	33214
	医疗卫生机构床位数(张/万人)	1071	1214	1243	1205	1279
	社会消费品零售总额(万元)	23227000	26235000	29554000	32947000	36658000

表 3　洛阳市区域创新与城市化评价指标数据

目标	指标	2012 年	2013 年	2014 年	2015 年	2016 年
区域创新	R&D 活动人员数(万人)	1.88	2.65	2.71	2.96	3.02
	科技经费投入(万元)	67000	76000	85000	89000	93000
	R&D 经费内部支出(万元)	386431.0	499473.0	529685.7	609701.9	657073.2
	专利申请量(件)	6030	7026	8033	9211	10333
	政府科技拨款占地方财政比重(%)	2.19	2.08	2.00	1.91	1.84
	公共图书馆藏书量(万册)	165	172	185.6	236	253
	高校数量(个)	5	7	7	7	7
城市化	城镇人口总数(万人)	340.24	327.06	340.24	355.02	369.63
	城镇人口比重(%)	50.95	49.44	50.95	52.65	54.35
	城镇从业人员(万人)	61.1	72.8	72.7	74.8	75.1
	人口自然增长率(%)	5.19	5.44	5.66	5.8	6.56
	人均 GDP(万元)	4.53	4.76	4.94	5.23	5.64
	第二、第三产业产值占 GDP 比重(%)	92.8	92.1	92.6	93.3	93.3
	固定资产投资额(万元)	22940000	25890000	30265000	35370000	40827000
	城镇居民年可支配收入(元/人)	22636	2482	26974	28686	30752
	医疗卫生机构床位数(张/万人)	93	104	109	112	121
	社会消费品零售总额(万元)	11148000	12577000	14292000	16051000	18074000

表 4　新乡市区域创新与城市化评价指标数据

目标	指标	2012 年	2013 年	2014 年	2015 年	2016 年
区域创新	R&D 活动人员数(万人)	1.25	1.19	2.50	2.71	2.91
	科技经费投入(万元)	45300	55000	70300	87500	88900
	R&D 经费内部支出(万元)	295361.3	361812.9	399632.8	317764.7	511314.4
	专利申请量(件)	2652	3375	4013	5560	7526
	政府科技拨款占地方财政比重(%)	2.00	2.05	2.44	2.77	2.86
	公共图书馆藏书量(万册)	106.22	115.38	122.88	131.432	158.9
	高校数量(个)	7	10	9	9	9
城市化	城镇人口总数(万人)	199.39	253.33	287.22	297.37	308.1
	城镇人口比重(%)	33.38	44.69	47.58	49	50.44
	城镇从业人员(万人)	69.05	89.93	99.2	104.13	114.6
	人口自然增长率(%)	5.25	5.25	5.39	5.29	6.48
	人均 GDP(万元)	2.86	3.11	3.38	3.47	3.74
	第二、第三产业产值占 GDP 比重(%)	88.0	88.0	88.1	88.8	89.5
	固定资产投资额(万元)	12052100	15611500	18419300	19272100	20068600
	城镇居民年可支配收入(元/人)	1.996	2.2105	2.2105	2.5349	2.6893
	医疗卫生机构床位数(张/万人)	135	106	99	106	114
	社会消费品零售总额(万元)	5296900	6152000	6942300	7775100	8624000

表 5　区域创新与城市化评价指标及权重

目标层	准则层	指标层	权重
区域创新	A_1 创新投入	A_{11} R&D 活动人员数(万人)	0.1440
		A_{12} 科技经费投入(万元)	0.1416
		A_{13} R&D 经费内部支出(万元)	0.1301
	A_2 创新产出	A_{21} 专利申请量(件)	0.1291
	A_3 创新宏观环境	A_{31} 政府科技拨款占地方财政比重(%)	0.1710
		A_{32} 公共图书馆藏书量(万册)	0.1401
		A_{33} 高校数量(个)	0.1441
城市化	B_1 人口城市化	B_{11} 城镇人口总数(万人)	0.0978
		B_{12} 城镇人口比重(%)	0.0975
		B_{13} 城镇从业人员(万人)	0.0972
		B_{14} 人口自然增长率(%)	0.0969
	B_2 经济城市化	B_{21} 人均 GDP(万元)	0.0967
		B_{22} 第二、第三产业产值占 GDP 比重(%)	0.1029
		B_{23} 固定资产投资额(万元)	0.1033
	B_3 社会城市化	B_{31} 城镇居民年可支配收入(元/人)	0.1029
		B_{32} 医疗卫生机构床位数(张/万人)	0.1026
		B_{33} 社会消费品零售总额(万元)	0.1022

表 6　耦合度与协调度划分标准

类别	取值范围	所处阶段
耦合度 C	$C=0$	无耦合
	$0<C\leqslant 0.3$	低水平耦合
	$0.3<C\leqslant 0.5$	颉颃耦合
	$0.5<C\leqslant 0.8$	磨合耦合
	$0.8<C\leqslant 1$	高水平耦合
耦合协调度 D	$0<D\leqslant 0.3$	低度协调耦合
	$0.3<D\leqslant 0.5$	中度协调耦合
	$0.5<D\leqslant 0.8$	高度协调耦合
	$0.8<D\leqslant 1$	极度协调耦合

假设变量 U_i（$i=1, 2, \cdots$）是区域创新系统与城市化系统的系统序参量，U_{ij}是第 i 个序参量的第j 个指标，其数值为 U_{ij}（$j=1, 2, \cdots$）。区域创新与城市化系统内各序参量对总系统的贡献程度的计算标准如下：

$$U_i \sum_{i=n}^{n} \lambda_{ij} u_{ij}, \sum_{j=1}^{m} \lambda_{ij} = 1$$

U_i 为 i 系统的综合评价指数，用来反映该系统的综合发展水平；U_{ij} 为 i 系统的第 j 项指标值；λ_{ij} 为指标权重，由熵值法计算得出。其中，耦合度 $C \in (0, 1)$，区域创新与城市化为两个子系统组成的耦合度模型，故 $n=2$。

即 $C=\sqrt{\frac{U_1 U_2}{(U_1+U_2)^2}}$，$C$ 为区域创新水平与城市化水平之间的耦合度，U_1、U_2 分别为两个系统的综合评价指数，用于表征二者的发展水平。

因为耦合度仅仅只能说明各子系统相互作用程度的强弱，却不能反映系统间协调发展水平的高低，而当两系统综合发展水平都较低时，仍然能够得到较高的耦合度，这造成仅仅依靠计算耦合度来评估两个系统的发展水平会存在误差。所以，为了客观地反映区域创新与城市化的耦合协调发展水平，本文在耦合模型基础上构建区域创新与城市化耦合协调度模型，来反映区域创新与城市化的耦合协调程度，计算公式：

$$D = \sqrt{C \times T}, \quad T = \alpha U_1 + \beta U_2$$

D 为区域创新与城市化两系统的耦合协调度；T 为两系统的协调指数；α、β 为待定系数，区域创新与城市化系统在耦合发展过程中，彼此同等重要，因此，取 α、β 为0.5。

三　示范区区域创新与城市化的耦合协调结果分析

根据上面耦合度评价模型、耦合协调度评价模型以及耦合度和协调度类别划分标准，代入郑州、洛阳、新乡三市的相关指标数据，运用熵值法求得指标权重，计算得出三个城市区域创新综合发展指数、城市化综合发展指数、区域创新与城市化耦合度结果和区域创新与城市化耦合协调度结果。

（一）郑州区域创新水平遥遥领先，洛阳位列第二略有下滑，新乡位居第三稳中有升

从表7三个城市区域创新综合发展平均指数来看，郑州市五年间区域创新综合发展指数平均值为0.5528，位列三市第一，与洛阳、新乡拉开了较大的差距，洛阳市和新乡市五年间区域创新综合发展指数分别为0.2501和0.1972，列第二、第三位。其中新乡市区域创新综合发展指数在这五年间从0.1845增加到0.2140，增长幅度最大，但是相对于郑州、洛阳其区域创新综合发展水平仍然较低，五年间区域创新综合发展指数的平均值为0.1972；郑州市区域创新综合发展指数在这五年间从0.5495增长到0.5581，也有小幅度增长，整体呈上升态势；洛阳市区域创新综合发展指数在这五年间整体呈现小幅下滑态势。

表7　区域创新综合发展指数

城市	2012年	2013年	2014年	2015年	2016年	平均值
郑州	0.5495	0.5516	0.5477	0.5570	0.5581	0.5528
洛阳	0.2660	0.2677	0.2475	0.2411	0.2280	0.2501
新乡	0.1845	0.1807	0.2048	0.2020	0.2140	0.1972

（二）郑州市区域创新的发展已优于城市化的推进

从表8三个城市城市化综合发展指数可以看出，郑州市五年间城市化综合发展指数平均值为0.5106位列三市第一，洛阳市和新乡市五年间城市化综合发展指数平均值分别为0.2711和0.2184，列第二、第三位。其中郑州市城市化综合发展指数从2012年的0.5087提高到2016年的0.5120，城市化综合发展水平小幅度提高；同样，新乡市城市化综合发展指数从2012年的0.2123提高到2016年的0.2201，城市化综合发展水平也有小幅度提高，整体呈上升态势，但是截至2016年新乡市城市化发展水平还是三者中最低的；而洛阳市城市化发展水平在这五年间整体较平稳，略有小幅度下滑。

表 8　城市化综合发展指数

城市	2012 年	2013 年	2014 年	2015 年	2016 年	平均值
郑州	0. 5087	0. 5093	0. 5113	0. 5117	0. 5120	0. 5106
洛阳	0. 2788	0. 2701	0. 2684	0. 2690	0. 2694	0. 2711
新乡	0. 2123	0. 2204	0. 2201	0. 2191	0. 2201	0. 2184

综合比较表7、表8 中2012 ~2016 年郑州、洛阳和新乡三市区域创新与城市化综合发展指数的平均值可知，自主创新示范区中仅有郑州市的区域创新综合发展指数大于其城市化综合发展指数，洛阳、新乡两市均为区域创新综合发展指数小于城市化综合发展指数。由此可见，2012 ~2016 年，郑州市区域创新的发展优于城市化的推进，而洛阳市和新乡市的区域创新发展则相对滞后，城市化推进优于区域创新发展。

（三）郑州区域创新与城市化处于高度协调发展阶段，洛阳、新乡处于中度协调发展阶段

依据表 9 中郑洛新区域创新与城市化耦合度计算结果，对照耦合度和协调度类别划分标准，2016 年郑州市、洛阳市和新乡市区域创新与城市化耦合度平均值分别为0. 4995、0. 4983 和0. 5000，区域创新与城市化耦合度均处在颉颃阶段，且随时间推移没有明显变化，耦合态势比较平稳。

表 9　郑洛新区域创新与城市化耦合度计算结果

城市	2012 年	2013 年	2014 年	2015 年	2016 年
郑州	0. 4996	0. 4996	0. 4997	0. 4996	0. 4995
洛阳	0. 4999	0. 5000	0. 4996	0. 4993	0. 4983
新乡	0. 4988	0. 4975	0. 4997	0. 4996	0. 5000

从上文耦合协调模型可知，只看区域创新与城市化耦合度计算结果是不合理的，因为当区域创新与城市化两系统综合水平都不高的时候也有可能呈现较高的耦合度，所以本文引入耦合协调度，根据表 10 中郑洛新区域创新

与城市化耦合协调度计算结果并对比耦合协调度划分标准可看出，2012～2016年，洛阳、新乡两市区域创新与城市化耦合度与耦合协调度均处在0.3～0.5。就耦合协调度而言，五年间郑州市耦合协调度2015年最高，达到0.5167，2012年最低，其值为0.5142，其余年份较平稳，表明这个时期郑州市区域创新与城市化整体上处于相对平稳的高度协调发展阶段，耦合协调度呈稳中有升趋势；五年间洛阳市耦合协调度2012年最高，达到0.3690，2016年最低，其值为0.3520，其余年份浮动不大，表明这个时期洛阳市区域创新与城市化整体上处于相对平稳的中度协调发展阶段，但是耦合协调度呈现下降趋势；五年间新乡市耦合协调度2016年最高，达到0.3294，2012最低，其值为0.3146，表明这个时期郑州市区域创新与城市化整体上处于相对平稳的中度协调发展阶段，耦合协调度呈稳中有升趋势，但在三个城市中仍然处于较低水平。

表10　郑洛新区域创新与城市化耦合协调度计算结果

城市	2012年	2013年	2014年	2015年	2016年
郑州	0.5142	0.5148	0.5144	0.5167	0.5166
洛阳	0.3690	0.3667	0.3590	0.3568	0.3520
新乡	0.3146	0.3159	0.3258	0.3243	0.3294

（四）郑洛新国家自主创新示范区内郑州是领头羊，新乡市创新潜力巨大

第一，区域创新与城市化的综合发展水平存在较为明显的差异。从表7区域创新综合发展指数以及表8城市化综合发展指数来看，2012～2016年郑州分别以平均值0.5528、0.5106高居三市榜首，毫无疑问，郑洛新国家自主创新示范区内郑州是领头羊。从表2中科技指标方面来看，五年间郑州的政府科技拨款占地方财政比重逐年增加，科技经费投入越来越大，说明郑州越来越重视科技带来的经济效益，努力推进区域创新发展。同样的现象也在新乡市出现，表4中新乡市政府科技拨款占地方财政比重从2012年

的2.00%提高到2016年的2.86%，其区域创新综合发展水平也从2012年的0.1845提高到2016年的0.2140，区域创新发展水平稳步提升，潜力巨大。

第二，根据表7、表8可知，洛阳市在2012～2016年区域创新综合发展水平和城市化综合发展水平均处于第二位，但是数据趋势表明，洛阳市区域创新和城市化两系统这五年间发展停滞，某些年份甚至略有下滑态势。在表3中也发现了洛阳市政府科技拨款占地方财政比重有所下滑，五年间比重由2.19%降低到1.84%。

（五）郑洛新三市在区域创新和城市化的发展优先权上出现战略差异

对比表7、表8中三个城市2012～2016年区域创新与城市化的五年平均值发现，只有郑州的区域创新综合发展指数是高于城市化综合发展指数的，而洛阳市和新乡市则是相反的。这说明郑州市在发展战略上已经是区域创新发展优于城市化的推进，这个现象表明郑州城市化水平已经达到一个较高阶段，此时要想可持续发展，必须优先推动区域创新水平的提升。这一现象也在耦合协调度结果上得到验证，郑州市这五年间均处于高度协调发展阶段，区域创新与城市化两个系统互相促进、共同提升。而洛阳、新乡两市区域创新与城市化系统还处于中度协调发展阶段，可提升空间依旧存在。

四　自主创新示范区建设与城市化耦合发展的对策建议

本研究以郑洛新国家自主创新示范区为例，结合运用综合评价模型与耦合协调模型，计算了示范区内三个地级市2012～2016年区域创新与城市化综合发展指数及耦合度与协调度，并根据结果进行了分析与对比，据此提出以下建议。

第一，提高交通运输效率与综合服务水平，强化郑州市作为交通枢纽的带动和辐射作用。依托陇海铁路、京广铁路、京港高铁、郑西高铁、郑徐高铁等铁路以及新郑机场，提高交通运输效率和综合服务能力，强化提升自主创新示范区中心城市的带动作用，这也是区域创新与城市化协调发展的需要。

第二，洛阳市、新乡市应大力推动产业结构优化升级，加强自主创新能力建设，提高科技贡献量，进而为产业结构优化升级带来动力。产业结构优化升级不仅是区域创新的能力体现，有利于促进信息化与工业化融合提升，也可以很大程度上推进城市化进程。

第三，郑州市作为面积最大的示范区城市，应该积极培育中心镇以及小城市。培育中心镇和小城市不但对提升郑州城市化水平有很大帮助，还能较好地利用区域创新扩散带来的正面影响，进而提高郑州市的区域创新水平。

第四，完善城市专业化功能，可由郑洛新国家自主创新示范区对三市的战略定位出发，借助本市专业化特征，强化城市专业化功能，促进郑洛新三市区域创新与城市化相互协调、共同发展。郑州市在优先发展区域创新的同时，应根据郑洛新国家自主创新示范区的战略功能定位，重点发展智能终端、盾构装备、超硬材料、新能源汽车、非开挖技术、智能仪表与控制系统、可见光通信、信息安全、物联网、北斗导航与遥感等；而洛阳、新乡应在大力推进城市化的同时，在功能布局上给予产业发展更多的支持，重点扶持与功能定位有关的企业，如洛阳的工业机器人、智能成套装备、高端金属材料、新型绿色耐火材料，新乡的新能源动力电池及材料、生物制药、生化制品等，不能广撒网、广培育。

第五，根据调查结果，洛阳应该继续加大科研资金的投入，为科研机构及企业创造更好的创新资源和创新环境。此外，还应增加城镇从业人员，因为城市化水平的提高离不开一定数量的劳动力，区域创新的发展更离不开优质的人力资源，所以提高城镇从业人口数是提升区域创新和城市化两个系统的根本。

郑洛新国家自主创新示范区创新生态环境评价研究

王淑英　张佳朋　李思佳　赵文峰*

摘　要：　创新生态环境是各创新主体协同发展、共存共赢的基础，对提升区域创新绩效和实现可持续发展有积极作用。本文以郑洛新三市2017年工作总结为数据基础，通过问卷调查、调研访谈等方式，从政策、人才、文化、服务和基础环境五个方面对郑洛新国家自主创新示范区创新生态环境建设情况进行了系统评价分析，探讨了郑洛新国家自主创新示范区创新生态环境建设存在的问题，提出了郑洛新国家自主创新示范区建设并优化创新生态环境的对策建议。研究发现，郑洛新国家自主创新示范区创新生态环境还不完善，存在创新网络不成熟、企业发展进程受制约、人才文化建设不完善等问题。为建设并优化郑洛新国家自主创新示范区创新生态环境，各创新主体应积极合作创新，政府应深化角色转变，完善区域创新网络等。

关键词：　郑洛新国家自主创新示范区　创新生态环境　创新网络

为建设并不断优化郑洛新国家自主创新示范区创新生态环境，本文对郑洛新示范区创新生态环境现状进行科学评价和问题分析，在郑洛新三市采取

* 王淑英，郑州大学管理工程学院教授，研究方向为区域创新与战略投资决策；张佳朋，郑州大学管理工程学院2016级硕士研究生；李思佳，郑州大学管理工程学院2016级硕士研究生；赵文峰，郑州大学管理工程学院2016级硕士研究生。

实地调研、电子邮件和培训集中等方式发放200份调研问卷，收回181份，其中有效问卷152份，问卷的有效回收率为76%。同时，通过调研访谈从企业和政府等多角度获取创新生态环境建设过程的主要障碍和主要问题，为最终提出建设并优化创新生态环境的对策提供依据。

一　创新生态环境及其要素

创新生态是指创新主体间的竞争发展基于生态理念并强调它们之间的协同发展与共同进步。创新生态环境是在一定区域内，以创新企业为核心，各创新主体基于共同目标通过协同作用和整合创新资源，互惠互利并达到共存共赢状态，使区域向经济利益最佳、生态效益最好、社会效益最优的良性循环方向发展的新型创新系统。评价创新生态环境主要是对各创新主体间的关系融洽程度、创新文化浓度以及区域资源网络的完善程度的评价。企业的创新发展能显著提升区域创新绩效，因此本文以企业视角，以重点特色产业为主要立足点，对创新生态环境进行评价。创新生态环境要素主要包括政策生态要素、人才生态要素、文化生态要素、服务生态要素、基础生态要素五个方面。

政策生态要素包括：①专项资金投入政策。创新过程具有高研发投入、耗时长、风险与回报双高等特点，研发过程和核心技术设备等都离不开资金的支持，政府的支持行为对其发展有显著提升作用。②金融相关的支持政策。针对企业的融资需求，需要政府畅通市场中多元化的融资渠道，提供金融产业链服务或适宜的资本环境，将更多的金融资源配置到急需的科技产业中。

人才生态要素包括：①人才政策，政府相关部门应构建并不断完善人才激励制度，提升高技术人才的社会地位，鼓励支持高素质人才积极投身于企业的科技创新活动。②人才类型，不同的产业创新过程与特点所需创新人才的类型也有所差异，企业需寻求贴合该产业创新模式的人才类型。

文化生态要素类似于生态环境中的空气因子，创新文化和氛围在某种程度上决定整个区域创业创新的发展速度和进程。一是企业创新文化和意愿，企业需具备主动与利益相关者建立紧密联系和合作的意愿，形成企业管理者共享的价值观和共同的行为准则，从而有利于维系相互之间的关系。二是区域创新氛围，各创新组织需积极营造创新文化氛围，在区域内开展不同形式的文化交流活动和宣传，为企业间开展正式或非正式合作奠定文化基础。

服务生态要素包括：①政府提供的服务环境，政府政策应实现对各种创新资源的协调与平衡，采用多元化的组织方式培育和吸引相关企业与配套服务组织完善产业链条、形成产业集群。②中介机构建设，是企业合作、产业协同发展的桥梁，能为新兴产业培育出优秀的科技企业和服务机构，对科技金融的结合有显著促进作用。③服务平台的设立，对于促进企业间开展交互式学习、区域内开展协同创新和产学研合作具有引导作用，形成产业聚集和可持续盈利，促进产业的创新发展。

基础生态要素为创新主体的发展提供扎实基础。基础配套设施是创新活动的载体，其完善程度和获得成本，会直接影响到创新主体的创新成本和产出效率。

创新生态环境的各类生态要素之间需建立关联，相互衔接、相互作用。各创新生态要素与创新主体间关系如图 1 所示。

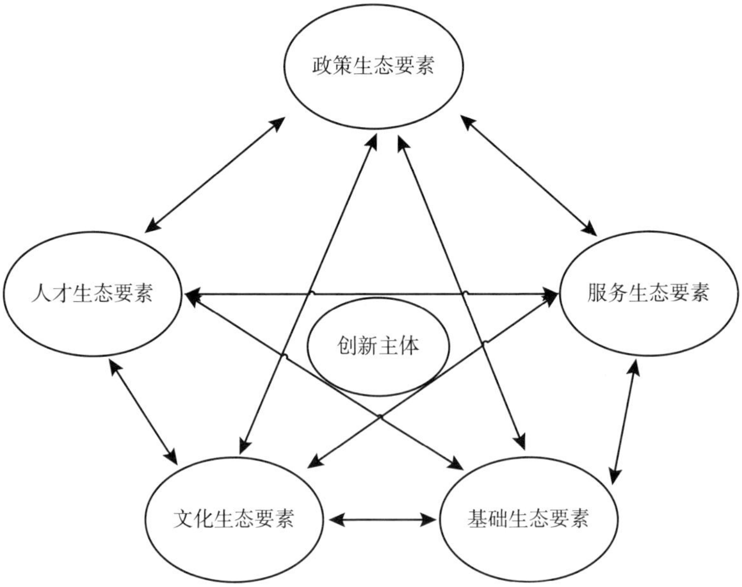

图 1　各创新生态要素与创新主体间关系

二　郑洛新国家自主创新示范区创新生态环境实证分析

构建评价指标体系。基于上文对各创新群落创新生态环境要素的分析，问卷从创新生态环境中政策生态环境、人才生态环境、文化生态环境、服务生态环境、基础生态设施环境等维度构建评价指标体系和设计题项，并用Likert五级量表评价分析。

（一）整体环境处于中等建设水平

表1是对创新生态环境的整体描述性统计，初步可以得到以下评价结果：首先，各类环境的平均得分都在3.2～3.6分，标准差都小于1，说明各类环境建设水平都处于中等且相对平稳的水平。其次，从平均得分情况来看，得分最低的是"服务生态环境对企业创新的促进"，说明郑洛新示范区在创新生态环境建设方面没有为企业创新提供完善的服务；该类环境题项的标准差相对较小，说明对于服务环境的评价比较一致。得分相对较低的是"政策生态环境对企业创新的促进"，且该题项的标准差相对较大，说明政策的出台和实施对企业创新没有显著的促进作用，同时区域内企业对政策环境的评价存在分歧，一部分企业受益于当前政策，但另一部分企业认为当前政策不能促进企业创新。同时，"人才生态环境对企业创新的促进"和"文化生态环境对企业创新的促进"得分相对不高，说明区域内人才和文化没有很好地促进企业创新。

表1　创新生态环境的描述性统计

单位：分

测　评　题　项	均值	标准差
政策生态环境对企业创新的促进	3.28	0.967
人才生态环境对企业创新的促进	3.30	0.825
文化生态环境对企业创新的促进	3.39	0.845
服务生态环境对企业创新的促进	3.20	0.926
基础生态环境对企业创新的促进	3.52	0.958

（二）金融政策有待落实和完善

研究从区域内融资、税收、补贴等方面评价政策生态环境对企业创新的促进，在调查的4个问题中，平均得分参差不齐。“专项资金的投入”题项得分大于4分，“税收优惠政策和创业投资规模”题项得分接近4分，这与近两年郑洛新区域内设立“双创”基金、研发补贴和科技转化基金等资金投入是分不开的，这些投入较好地支持了企业创新。而融资渠道和审批流程题项的平均得分分别为2.33分和2.53分（见表2），说明政府为企业设立的金融渠道不足以满足企业的融资需求，政府办事流程有待完善且效率有待提高。

表2　政策生态环境

单位：分

问卷题项	均值	标准差
专项资金的投入为企业提供融资来源以促进研发创新	4.28	1.071
区域内扩大税收优惠政策和创业投资规模以促进企业创新	3.98	0.908
企业能利用多层次资本市场或民间融资等多元融资渠道	2.33	1.028
简化审批程序和流程有利于企业创新	2.53	0.985

（三）人才激励和投入力度有待加大

人才生态环境从区域人才激励政策、人才类型和人才投入方面评价，在调查的4个问题中，除“人才激励政策”低于3分外其他题项得分都大于3分，说明郑洛新示范区的人才激励政策还不够完善，需要深入了解人才需求从而采取针对性措施加强对人才的激励。人才激励政策的欠缺也导致人才投入和人才类型的不足，因此人才类型和人才投入的得分情况也处于一般水平（见表3）。

（四）区域开放文化不足

文化生态环境从区域创新文化的浓厚程度、企业管理者的企业家精神和

表3　人才生态环境

单位：分

问　卷　题　项	均值	标准差
区域内人才激励政策有效支持企业引进人才	2.61	1.123
区域内企业普遍有具备科技专业知识并熟知金融业务的复合型人才	3.72	0.998
区域内企业有能总结创新实践、探讨科技金融发展规律的研究型人才	3.76	1.045
区域内有高素质高技术人才不断进入科技企业	3.12	1.021

价值观以及合作交流意愿等方面评价，在调查的6个问题中，除“国际合作意愿”外其他题项得分均大于3分，说明企业很少有开展国际合作的意愿或区域内还未开展国际合作项目。“企业管理者形成一致价值观和行为准则”是对区域内交流文化形成默认规则的刻画，得分为3.24分，说明区域内企业管理者间没有形成相对一致的行为准则，不能很好地降低企业交流成本（见表4）。

表4　文化生态环境

单位：分

问　卷　题　项	均值	标准差
区域内有开放包容的创新创业氛围能促进企业创新	3.35	0.967
区域内企业管理者普遍有使命感、责任感等企业家精神	3.50	1.094
企业管理者形成一致价值观和行为准则为企业间合作交流奠定基础	3.24	1.014
区域内企业普遍有意愿与上下游或同行业企业交流以促进企业创新	3.57	1.130
企业积极参与创新有关的研讨会或交流会以促进企业创新	3.90	1.145
区域内各创新主体有开展国际合作的意愿并对企业创新发展有很大帮助	2.75	1.113

（五）机构平台服务滞后

服务生态环境是形成创新生态网络的关键要素，从区域资源对接和交流平台、中介机构和服务平台建设情况等多方面来评价，在调查的7个问题中，“多元化的资源对接方式”和“企业与其他企业、高校或研发机构有很多合作机会”题项得分相对较高，说明政府为区域合作交流提供了较好的服务，有利于企业创新。“科技金融机构等中介体系”和“区域内有充足的孵化器”题项得分分别为2.35分和3.12分，说明中介机构的建设并不完善且服务质量和水平较低，“信息资源等公共服务平台”“科技转化服务平台”“公共技术平台”题项得分也相对较低，说明平台建设尚不能明显促进企业创新发展。

表5 服务生态环境

单位：分

问卷题项	均值	标准差
区域内常组织多元化的资源对接方式使区域内逐步形成完整的资源网络	3.90	0.965
企业与其他企业、高校或研发机构有很多合作机会	3.81	0.913
科技金融机构等中介体系能为企业提供专业咨询和优质服务	2.35	1.084
区域内有充足的孵化器为企业创新和培育提供支持	3.12	0.954
有完善的信息资源等公共服务平台促进企业创新发展	3.22	0.968
有完善的科技转化服务平台并为技术知识转移提供支持	3.16	0.962
有完善的公共技术平台促进企业创新发展	2.87	0.987

（六）基础设施建设有待于进一步加强

基础生态环境从区域内为创新而设立的基础设施等方面来评价，从调查的3个问题中可以看到，“为企业创新活动提供设施”题项得分较高，说明郑洛新示范区基础设施的建设情况较好。但“有适宜人才居住的生活配套设施、自然环境等”评分过低，这可能是由于近几年区域内房地产的猛烈发展使良好的人文建设或自然环境无法满足人们的多样化需求。在调研中了解到，一些民营企业面临工作场地小、生产车间小、交通不够便利以及人员居住困难等问题。

表6 基础生态环境

单位：分

问卷题项	均值	标准差
为企业创新活动提供完善的道路、通信、设施、污染处理等设施	4.12	1.002
有适宜人才居住的生活配套设施、自然环境等	2.85	0.974
为新成立企业和科技企业提供良好的环境和租金较低的经营场地	3.58	1.134

三　郑洛新国家自主创新示范区创新生态环境建设存在的问题

为了更清晰地了解郑洛新示范区创新生态环境存在的不足与障碍，本研究在示范区内进行实地调研访谈，访谈对象是三市高新区的高新技术企业以及政府相关部门，访谈内容是当前区域内创新生态环境建设存在的问题。通过对访谈内容的整理和相关理论的学习，郑洛新示范区创新生态环境建设总体来看存在几方面的问题。

（一）服务建设不完善，创新网络不成熟

从上文服务生态环境的问卷评价结果可以看出，郑洛新服务环境建设相对薄弱。结合调研访谈整理得到服务环境建设存在以下几方面的问题。

政府开展的服务不够精准。政府应为企业与研究机构、高校建立合作沟通的桥梁，开展研讨会、沙龙等有利于创新的活动。部分企业反映，没有切实享受到政府的服务，一些企业提出政府对相关政策的宣传力度不够并且难以落实，同时企业缺乏对政策的理解和使用。这些问题的存在是由于政府对企业的管理不够精准，忽略了不同企业发展的个性化。这样的大统一管理会使初创期的企业失败风险加大，也会使中小企业在现行管理政策中难以生存。

创新中介和平台建设缺失。近两年来，郑洛新示范区新增了一部分创新企业和机构，郑洛新三市新增创新引领型企业 1713 家，全省国家级孵化载体数量达到 80 家，郑州、洛阳和新乡分别已设立 21 家、9 家和 14 家新型研发机构。访谈中许多企业认为，当前服务环境仍不能满足企业创新的需求，原因在于中介机构和平台设立的数量与企业数量相差甚远，无法为所有企业提供全面贴切的服务，并且服务不够专业和优质，咨询相关机构时得不到优质服务。

科技成果转化效率有待进一步提高。一方面，知识产权的保障机制依然不完善，科研人员对于当前科技成果转化服务和体制心存疑虑，存在创新成

果转化的风险、知识产权得不到保护的风险。小微企业由于自身能力弱、生存能力差，在与大企业合作时无法有效保护知识产权。另一方面，在合作创新方面，企业创新产品单一、信息闭塞，与科技中介机构的合作相对较少，企业不愿意将核心技术共享，因此技术共享平台服务质量得不到提高。大部分合作仍然是校企合作，且依然存在知识产权保护和专利著作权问题。

（二）政策制约企业融资和发展进程

问卷和访谈主要以企业为核心，从当前资金投入和税收、企业金融政策等方面对政策环境进行评价分析，其主要在以下几个方面问题。

企业普遍面临融资困境。目前国内融资渠道还是以银行信贷为主，但紧靠传统融资渠道已无法解决部分企业的融资困境。通过与企业访谈得知，小微企业融资问题较为突出，因资金不到位、销售市场缺乏等而破产的企业占20%左右。而现有大多数科技创新扶持政策与其客观需求相差甚远，财政补贴大多是创新成功后的补贴，创新失败的风险全由企业承担。政府没有设立多层次的金融服务体系，企业融资渠道过于狭窄，不足以解决企业的融资困境。

政策针对性不足。对各类企业的优惠和扶持政策具有迟滞性，比如对于绿色环保类产品和工艺的创新，政府在政策上的引导不够，很多企业因补贴远小于成本而放弃创新。为企业创新提供资金支持时，财政资金审批时间长、手续烦琐、到位时间晚，抑制了企业的创新进程。

（三）人才和文化环境建设有待加强

通过问卷和访谈发现，郑洛新示范区人才环境和文化环境有待优化，存在的问题表现在以下几个方面。

关于文化方面，一是许多企业尚处于生存阶段，对创新的重视程度较低，因而企业内部缺乏创新文化。通过调研得知，区域内很多制造业企业的大型设备和技术都来源于国外，企业本身创新基础弱，缺乏与其他组织的合作。二是区域内文化建设不足。企业间文化交流能使区域内企业形成一致的价值愿景和行为准则，从而降低交流成本，如洛阳市多次举办银企、用工、产销、产学研对接活动，其他区域则少有类似文化交流活动。就示范区的创新发展而言，更需要开放包容的文化态度，比如新能源产业和生物医药科技等需要较为复杂的创新过程，这些高技术企业不仅需要区域内资源的对接和文化，更需要跨区域甚至国际技术交流与合作，这也是当前文化交流缺失的部分。

关于人才方面，一是人才缺乏问题极为突出。近两年来，郑州的“智汇郑州 1125 聚才计划”、洛阳的“河洛英才计划”和“河洛工匠计划”等人才政策的实施对区域人才引进作用显著，但人才激励政策针对性不强。一方面，没有形成稳定的促进高端人才发展、满足其薪金需求的政策体系；另一方面，中小企业人才流失问题严重，其培养的人才多被大企业、国企挖走。二是人才发展环境有待优化，即人才关注的薪资待遇和发展空间方面，高端人才认为发展空间不足。同时，示范区内缺乏高标准的学术交流中心、图书馆等，无法完全满足企业和科研院所的研发、生产和生活需求。

四　郑洛新国家自主创新示范区创新生态环境建设的对策建议

（一）提供精准多元服务，完善区域创新网络

针对政府服务不精准、中介机构缺失、科技成果转化率低等问题，应当组织整合资源，实现各创新主体的资源对接并顺利开展交流合作，加强科技成果转化保障机制和平台建设，重点是找准突破口，加强跨区域甚至国际交流合作。

整合区域资源，完善区域内资源网络。政府是最合适的组织者，可聚集整合分散在社会上的资源并与企业的实际需求顺利对接，形成为企业创新提供实质性支持与服务的创新生态环境。如就郑州市企业对科技服务的需求，政府应为企业提供社会资本、管理支持等，充分发挥组织资源方面的优势，

从单纯的政策制定者转变为大型免费服务机构。洛阳市需要建立并更新科技创新信息平台，为中小企业提供接地气的帮助。对于新型研发机构，政府应统筹区域内各部门形成合力，做好相关产业的顶层设计和整体布局。新乡市新能源产业和生物医药科技产业均属于高技术产业，政府应整合研发资源，构建共性技术研发平台和信息资源平台，引导建立以相关企业为中心的向上游供应商及下游客户延伸的产业联盟，逆向快速传递需求，促进产品的蓬勃发展。

加强中介机构和平台建设，完善区域内服务网络。对企业创新创业有直接支撑作用的是区域内的服务网络发展水平，尤其是产业链的完善程度、企业孵化程度和技术交易中心等中介机构的发展程度。国内先进城市产业园区发展的成功经验表明，孵化器和公共服务平台建设至关重要。如郑州市应加强科技金融中介机构建设并提高服务质量，使之在科技与金融结合的不同环节为企业提供专业化的咨询和服务。新乡市的“121”发展模式能适应产业发展的新趋势和新要求，应持续跟进，实现动态管理。

进一步提高科技成果转化率，完善区域内知识网络。持续已久的科技成果转化率低已经引起政府、企业、研发机构等各方的重视，但形势依然严峻。首先，应该明确提高科技成果转化率是一个循序渐进的过程，市民和企业的知识产权保护意识薄弱，当前知识产权保护已经引起广泛的关注也有相关政策的出台（《关于进一步加强知识产权工作的若干意见》《加强郑洛新国家自主创新示范区专利创造运用保护暂行办法》等），应进一步完善知识产权保护机制，为科研人员提供一个良好的研究环境。其次，提高产学研的合作效率，2017 年 1 月设立了郑洛新示范区科技成果转化引导基金，政府应深入了解各创新主体需求，合理提供资金帮助。同时，还应探索建立研发创新伙伴关系和公私合作关系等，以提高科技成果转化率。

（二）拓展资金来源，推动科技金融真正结合

针对企业普遍面临的融资困境、科技金融结合不紧密等问题，本文从政府基金和招商引导、市场多元融资渠道设立等方面提出建议。

强化政府政策引导。专项补贴、税收优惠等直接支持政策和政府效率或服务水平提升等间接支持政策都能显著促进企业创新。据调研了解，2017年9月开始郑洛新示范区内，企业用于科研工作的每100元都可获得5元到10元的政府专项补贴；2017年10月设立首期规模10亿元的创新创业发展基金。这些支持政策的出台都为企业创新释放活力，但企业资金短缺问题依然不容乐观。政府还可以从培育创业投资业、精准招商等方面着手，如新乡市可以实行精准招商，引领生物产业发展提速提质，重点引进生物医药研发、总部经济、营销及服务等产业形态，完善产业链，促进投资主体多元化。郑州市可以通过培育创业投资业，扩大税收优惠和财政投入政策，以及实施其他促进创业投资规模壮大的相关政策，加大政策支持系统的支持力度。

推进多层次融资服务。传统的融资模式无法满足企业的融资需求，尤其是中小企业。为解决融资问题，市场应发展多元化的融资渠道以满足企业的融资需求。一是发展和完善多层次资本市场，如新三板等，满足中小企业多方面融资需求的同时为创业投资提供更多的退出渠道。二是提供多元合作的金融产业链服务，通过合理的定价机制将更多的金融资源配置到急需的科技产业中。根据当前金融产品的特点，制定既满足融资需求又能分散风险的制度，如风险投资、科技保险、科技信贷等。三是设立以民间金融为辅的融资渠道，鉴于当前国内有1000多万家小微企业因享受不到金融服务而面临资金困难的现状，应适当开展个人及民间资本等参与小微企业的创新项目投资，有效控制民间借贷利率，使其能够获得低成本的融资支持。

创新融资模式。区域内可尝试采用供应链金融、担保换股权等方式，解决中小企业的融资问题，促进形成产业创新网络的新型融资模式。

（三）完善人才引进配套服务和政策

人才是区域发展的创新来源和动力，是制约创新发展的关键因素，郑洛新示范区内各类产业的创新发展都离不开人才的支持，尤其是高尖人才的引进。针对人才引进不足和人才类型与企业需求不对等的问题，本文提出以下建议。

关于人才引进，除了人才激励政策外应打造吸引人才并促进其发展的居住和人文环境，引进方式应由被动引进变为主动引进。基于前文对于人才生态环境的要素分析，郑洛新示范区内应引进研发机构，提供国际交流合作机会等，以发展环境和上升空间吸引人才；区域内应围绕满足企业和科研院所的研发、生产和生活需求，规划建设完善的道路、通信等各种基础设施，以及住宅、文化长廊等生活配套设施，还应建设高标准的学术交流中心、图书馆等，提供良好的居住和人文环境。如新乡市为满足新能源产业的发展需求，应重点引进国家、省级研发机构，为科研提供动力和良好的发展环境。示范区应加强基础生态环境建设，大力烘托创新创业氛围，培育企业家精神等。如对创新创业典型人物和企业进行宣传和表彰，在创新创业方面开展义务培训，举办科技创新社会大讲堂、沙龙等丰富的活动等。

关于人才类型，由于不同产业的创新过程和特点存在差异，其对人才的需求类型也不完全一致，广泛引进的人才有时无法满足特色产业的需求，因此企业应注重自身平台的建设，区域内应组织活动或设立平台培育人才。如针对科技金融所需要的复合型、研究型人才，区域内可定期举行系统介绍科技金融理论知识的专题讲座，金融机构和重点科技企业应定期举办针对性的培训班，以提高科技金融服务工作人员的理论水平和业务能力。针对其他类型的人才需求，区域内应通过召开座谈会、研讨会以及开展合作研究等方式，提高对相关领域基础知识的了解和熟悉程度，把握当前新兴产业和科技金融等的发展现状及趋势，帮助区域内人才拓展视野和开阔思路，提高创新能力。加强企业、研发机构与高校的人才对接，加强政府相关部门和机构相关人员的沟通和联系，使各类人才和组织经常聚集一起相互切磋和进行信息交流。

（四）深化政府角色转变，适应产业需求

为加快形成示范区优势互补、错位发展、特色明显的产业格局，全面提升区域创新体系整体效能，政府应针对不同产业需求发挥作用。一是灵活转

化政府角色。政府除了宏观调控区域发展方向和战略外，应针对产业创新发展路径和特点的差异，发挥不同的引导作用。面对小微企业，政府不仅要提供各种直接支持，更要调整其角色定位，从直接扶持转换为间接治理和服务。对于高技术企业，政府应为其提供科技服务支持，组织多元化的资源对接和合作活动，发挥积极有效的组织与引导作用。二是持续改进服务方式。政府应将服务的重点放在企业发展相对艰难的初创期和成长期，或者企业遇到严重危机乃至面临失败威胁的时候，帮助企业顺利渡过难关。面对产业需求，应采取开发态度，帮助企业实现跨区域合作。如与南阳市新能源产业建立紧密联系，为示范区内新能源产业提供合作交流的机会，实现跨区域的联动。三是加强组织建设和组织学习。为企业创新提供服务，政府工作人员应具有较强的综合能力且具有突出的服务意识。同时，政府作为区域内的总指挥应更新自身知识，与时俱进，利用各种机会向专家学习、组织内部研讨、在工作中摸索和总结、加强理论学习。

新型城镇化与社会治理篇

New Urbanization and Social Governance

河南省十八地市城市宜居度调查分析

梁思源　顾蕴韬　史斌斌[*]

摘　要： 本文以2017年河南省宜居城市调查问卷和2017年河南省统计年鉴为数据来源，从政治文明度、社会和谐度、经济发展度、环境优美度、生活便宜度、城市喜爱度几个维度对全省18个地市的宜居程度进行测评。本研究以社会治理为出发点，从政府工作质量和居民社会生活两个维度，对宜居度相关因素进行分析，找出与宜居度相关程度较高的影响因素。此外，找出影响各地市宜居程度的优势因素与限制因素，为各地进一步提升宜居度提供参考依据。调查发现，总体来看，河南省宜居情况较好，许昌、漯河两个地市的宜居指数远高于其他城市，而平顶山、周口、商丘的宜居指数相对较低；政治文明、社会和谐仍是河南省社会建设发展中的薄弱环节；

* 梁思源，郑州大学公共管理学院讲师，社会治理河南省协同创新中心研究员，研究方向为社会治理与社会发展、土地资源管理；顾蕴韬，郑州大学公共管理学院2016级行政管理专业硕士研究生；史斌斌，郑州大学公共管理学院2017级行政管理专业硕士研究生。

环境保护工作成效明显；多个地市的排名和指标得分较上年出现较大变化；男性居民对城市的喜爱度与生活成本呈负相关；居民对于居住条件不满的情况仍未改善。建议加强政务公开和权益维护，提升政治文明度；改善居住条件和加强市政建设，提高居民生活质量；提高居民收入，降低生活成本，增强城市认同；鼓励志愿活动，培育民间组织，丰富居民生活。

关键词： 河南　宜居城市　宜居度　宜居度评价

宜居城市是适宜居民居住和生活的城市，需要具有良好的居住环境、人文社会环境和生态自然环境，在保证为居民提供绿色、和谐、便利的生活环境的同时实现充分的经济发展。近几年来，河南省的城市化建设取得了显著成就，但也积累了一些突出问题和矛盾。如何更好地提高居民的生活质量，丰富提升城市内涵，是宜居城市调查评价的最终目标。作为对城市适宜居住程度的综合评价，宜居城市评价对于研究城市的宜居程度、指导宜居城市建设具有重要意义，在一定程度上能够为评判社会治理能力和水平提供参考，反映城市发展的协调程度和融洽状况。2018 年政府工作报告明确指出，要在发展基础上多办利民实事、多解民生难事，兜牢民生底线，不断提升人民群众的获得感、幸福感、安全感。本文以 2017 年 12 月社会治理河南省协同创新中心在全省 18 个地市开展的“河南省宜居城市调查”结果和 2017 年河南省统计年鉴数据为依据，对省内各地市宜居程度进行评价分析，并在此基础上就提升城市宜居度提出可行的对策建议。

一　样本分析

本文的分析样本主要来源于 2017 年 12 月开展的“河南省宜居城市调

查”和2017年河南省统计年鉴相关数据。宜居城市调查侧重于收集城市居民对于城市环境、公共服务、经济发展、社会和谐等方面的满意度，统计年鉴提供具体翔实的统计数据作为补充信息。

社会治理河南省协同创新中心于2017年12月22～26日开展了“河南省宜居城市调查”，调研结果为本文提供了有效的数据支撑。此次问卷调查涉及全省18个地市，调查累计发放问卷4000份，回收有效问卷3967份，有效问卷回收率为99.18%。在问卷数量分布上，综合考虑人口等社会经济要素，郑州市发放问卷最多，回收有效问卷442份；其次是洛阳市，有效问卷共计305份；其余各地市发放问卷在200份左右（见图1）。课题组围绕居民公共服务满意度、法治建设情况、社会参与意愿、政府建设、居民生活以及社会和谐等方面进行了问卷调研。此次调查团队由80名郑州大学公共管理学院的研究生、本科生组成，为了能够与上年调研数据进行参照比较，保障调查的科学性和代表性，本次调查基本沿用了2016年12月进行的宜居城市调查的采样点，即采取等距抽样方法，每个地市抽取两个街道，每个街道抽取4个居民委员会，并在所抽取到的居民委员会的范围之内开展偶遇调查。

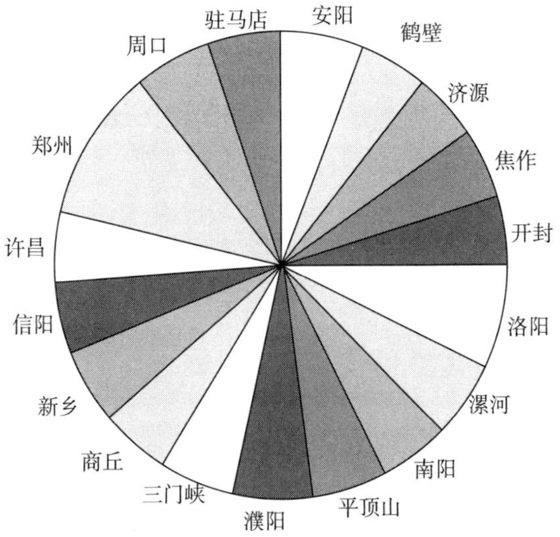

图1　18个地市问卷数量分布示意

调查样本中男性为1826人，女性为2127人，男女比例为46.2∶53.8。调研对象中，绝大多数为当地户籍人口，占总数的83.1%。大多数调研对象都为当地常住人口，居住三年以上的人口占总数的89.0%。调研对象的文化程度主要集中在高中及以下学历，占七成左右，具体来说，初中及以下1375人，高中或中专1432人，大专716人，本科及以上436人，分别占样本总量的34.7%、36.2%、18.1%、11.00%。调查对象以中青年为主，30岁以下887人，30~45岁1306人，46~60岁1157人，60岁以上595人，分别占总样本量的22.5%、33.1%、29.3%、15.1%。从职业分布来看，普通工人最多，有958人，占总数的24.2%，然后依次是个体工商户882人，农民工或农民594人，机关事业单位人员346人，专业技术人员或高级管理人员219人，私营企业主180人，分别占总样本量的22.3%、15.0%、8.8%、5.5%、4.6%，此外，还有19.6%的人员属于其他职业。从年收入来看，大多数人的年收入集中在5万元以下（见表1）。

表1　调查样本描述分析

单位：%

变量	指标	比例	变量	指标	比例
性别	男	46.2	年龄	30岁以下	22.5
	女	53.8		30~45岁	33.1
户籍所在地	本地	83.1		46~60岁	29.3
	外地	16.9		60岁以上	15.1
居住时间	半年以下	2.0	文化程度	初中及以下	34.7
	半年到一年	3.3		高中或中专	36.2
	一年到三年	5.7		大专	18.1
	三年以上	89.0		本科及以上	11.0
职业	个体工商户	22.3	年收入	1万元以下	26.5
	私营企业主	4.6		1万~2万元	24.2
	机关事业单位人员	8.8		2万~3万元	18.1
	专业技术人员或高级管理人员	5.5		3万~5万元	17.1
	普通工人	24.2		5万~10万元	11.9
	农民工或农民	15.0		10万元以上	2.2
	其他	19.6	—		

二　河南省宜居城市评价指标体系

国内外学者对于宜居城市评价指标体系有着众多设计。对于宜居城市内涵的理解自联合国 1996 年正式提出“宜居”概念以来一直都未达成统一，不同阶段的国内外学者在对其的解释和认知上存在差异。Arifwidodo 认为宜居的城市应该是生活质量和居住的适宜性比较高的城市；M. Oouglass 认为环境福祉、个人福祉和生活世界是宜居城市的重要组成部分；王善超认为宜居城市是指经济、社会、文化、环境协调发展，人居环境良好，能够满足居民物质和精神生活需求，适宜人类工作、生活和居住的城市；张文忠认为宜居城市应该是一个环境健康的城市、安全的城市、自然宜人的城市、社会和谐的城市、生活方便的城市和出行便捷的城市。宜居城市的实证研究方面，近年来有从经济发达的沿海沿江城市向更多内陆城市拓展的趋势。目前，学术界主要从以下几个方面对城市宜居满意度进行了研究：一是研究方法的选择上，李嘉菲、郑春东等分别采用了 ACSI 模型、空间分析方法、结构方程模型和层次分析法；二是利用宜居性的某一要素评价结果对城市内部不同空间的居住环境差异进行研究；三是从居民的不同属性出发，研究居民的性别、年龄、职业等对城市宜居满意度的影响和认同等。[①] 考虑到只采用城市统计年鉴中的客观数据或实地调研掌握的居民实际满意度都存在着一定的局限，因此本研究选择将二者相结合，既采用统计年鉴所反映的宏观数据，又尊重城市居民实际生活中对于各类问题的直观感受，设计一套尽可能完善而客观的评价指标体系。该体系的设计参考中华人民共和国住房和城乡建设部 2007 年 4 月颁布的《宜居城市科学评价标准》和中央精神文明建设指导委员会 2017 年 7 月颁布的全国文明城市（地级以上）测评体系（2017 年版），由政治文明度、社会和谐度、经济发展度、环境优美度、生活便宜度、城市

① 田晓、张红娜：《我国宜居城市的居民满意度状况及改进策略——以郑州市为例》，《现代城市研究》2017 年第 4 期。

喜爱度6个一级指标组成，共包含23项二级指标、60项三级指标（见表2）。[①] 其中，近三成的指标及其数据来源于2017年河南省统计年鉴，其余来自2017年12月开展的“河南省宜居城市调查”。本次指标体系在上年的基础上调整并增加了13项三级指标，包括法制环境满意度、利益诉求表达途径、居民正当权利维护情况、行政环境满意度、政府服务态度满意度、居民对社会主义核心价值观了解程度、就业环境和就业机会、志愿活动开展情况、社会治安评价、社会诚信评价等。将对政府的信任度分解为对地市政府、地区政府和街道办事处的信任度。

表2　宜居城市评价指标体系

一级指标	权重	二级指标	权重	三级指标	权重
政治文明度	0.2	遵纪守法	0.04	居民遵守法律情况	0.012
				政府遵守法律情况	0.012
				法制环境满意度	0.016
		政务公开	0.02	政府政务公开满意度	0.01
				政府网站满意度	0.01
		权益维护	0.02	利益诉求表达途径	0.005
				政府民意反映渠道满意度	0.005
				居民反映问题主动性	0.005
				居民正当权利维护情况	0.005
		政府形象	0.08	对地市政府的信任度	0.008
				对地区政府的信任度	0.008
				对街道办事处的信任度	0.008
				当地干部作风	0.024
				政府廉洁状况	0.016
				法院判决公正度	0.016
		行政服务	0.02	行政环境满意度	0.006
				行政服务中心办事效率	0.006
				政府服务态度满意度	0.008
		政治生活	0.02	参与公共事务的意愿	0.006
				参与公共事务的状况	0.006
				居民对社会主义核心价值观了解程度	0.008

① 李丽萍、吴祥裕：《宜居城市评价指标体系研究》，《中共济南市委党校学报》2007年第1期；顾文选、罗亚蒙：《宜居城市科学评价标准》，中国城市网；张文忠：《宜居城市的内涵及评价指标体系探讨》，中国城市科学研究会会议论文集。

续表

一级指标	权重	二级指标	权重	三级指标	权重
社会和谐度	0.2	就业与保障	0.04	就业率	0.01
				就业环境和就业机会	0.01
				就业服务满意度	0.01
				社会保障满意度	0.01
		社区服务	0.02	社区服务满意度	0.02
		民间活动	0.04	志愿活动开展情况	0.02
				民间组织发展	0.02
		社会稳定	0.1	每万人刑事罪犯人数	0.02
				社会治安评价	0.02
				矛盾纠纷化解	0.02
				社会诚信评价	0.02
				社会和谐评价	0.02
经济发展度	0.1	经济发展水平	0.02	人均 GDP	0.01
				第三产值贡献率	0.01
		经济富裕度	0.08	城镇居民人均可支配收入	0.02
				城镇居民消费水平	0.02
				城镇居民家庭人均恩格尔系数	0.02
				生活成本	0.02
环境优美度	0.2	生态环境	0.16	人均绿化覆盖面积	0.032
				人均公园绿地面积	0.032
				建成区绿化覆盖率	0.032
				绿化满意度	0.032
				生态环境满意度	0.032
		人文环境	0.02	人文环境满意度	0.02
		城市景观	0.02	城市规划和市容市貌满意度	0.02
生活便宜度	0.2	城市交通	0.04	人均拥有道路面积	0.02
				交通服务满意度	0.02
		物流服务	0.02	物流服务发展程度	0.02
		市政服务	0.02	市政设施和市政服务满意度	0.02
		教育文化休闲	0.04	每百万人健身场地设施数	0.01
				每百万人口公共图书馆数	0.01
				广播电视覆盖率	0.01
				教育服务满意度	0.01
		居住条件	0.02	住房满意度	0.02

续表

一级指标	权重	二级指标	权重	三级指标	权重
生活便宜度	0.2	公共卫生与养老	0.04	每十万人口医疗卫生机构数量	0.01
				医疗服务满意度	0.01
				养老服务满意度	0.02
		绿色生活	0.02	绿色生活方式践行	0.02
城市喜爱度	0.1	喜爱度	0.1	对城市的喜爱度	0.1

本报告将全省及18个地市各项指数按百分制进行计算，其中调查问卷五分量表得到的数据以非常满意100分、比较满意80分、一般60分、不太满意40分、非常不满意20分的标准进行赋值计算，统计年鉴数据根据全国和河南省平均水平选取标准值，对指标进行标准化后赋值计算。以此得出的全省及18个地市各项三级指标得分，通过加权计算进而得出二级指标及一级指标得分，用以综合判定全省及各地市的宜居程度（见表3）。对城市的喜爱程度是市民对于所居住城市的总体感受，综合了市民对于城市政治文明、社会和谐、经济发展、环境绿化、生活便宜程度的总体考量，能够在很大程度上反映出城市的宜居情况，因而将其设定为重点分析指标，纳入评估体系中。

表3　宜居城市评价指标评分标准

指　标	评分标准
满意度	非常满意100分，比较满意80分，一般60分，不太满意40分，非常不满意20分
失业率(%)	100－当地失业率
每万人刑事罪犯人数(人)	100－每万人刑事罪犯人数
人均GDP(元)	人均GDP/标准值×100 标准值4万元
第三产值贡献率(%)	第三产值贡献率/标准值×100 标准值50%
城镇居民人均可支配收入(元)	城镇居民人均可支配收入/标准值×100 标准值2.5万元
城镇居民消费水平(元)	城镇居民消费水平/标准值×100 标准值1.8万元
城镇居民家庭人均恩格尔系数(%)	59%以上为0分，50%～59%为25分，40%～50%为50分，30%～40%为75分，低于30%为100分

续表

指　　标	评分标准
人均绿化覆盖面积（平方米）	人均绿化覆盖面积/标准值×100 标准值 18 平方米
人均公园绿地面积（平方米）	人均公园绿地面积/标准值×100 标准值 12 平方米
建成区绿化覆盖率（%）	建成区绿化覆盖率/标准值×100 标准值 40%
人均拥有道路面积（平方米）	人均拥有道路面积/标准值×100 标准值 15 平方米
每百万人健身场地设施数（个）	每百万人健身场地设施数/标准值×100 标准值 80 个
每百万人口公共图书馆数（个）	每百万人口公共图书馆数/标准值×100 标准值 2 个
广播电视覆盖率（%）	广播电视覆盖率/标准值×100 标准值 100%
每百万人口医疗卫生机构数量（个）	每百万人口医疗卫生机构数量/标准值×100 标准值 8 个

三　河南省十八地市宜居度评价

城市的宜居程度不仅体现了城市居民生活环境的总体情况，也在很大程度上反映了当地政府的社会治理能力和水平。对城市宜居度的测量包括当地居民主观感受和城市发展客观指标两方面。为了更准确地了解市民的态度，在问卷设计方面采用多维度测量方法，不直接就被调查者的宜居感受进行提问，而是采用比较复杂的量表从多个维度对被调查者进行全面衡量。将实地调研取得的数据和 2017 年河南省统计年鉴相关数据进行结合分析，并与 2016 年河南省宜居城市调查结果对比，对河南省各地市宜居度做出了以下几点评价。

（一）河南省城市整体宜居情况较好

测算结果表明，河南省居民整体生活在比较宜居的环境中。综合政治文明度、社会和谐度、经济发展度、环境优美度、生活便宜度和城市喜爱度六大指标得分，计算出全省宜居指数的平均分为74.31分，属于较高水平，较上年有所提高。分地市来看，许昌、漯河、济源的宜居度得分位列前三名，分别为80.8分、79.3分和78.1分，保持了上年的好成绩；此外，焦作、濮阳、鹤壁、驻马店、三门峡的宜居指数都高于全省平均水平；而平顶山、周口、商丘的宜居指数相对较低，其中周口、商丘连续两年排名垫底，城市宜居度亟待提高（见图2）。

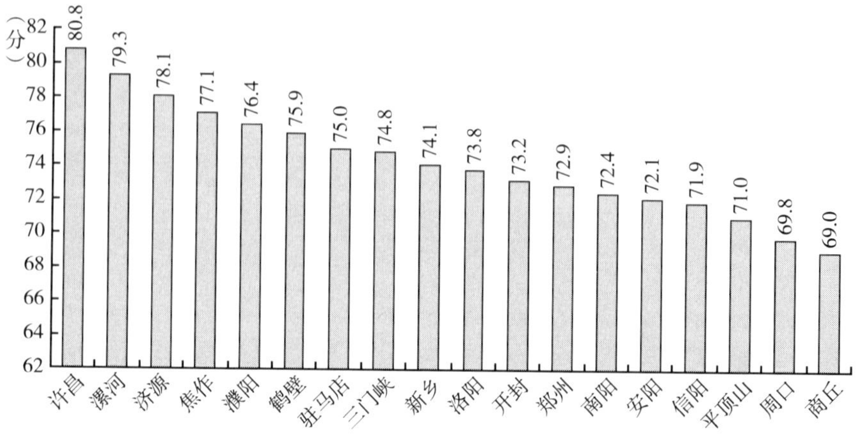

图2　18个地市宜居指数排名

政治文明度方面，漯河、许昌、濮阳得分较高，济源、驻马店、三门峡、南阳、焦作高于全省平均水平，洛阳、信阳、新乡排名靠后。社会和谐度方面，许昌依旧保持领先优势，商丘、洛阳排名靠后。经济发展度方面，郑州连续两年遥遥领先，各地市得分差距较上年更大，排名第一的郑州与排名最后的周口得分相差21.57分；郑州、洛阳经济发展领先于全省其他地市；商丘、周口仍位列倒数后两位。环境优美度方面，许昌、济源、鹤壁得分遥遥领先，分别为91.53分、87.60分和87.40分，周口、商丘连续两年排名最后；共9个地市得分低于全省平均值。生活便宜度方面，焦作、漯河、濮阳得分位列前三，郑州连续两年得分最低，但相较上年有所上调。城市喜爱度方面，许昌、洛阳两市得分领先其他地市；许昌、洛阳、鹤壁、漯河、南阳、济源、新乡、焦作、信阳、驻马店的得分高于全省平均值；平顶山、周口、商丘的得分较低（见表4、图3）。

表4　宜居城市评价指标得分及排名

单位：分

城市	宜居度		政治文明度		社会和谐度		经济发展度		环境优美度		生活便宜度		城市喜爱度	
	得分	排名	得分	排名	得分	排名	得分	排名	得分	排名	得分	排名	得分	排名
许　昌	80.81	1	69.72	2	77.00	1	84.14	4	91.53	1	78.57	5	90.29	1
漯　河	79.30	2	70.15	1	76.78	2	82.57	8	86.42	4	79.05	2	85.60	4
济　源	78.11	3	68.55	4	74.57	3	79.84	10	87.60	2	78.59	4	82.60	6
焦　作	77.08	4	65.33	8	72.51	6	85.14	3	84.56	5	79.59	1	81.68	8
濮　阳	76.39	5	69.35	3	73.95	5	73.20	15	82.89	8	78.72	3	80.89	11
鹤　壁	75.94	6	60.10	15	71.22	8	79.44	11	87.40	3	77.79	6	86.97	3
驻马店	75.01	7	67.76	5	74.33	4	77.14	13	78.99	11	74.61	9	81.57	10
三门峡	74.85	8	66.35	6	70.28	10	83.81	5	84.04	6	72.66	15	78.00	14
新　乡	74.10	9	58.54	18	70.64	9	83.51	6	81.50	9	77.00	7	82.10	7
洛　阳	73.82	10	59.24	16	68.10	17	87.02	2	83.19	7	71.45	16	87.21	2
开　封	73.20	11	63.15	10	69.68	13	82.68	7	77.81	13	74.23	12	79.60	12
郑　州	72.90	11	63.00	12	70.27	11	91.20	1	78.44	12	67.50	18	79.36	13
南　阳	72.42	13	65.66	7	71.42	7	76.04	14	74.26	15	71.08	17	83.32	5
安　阳	72.10	14	63.13	11	68.50	16	81.85	9	76.34	14	74.14	13	74.88	15
信　阳	71.88	15	58.95	17	69.83	12	71.35	16	79.51	10	74.64	8	81.60	9
平顶山	70.97	16	62.02	14	69.27	15	77.70	12	73.69	16	74.35	11	73.30	18
周　口	69.79	17	63.44	9	69.51	14	69.63	18	70.66	17	73.26	14	74.50	17
商　丘	68.99	18	62.64	13	67.54	18	70.52	17	67.76	18	74.37	10	74.80	16
平均分	74.31		64.28		71.41		79.82		80.37		75.09		81.01	

（二）政治文明、社会和谐仍是河南省社会建设发展中的薄弱环节，有待改善

六项二级指标中，政治文明度延续上年情况，明显落后于其他各项（见图4），全省平均分仅64.28分，分数比上年的66.23分相比下滑了1.95

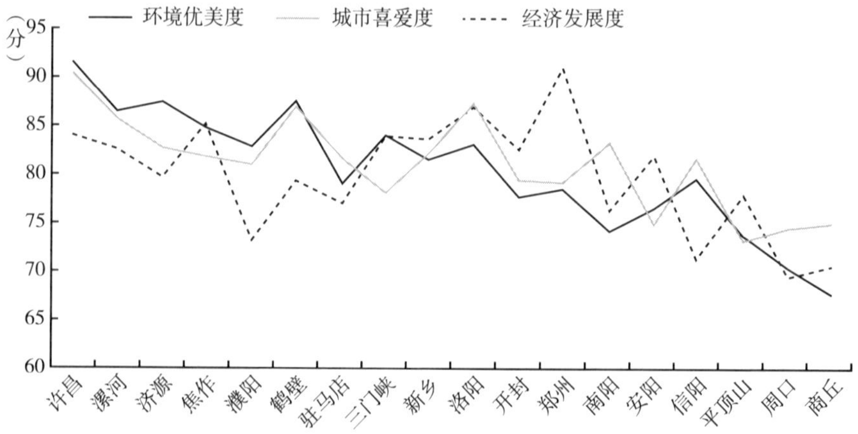

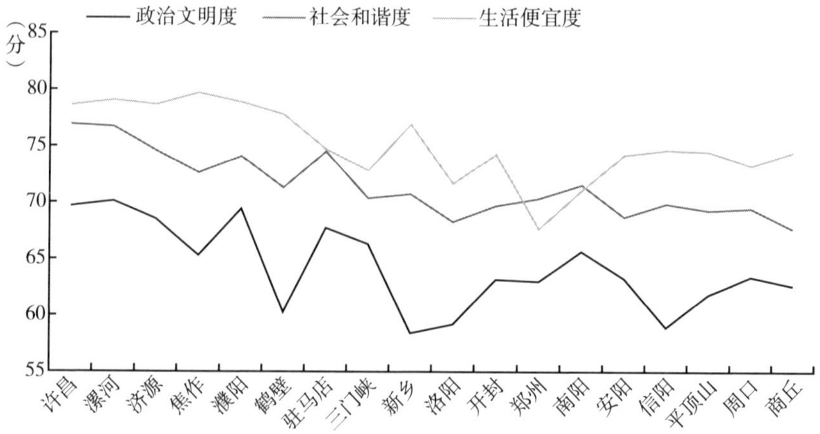

图3　18个地市宜居城市一级指标得分

分。得分最高的漯河市也仅70.15分，相较上年的最高分70.16分下降了0.01分。说明政府在深化社会主义民主、提供行政服务、树立政府形象、提高行政效率等方面的工作仍需持续加强。在社会和谐度包含的二级指标中，民间活动的得分最低，全省平均值仅66.61分，反映出人民群众的日常活动选择较少，志愿活动开展不够，缺少自发的民间组织，业余文化生活和休闲娱乐生活相当匮乏，社会并未营造出良好的民间活动氛围。需要调动多方面社会因素和力量，在资金、技术等方面给社会组织以扶持，积极鼓励多种形式的民间活动，丰富居民的业余生活，培育和谐而充满活力的社会环境。

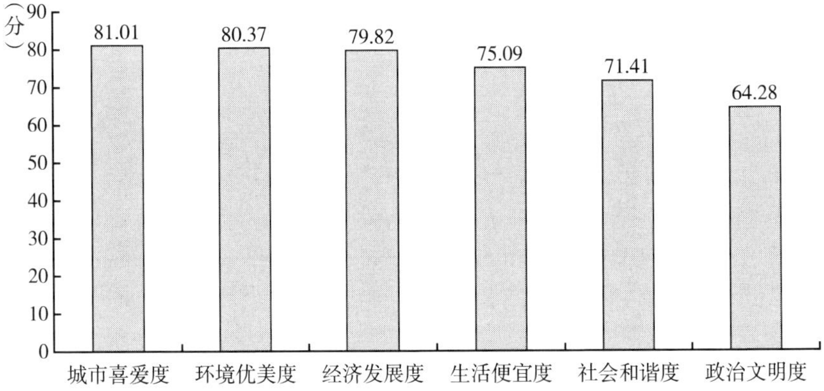

图4　宜居城市相关因素得分情况

（三）环境保护工作成效明显

在2017年的宜居城市调查中，环境优美度得分相较上年提升了6.39分，涨幅8.6%。说明全省在2017年针对提升环境质量所开展的工作取得了显著成效。环境保护与经济发展相辅相成，经济发展伴随资源合理利用、环境生态平衡是实现可持续发展的必然选择。“绿水青山就是金山银山”，环境治理将倒逼企业加快转型升级，促进经济良性发展。下一步，河南省应继续积极主动地应对在城市发展过程中的环境问题，实现城市与环境和谐、可持续、循序渐进的发展。

（四）多个地市的排名和指标得分较上年出现较大变化

在城市总体宜居度上，共四个地市出现了较大变化：驻马店从上年71.53分位列第13上升至75.01分位列第7，分数上升3.48分，名次上升6位；新乡从71.45分位列第14上升至74.10分位列第9，分数上升2.65分，名次前进5位；洛阳从上年75.82分位列第5下降至73.82分位列第10，分数下降2.00分，名次退后5位；信阳从上年75.18分位列第6下降至71.88

分位列第15，名次大幅下滑了9位。具体指标得分上，驻马店的社会和谐度与环境优美度排名上升明显，社会和谐度由72.01分位列第9跃升至74.33分位列第4，环境优美度由63.51分位列第16上升至78.99分位列第11；新乡的经济发展度显著提高，从77.72分位列第11上升至83.51分位列第6。反之，洛阳的政治文明度、环境优美度排名较上年均下降了5~6位，政务公开满意度、政府民意反映渠道满意度、人均公园绿地面积等指标得分较低是导致其宜居度表现不佳的主要因素。同时值得注意的是，信阳虽连续多年被评选为全国十佳宜居城市，但在本次调查评价中成绩并不理想，特别是政务公开、权益维护、人文环境、居住条件等二级指标的得分相较上年均减少10分以上，退步明显。结合具体指标得分，建议今后加强政府政务公开，积极更新维护政府网站，拓宽民意反映渠道，保证法院判决公正度，及时化解社会矛盾纠纷，推动经济发展，提高第三产业比重，增加居民可支配收入，注重城市文化建设。

（五）河南省18个地市影响宜居水平的优势因素与限制因素各有不同

将影响18个地市宜居度的相关因素进行赋值计算并进行对比分析，可以找出影响各地市宜居度的优势因素与限制因素。分析表明，影响各地市宜居度的优势因素和限制因素各不相同。如在社区服务方面，驻马店、许昌、濮阳优势最为明显，商丘、洛阳、平顶山的限制性最强；在生态环境方面，许昌、济源、鹤壁优势最为明显，商丘、周口、平顶山的限制性最强（见表5）。各城市的优劣势因素相较上年都出现了较大变化。

表5　各地市影响宜居度的优势与限制因素分析

地市	因素分析	
安阳	优势因素	政务公开、权益维护、经济发展水平、经济富裕度、城市交通、公共卫生与养老
	限制因素	遵纪守法、政府形象、行政服务、政治生活、就业与保障、社区服务、民间活动、社会稳定、生态环境、人文环境、城市景观、物流服务、市政服务、教育文化休闲、住房条件、绿色生活、城市喜爱度

续表

地市	因素分析	
鹤壁	优势因素	社会稳定、经济富裕度、生态环境、人文环境、城市景观、城市交通、物流服务、市政服务、教育文化休闲、住房条件、公共卫生与养老、绿色生活、城市喜爱度
	限制因素	遵纪守法、政务公开、权益维护、政府形象、行政服务、政治生活、就业与保障、社区服务、民间活动、经济发展水平
济源	优势因素	遵纪守法、政务公开、权益维护、政府形象、行政服务、政治生活、就业与保障、社区服务、民间活动、社会稳定、经济富裕度、生态环境、人文环境、城市景观、城市交通、物流服务、市政服务、教育文化休闲、住房条件、公共卫生与养老、绿色生活、城市喜爱度
	限制因素	经济发展水平
焦作	优势因素	遵纪守法、政务公开、权益维护、政府形象、行政服务、政治生活、就业与保障、社区服务、民间活动、社会稳定、经济发展水平、经济富裕度、生态环境、城市交通、物流服务、市政服务、教育文化休闲、公共卫生与养老、绿色生活、城市喜爱度
	限制因素	人文环境、城市景观、住房条件
开封	优势因素	政府形象、经济发展水平、经济富裕度、人文环境、城市交通
	限制因素	遵纪守法、政务公开、权益维护、行政服务、政治生活、就业与保障、社区服务、民间活动、社会稳定、生态环境、城市景观、物流服务、市政服务、教育文化休闲、住房条件、公共卫生与养老、绿色生活、城市喜爱度
洛阳	优势因素	经济发展水平、经济富裕度、生态环境、人文环境、城市景观、教育文化休闲、住房条件、城市喜爱度
	限制因素	遵纪守法、政务公开、权益维护、政府形象、行政服务、政治生活、就业与保障、社区服务、民间活动、社会稳定、城市交通、物流服务、市政服务、公共卫生与养老、绿色生活
漯河	优势因素	遵纪守法、政务公开、权益维护、政府形象、行政服务、政治生活、就业与保障、社区服务、民间活动、社会稳定、经济富裕度、生态环境、人文环境、城市景观、城市交通、物流服务、市政服务、住房条件、公共卫生与养老、绿色生活、城市喜爱度
	限制因素	经济发展水平、教育文化休闲
南阳	优势因素	遵纪守法、政务公开、权益维护、政府形象、行政服务、政治生活、就业与保障、社区服务、民间活动、人文环境、住房条件、城市喜爱度
	限制因素	社会稳定、经济发展水平、经济富裕度、生态环境、城市景观、城市交通、物流服务、市政服务、教育文化休闲、公共卫生与养老、绿色生活
平顶山	优势因素	经济发展水平、物流服务、教育文化休闲、住房条件、公共卫生与养老
	限制因素	遵纪守法、政务公开、权益维护、政府形象、行政服务、政治生活、就业与保障、社区服务、民间活动、社会稳定、经济富裕度、生态环境、人文环境、城市景观、城市交通、市政服务、绿色生活、城市喜爱度

续表

地市	因素分析	
濮阳	优势因素	遵纪守法、政务公开、权益维护、政府形象、行政服务、政治生活、就业与保障、社区服务、民间活动、社会稳定、经济发展水平、生态环境、人文环境、城市景观、城市交通、物流服务、市政服务、教育文化休闲、住房条件、公共卫生与养老、绿色生活
	限制因素	经济富裕度、城市喜爱度
三门峡	优势因素	遵纪守法、政务公开、权益维护、政府形象、行政服务、政治生活、民间活动、经济发展水平、经济富裕度、生态环境、人文环境、教育文化休闲、公共卫生与养老
	限制因素	就业与保障、社区服务、社会稳定、城市景观、城市交通、物流服务、市政服务、住房条件、绿色生活、城市喜爱度
商丘	优势因素	城市交通、公共卫生与养老
	限制因素	遵纪守法、政务公开、权益维护、政府形象、行政服务、政治生活、就业与保障、社区服务、民间活动、社会稳定、经济发展水平、经济富裕度、生态环境、人文环境、城市景观、物流服务、市政服务、教育文化休闲、住房条件、绿色生活、城市喜爱度
新乡	优势因素	民间活动、经济发展水平、经济富裕度、生态环境、城市交通、市政服务、教育文化休闲、城市喜爱度
	限制因素	遵纪守法、政务公开、权益维护、政府形象、行政服务、政治生活、就业与保障、社区服务、社会稳定、人文环境、城市景观、物流服务、住房条件、公共卫生与养老、绿色生活
信阳	优势因素	生态环境、教育文化休闲、城市喜爱度
	限制因素	遵纪守法、政务公开、权益维护、政府形象、行政服务、政治生活、就业与保障、社区服务、民间活动、社会稳定、经济发展水平、经济富裕度、人文环境、城市景观、城市交通、物流服务、市政服务、住房条件、公共卫生与养老、绿色生活
许昌	优势因素	遵纪守法、政务公开、权益维护、政府形象、行政服务、政治生活、就业与保障、社区服务、民间活动、社会稳定、经济发展水平、经济富裕度、生态环境、人文环境、城市景观、物流服务、市政服务、住房条件、公共卫生与养老、绿色生活、城市喜爱度
	限制因素	城市交通、教育文化休闲
郑州	优势因素	政务公开、政治生活、就业与保障、社区服务、经济发展水平、经济富裕度、物流服务、市政服务、住房条件
	限制因素	遵纪守法、权益维护、政府形象、行政服务、民间活动、社会稳定、生态环境、人文环境、城市景观、城市交通、教育文化休闲、公共卫生与养老、绿色生活、城市喜爱度
周口	优势因素	政务公开、政治生活、城市交通、住房条件、公共卫生与养老
	限制因素	遵纪守法、权益维护、政府形象、行政服务、就业与保障、社区服务、民间活动、社会稳定、经济发展水平、经济富裕度、生态环境、人文环境、城市景观、物流服务、市政服务、教育文化休闲、绿色生活、城市喜爱度

续表

地市	因素分析	
驻马店	优势因素	遵纪守法、政务公开、权益维护、政府形象、行政服务、政治生活、就业与保障、社区服务、民间活动、社会稳定、城市景观、城市交通、物流服务、市政服务、住房条件、绿色生活、城市喜爱度
	限制因素	经济发展水平、经济富裕度、生态环境、人文环境、教育文化休闲、公共卫生与养老

从18个地市宜居度优势因素与限制因素分析结果来看，鹤壁、济源、焦作、漯河、濮阳、三门峡、许昌、驻马店8个地市的优势因素多于限制因素，其余地市的限制因素相对较多。

限制因素是困扰城市宜居性提升的主要问题，也是政府工作需要着力开展和加强之处。政务公开、民主监督、政府形象、人文环境是普遍限制各地市宜居水平的因素。分析结果有助于各个地市在加强巩固自身优势因素的同时，针对限制因素加强相关建设，从而不断提高当地的宜居水平。

（六）居民对城市的喜爱度和生活成本的相关性存在明显的性别差异

统计分析发现，居民对城市的喜爱度和生活成本的相关性存在着明显的性别差异。整体来看，居民对城市的喜爱度和生活成本没有相关性，但加入性别控制因素后出现了一定的分异和规律现象。统计数据表明，男性居民对城市的喜爱程度与生活成本显著相关，即男性居民感受到的生活成本越高，可能其对于该城市的喜爱度越低。而城市喜爱度和生活成本两项指标在女性居民身上则没有体现出相关性。这可能是由于当今社会中男性普遍承受着较大的家庭经济压力，对于生活成本问题较为敏感，又因生活成本涉及的问题如房价、物价等存在着城市差异性，高生活成本易被归结于其所生活的城市，因此直接影响到对于城市的喜爱度。

（七）居民对于居住条件不满的情况仍未改善

根据对2017年实地调研得到的数据分析，全省城市居民对于住房条件的满意度得分仅为58.80分，是所有指标中分数最低的一项，并与2016年的59.0分相比出现了倒退。其中，商丘市的住房满意度得分仅为53.6分，在全省18个地市中排名最后。这一趋势说明全省居民的总体居住条件不仅未得到显著改善，反而在不断恶化，严重损害了居民个体的幸福感和城市整体的宜居性。为调解此种负面情绪，缓和社会矛盾，建议政府尽快出台相关政策，加大对房地产市场的监管规范力度，保证房地产市场平稳有序运行；大力推进保障性安居工程，让人民群众都能有房可居；加快老旧小区综合整治，改善群众居住环境；完善调控机制，严格遏制投资投机性恶意炒房。从价格、质量、环境等多方面出发改善居民的居住条件，提升其居住质量，使人民拥有更多的获得感和幸福感。

四　对策与建议

（一）加强政务公开和权益维护，提升政治文明度

政务公开是还政于民的信息通道。在行政改革不断推进的过程中，政务的非公开化剥夺了人民群众的知情权，削弱了群众认知改革的获得感，损害了党群关系，加剧了社会矛盾。加大政府信息数据开放力度，是“大数据”时代的大势所趋。建议优先推动民生保障、公共服务和市场监管等涉及群众权利义务的行政行为和服务事项相关数据向社会有序开放，稳步推进政府数据开放共享。应立足于基层政府直接联系服务群众的实际，结合各部门各行业特点，积极探索高效、便捷、及时、准确的政务信息公开方式，让群众看得到、听得懂、易获取、能监督、好参与。与此同时，各级政府应积极完善群众利益诉求和权益维护机制，着力拓宽政治表达渠道、丰富表达形式，为群众表达权益诉求提供具体路径；充分发挥各级政府的主导作用，同时鼓励和支持社会各方参与，实现政府治理和社会组织自我调节的有机结合，及时有效地协调和解决群众各方面的利益问题。保证权力在阳光下运行，加强群众的政治参与，实现权益表达的有序高效。

（二）改善居住条件和加强市政建设，提高居民生活质量

“居者有其屋”是社会稳定的基石。政府应实施实物保障和货币补贴相结合的住房保障政策，例如在严格限制政策的背景下，对符合条件的家庭适当提供公共租赁住房、经济适用房、廉租住房、棚户区改造住房以及限价商品房；扩大租赁住房房源，培养健康的住房租赁市场；完善住房公积金制度，通过贴息、担保和住房补贴等方式提高居民的住房支付能力时向中低收入家庭倾斜，同时由财政补贴进行配套与支持。市政服务方面，在经济良好发展的前提下，加大财政在市政设施建设方面的投入；着力提升市政设施综合利用率；在市政工程建设中，不断推进技术创新，加快市政工程建设进度，保障建设质量；加大关于市政工程便民利民的宣传力度，争取民众支持；建设着眼于长远效益的市政设施；提升市政管理执法人员的素质，树立公正、文明的执法形象。在设施布局方面，加强各种交通系统的衔接，优化站场布局；按照人口比例合理安排公共健身场地的数量、建设规模和布局，并通过政策引导扶持现有体育场馆提供更多的公共服务；建设更多的公共图书馆，满足市民的基本阅读需求，培育城市文化氛围。

（三）提高居民收入，降低生活成本，增强城市认同

调查反映出省内居民普遍不满意现有收入，而生活成本的不断上涨持续加重人民的生活负担，造成居民对于所居住城市的喜爱度降低。增强城市认同需要“增收”和“减负”同时进行。为提升居民可支配收入，政府需要创造充满活力的就业和创业环境，促进重点群体充分就业，完善就业困难人员认定和援助制度，实施分类精准帮扶，开发公益性岗位用于安置就业困难人员；推进众创空间、创业孵化基地等创业平台建设，落实创业服务补贴、孵化补贴等政策，降低创业门槛。通过财税优惠政策和金融政策鼓励中小企业发展，合理调整社会最低工资标准，保证养老金正常发放并加大对低收入群体的转移支付力度，使经济发展成果惠及于民。与此同时，政府应完善社会保险运行机制，稳定食品价格，帮助民众尤其是低收入家庭降低生活成

本，减轻生活压力。通过多种措施，以多收减支的方式提高人民可支配收入，激发消费活力和市场活力，实现经济可持续发展和生活质量提升的良性循环。

（四）鼓励志愿活动，培育民间组织，丰富居民生活

党的十九大报告明确提出要推进志愿服务制度化，强化社会责任意识和奉献意识。为了更好地鼓励志愿活动蓬勃发展，需要积极探索“政府引导、社团运作、公众参与”的志愿服务新模式，健全志愿者招募、注册、动员、管理、培训、激励等运行机制，努力构建完善的支撑体系，为志愿服务的规范化、常态化运行打下良好基础；建立志愿服务经常性招募机制，推动招募选拔标准规范化，促进招募信息发布渠道多样化，稳步推进，使招募机制从组织系统招募为主逐步转变为社会公开招募为主。志愿活动作为建设社会主义和谐社会的重要力量，需要依靠民间组织发挥其沟通与桥梁的作用，利用其灵活性、创新性的优势，及时反映社区居民日益多样化和不断变化的需求。政府需加强对民办志愿组织的培育，提升民办志愿组织的地位；积极进行观念更新和职能转变，创新管理机制，淡化民间组织的行政色彩，让民间组织保持相对的独立性和发展空间；根据民间组织参与社会公共事业和公益领域的活动内容和范围，确定科学的民间组织补贴方案和补贴比例，有效实施财政补贴政策，力争获取最大的社会效益；制定专款专项等扶持民间组织的政策，加大对公益社会事业的投入力度，发展民间公益事业；建立和完善志愿活动和公民社会组织的法律和法规，保证市场、政府和社会在法律框架内运行。

河南省城市社区治理发展研究

——基于2010～2018年媒体报道城市社区事件的文本分析

朱 磊　杨 佩　杨家豪　贺宇晗*

摘　要： 本文运用文献研究的方式，从治理理念、治理主体、治理资源、治理制度化四个方面描述分析了河南省城市社区治理的新发展。研究发现：河南省城市社区治理在治理理念方面有所创新但仍存在不足，治理主体多元化发展但存在不平衡，治理资源的整合有待加强，治理制度化取得一定成果但面临困境。研究认为，河南省城市社区治理需要重视治理理念的凝练、促进社区治理主体的协同联动、推动社区治理资源的共享、不断完善社区治理的制度体系。

关键词： 城市社区　社区治理　制度化

党的十九大做出了“加强社区治理体系建设，推动社会治理重心向基层下移，发挥社会组织作用，实现政府治理和社会调节、居民自治良性互动”的决策部署，为我国推进城乡社区治理指明了方向。河南省是农业大省、人口大省、新兴工业大省，正处于工业化进程中的加速推进期、城镇化的关键发展期，加强社区治理体系建设具有重大的现实意义。有鉴于此，河南省把社区视为“各种利益关系的交汇点、各种社会矛盾的集聚点、加强

* 朱磊，河南大学哲学与公共管理学院讲师，研究方向为制度研究与农民工问题研究；杨佩、杨家豪、贺宇晗，河南大学哲学与公共管理学院2015级本科生。

社会建设的着力点、夯实党执政根基的支撑点”，把社区治理作为社会治理的基础环节、工作重心以及创新突破口。2016 年 5 月印发实施的《河南省社区治理创新专项行动方案》（豫民文〔2016〕202 号），是近年来河南省加强社区治理体系建设的纲领。本文拟从治理理念、治理主体、治理资源、治理制度化四个方面展开描述与分析，旨在总结提炼河南省近年来加强城市社区治理体系建设的新探索、新发展，在此基础上揭示城市社区治理的问题并尝试提出对策建议。

本文在研究方法上主要运用文献法。首先通过超星发现的报纸数据库和百度搜索引擎检索关于河南省城市社区的事件（活动）的媒体报道，时间范围设定是 2010 年 1 月 1 日至 2018 年 2 月 28 日，经过甄别是否属于社区治理范畴、合并关于同一时间地点治理行动（活动、事件）的重复性报道等程序，共获得 975 条记录，其中涉及 340 个城市社区，涵盖了河南省内全部地级市与 86% 的区县；其次，从治理理念、治理主体、治理资源、治理制度化四个维度对 975 条河南省城市社区治理行动（活动、事件）记录进行初步分析，得到能够准确提炼出至少三个维度的个案共 475 个，即本文用于定量分析的研究样本，其余 520 个个案作为补充资料。需要特别说明的是，限于研究能力，本文在对文献法的运用上存有一定的缺陷，尤其是在资料收集的系统性、资料分析的准确性方面多有纰漏，仅作为一项探索性研究。

一　河南省城市社区治理的新发展

（一）理念创新引领社区治理

社区治理理念是人们对社区治理活动内在规律的总结、提炼与概括，其基本内容是关于社区治理的指导思想、价值观念与理想追求。社区治理理念作为社区治理活动的指南，是一个相对完整的价值系统，影响着社区治理主体的认知与行动选择。《河南省社区治理创新专项行动方案》（豫民文

〔2016〕202 号）在创新社区治理上倡导“法治化引领、社会化参与、精细化服务、专业化发展、信息化支撑”的理念，鼓励河南省各地积极探索符合当地实际、凸显当地特色和优势的治理理念，特别是党的十八届三中全会以来，省内各地在城市社区治理中逐渐打破思维藩篱，在实践经验基础上先后提炼出“基层党建 +”“网格化治理”“互联网 +”“高校资源 +”“居民自管自治”“多元协同治理”“区域资源整合”“社区教育 +”等社区治理理念（见表 1）。

表 1　河南省城市社区治理理念

单位：个，%

类　别	频数	百分比
基层党建 +	65	13.7
网格化治理	48	10.0
居民自管自治	44	9.3
互联网 +	30	6.3
多元协同治理	16	3.4
其　他	40	8.5
无明确的治理理念	232	48.8
合　计	475	100.0

表 1 数据显示：51.2% 的城市社区治理行动（事件、活动）具有明确的治理理念，最主要、最普遍的治理理念是“基层党建 +”；其次是“网格化治理”与“居民自管自治”；再次是“互联网 +”与“多元协同治理”；此外，还有“高校资源 +”“区域资源整合”“社区教育 +”等创新性理念。在对数据的处理过程中我们发现，在河南省开始有意识推进城市社区治理的初期，党组织“基层党建 +”的理念率先提出且在全省迅速发展。之后一段时间流行的“网格化治理”与“居民自管自治”也是在党组织丰富的治理经验中提炼出来的。随着时间的推进，治理理念更加丰富与科学化，近年日渐成熟的“多元协同治理”理念亦是以党组织为核心的。这充分显示了党组织在城市社区治理理念发展方面的积极引导性。同时，表 1 数据显

示，仍有48.8%的城市社区治理行动尚缺乏明确的治理理念。本文还进一步分析了城市社区治理理念的阶段性变化，表2数据显示：相比于2010～2012年，2013～2018年具有明确治理理念的城市社区治理行动显著增加（从21.1%增加到58.2%），同时缺乏明确治理理念的城市社区治理行动显著减少（从78.9%降低到41.8%），这表明，党的十八届三中全会以来城市社区治理更具有明确的治理理念。

表2　不同阶段的城市社区治理理念

时间	有治理理念	无治理理念	合计
2010～2012年	21.1%(19)	78.9%(71)	100.0%(90)
2013～2018年	58.2%(224)	41.8%(161)	100.0%(385)

（二）治理主体呈现多元化发展趋势

对社区事务产生影响或发挥功能的相关主体都可视为社区治理主体。党的十九大在十八大以来提出的“社会治理”“加快构建共建共享的社会治理体制”基础之上，做出了“打造共建共治共享的社会治理格局”的最新决策部署，并明确要求完善党委领导、政府负责、社会协同、公众参与、法治保障的社会治理体制，发挥社会组织作用，实现政府治理和社会调节、居民自治良性互动。新的部署充分体现了“共治”在治理中核心地位。《河南省社区治理创新专项行动方案》（豫民文〔2016〕202号）把基层政府、基层党组织、社区居委会、社区社会组织、社区工作骨干、社会工作专业人才、驻社区单位等均作为社区治理主体，其中既有直接参与社区治理的主体，又有间接对社区治理产生影响的主体，各社区治理主体掌握的资源、组织形式和行为方式有所差异，在社区治理中所发挥的功能不尽相同。本文通过对475个样本的分析，共归纳了基层党组织、基层政府组织、社区组织、社会组织、企业、大学、社区居民、党群组织、社区专职人员、专业社工组织等10类主体，并对其进行了描述统计。

根据图1数据，依据参与城市社区治理行动的比例，城市社区治理主体

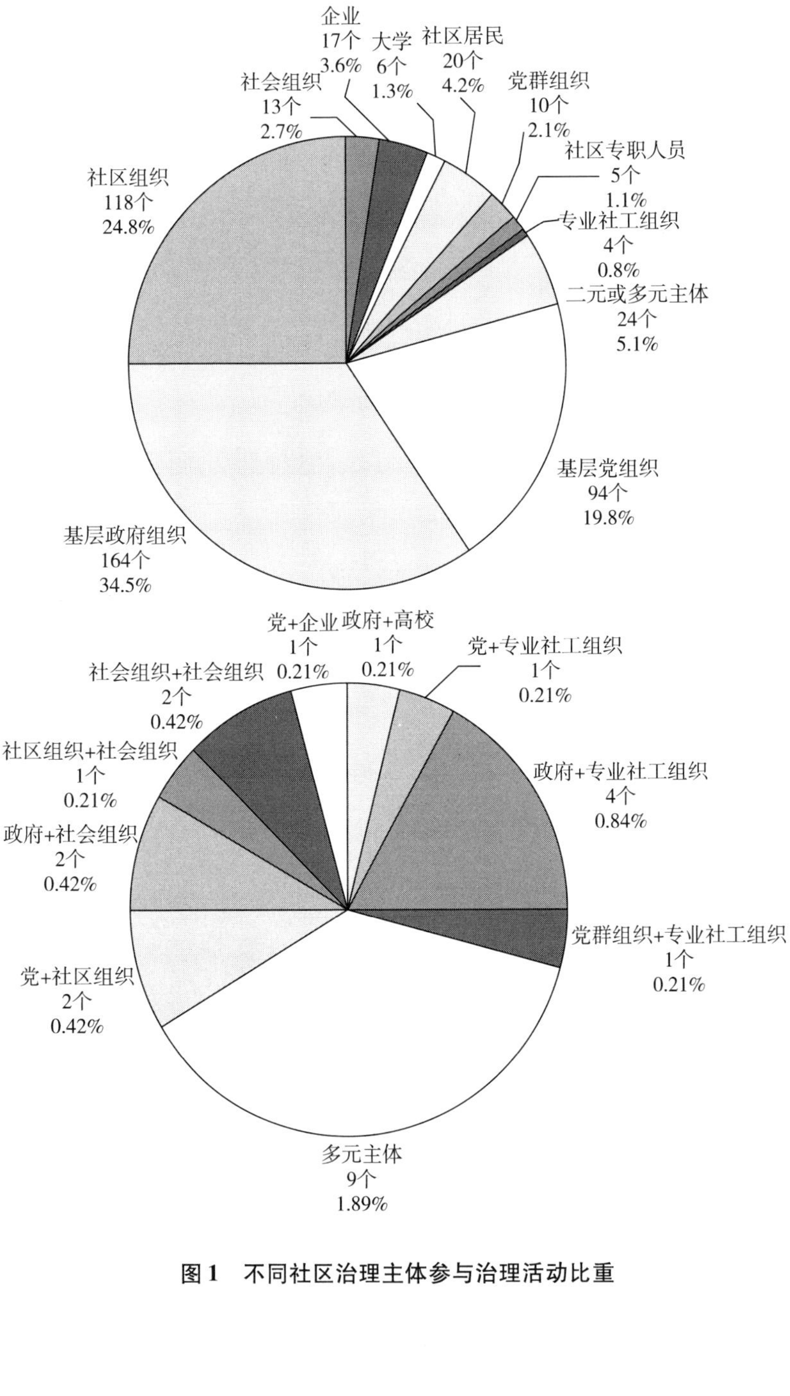

图1　不同社区治理主体参与治理活动比重

首先是基层政府组织（34.5%），其次是社区组织（24.8%），再次是基层党组织（19.8%），复次是二元或多元主体（5.1%），其他社区治理主体如社区居民、企业、社会组织、党群组织、大学、专业社工组织的参与率均未超过5%；在有多元主体参与的社区治理行动中，党组织和基层政府组织仍然是最为活跃的主体，极个别会出现“社会组织+社区组织”“党群组织+专业社工组织”“社会组织+社会组织”等多元主体的合作。

图2呈现了各类治理主体参与城市社区治理的时间变化趋势。一方面，基层党组织、基层政府组织与社区组织三类治理主体参与城市社区治理行动数量的增加趋势非常明显，并于2017年达到峰值；另一方面，除基层党组织、基层政府组织与社区组织三类治理主体之外，其余治理主体参与城市社区治理行动的变化趋势并不明显，处于一种平缓稳定、低水平的状态，值得注意的是“多元主体”在2016年后迅速增加、渐成气候，并于2017年达到峰值。

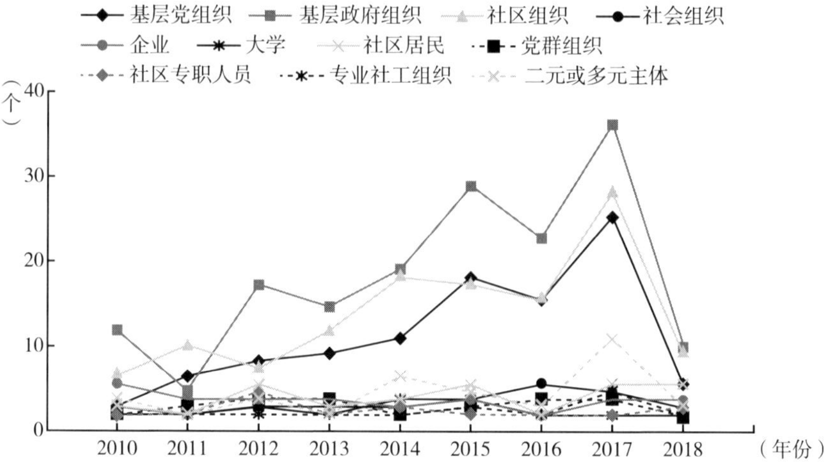

图2 治理主体时间变化趋势（数据统计截至2018年2月）

表3揭示了基层党组织、基层政府组织与社区组织三类主体参与城市社区治理的空间差异：在省会城市，社区治理多元主体的格局已经基本形成，

社区组织和基层政府组织作为社区治理主体较为活跃；在非省会地级市，基层政府组织和社区组织是最为活跃的社区治理主体；而在县域，基层政府组织和基层党组织是最活跃的社区治理主体，社区组织和其他多元主体的活跃度较低。

表3　各治理主体在不同行政区的差异

治理主体＼地区	省会城市	非省会地级市	县　域
基层党组织	13.3%（15）	16.0%（34）	29.8%（45）
基层政府组织	27.7%（31）	31.1%（66）	44.4%（67）
社区组织	28.6%（32）	30.2%（64）	14.6%（22）
其他多元主体	30.4%（34）	22.7%（48）	11.2%（17）
合　计	100.0%（112）	100.0%（212）	100.0%（151）

（三）治理资源的整合与信息技术的运用

治理资源是治理主体在社区治理中为达成预设目标而投入的人力、物力、财力、信息等资源。在社区治理中，治理资源的链接、整合、储存、利用等是影响治理绩效的重要因素。本文根据来源的不同把城市社区治理资源划分为三类：来源于社区内部的为内部资源，例如来源于社区党组织、社区组织、社区居民等治理主体的资源；来源于社区外部的为外部资源，如来源于社区范围之外的基层政府组织、企业、社会组织治理主体的资源；同时将社区内外资源视为整合资源。

从表4可以看出在城市社区治理的过程中，资源整合的程度并不高，仅有16.0%，但通过比较我们可以发现，这个比例远高于二元或多元主体的比例。使用内部资源的比例高达48.6%，外部资源的使用率为35.4%。在社区内部资源总量与质量的绝对数值远远低于外部资源的现实背景下，多数治理活动仍在只利用内部资源的情况下取得了十分喜人的成果，充分说明社区内部资源是一座储藏丰富的“宝库”，随着不断挖掘，内部资源将会在城市社区治理活动中发挥越来越重要的作用。

表4　内部资源、外部资源、整合资源使用情况

单位：个，%

资源类型	内部资源	外部资源	整合资源
频数	231	168	76
比例	48.6	35.4	16.0

在社区治理资源中还有一个非常特别的存在，即信息科技资源，信息科技资源是以互联网和大数据为支撑的信息化治理资源。互联网与信息化的浪潮席卷而来，改变了人们生活的方方面面。在社区治理层面，通过信息科技手段，依托智能手机软件来帮助治理主体搜集信息、链接资源、解决问题并随时接收反馈从而调整治理行动成为一种高效便捷的方式。而信息科技作为一种智能化工具，对更新治理理念、链接相关治理主体、丰富治理活动以及推进社区治理制度化都有着举足轻重的作用。

从图3可以看出，河南省的城市社区治理实践中很早就开始尝试使用信息科技资源；整体来看，郑州市信息科技资源的利用在平稳中发展；2017年是信息技术使用最为密集的一年，除郑州外的地级市与县级行政区都开始大规模使用信息科技来推动城市社区建设，而随着信息科技资源的投入，治理主体之间的联动更加方便快捷，其极大地推进了多元治理主体的联动。信

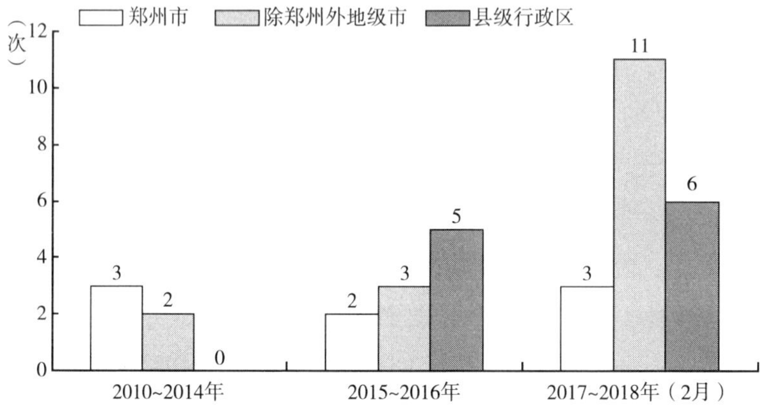

图3　信息科技资源使用频率

息科技资源的不断投入，将弥补城市社区内部资源的不足和缺陷，通过各治理主体的联合治理与治理资源的统筹使用，快速提升城市社区治理的能力。

（四）治理制度化建设取得一定成果

与治理理念相对应，治理行动属于治理的实践层面，即治理主体为实现特定社区治理目标所采取的现实性行动。社区治理行动需要经过常态化、例行化的过程而逐渐成为惯例，其理念、规则等得到相关行动主体的认同与支持，被总结、提炼为明确的治理模式，从而形成了具体的治理制度，即社区治理行动的制度化。制度化的社区治理行动能够带来更加有序、高水平的治理成效。本文在资料分析时把是否提出明确的治理模式作为是否形成治理制度的判断标准。为了分析城市社区治理的制度化，本文把社区治理行动划分为临时性行动和经常性行动，前者是指那些连续性不超过三次的治理行动，经常性行动是那些持续三次及以上的治理行动；本文还把社区治理行动划分为直接作用于社区公共事务的直接行动（如治理主体进社区开展服务），以及间接对社区公共事务产生影响的间接行动（如组织、队伍、思想建设等）。这两种分类有助于分析社区治理行动如何实现制度化。

图 4 显示：临时性行动共 260 个，其中实现制度化的有 14 个，占比 5.4%；经常性行动共 215 个，其中实现制度化的有 166 个，占比 77.2%。这有可能表明：经常性行动相比于临时性行动更容易实现制度化。而直接行动共有 291 个，其中实现制度化的共有 33 个，占比 11.3%；间接行动共 184 个，制度化的有 147 个，占比 79.9%。同样可以发现，间接行动较直接行动更易制度化。制度在时间维度上代表着持续性、例行化，因此比较容易理解的是，经常性行动更容易形成制度化，而组织建设、队伍建设等作为间接行动的形式在推进社区治理制度化过程中发挥了关键性作用。

制度在本质上是一种规则结构。社区治理制度有助于维系社区治理结构的稳定状态，是社区治理绩效的根本保障。在探究了治理行动如何实现制度化之后，本文尝试进一步剖析社区治理的制度化与治理理念、治理主体、治理资源之间的关联。

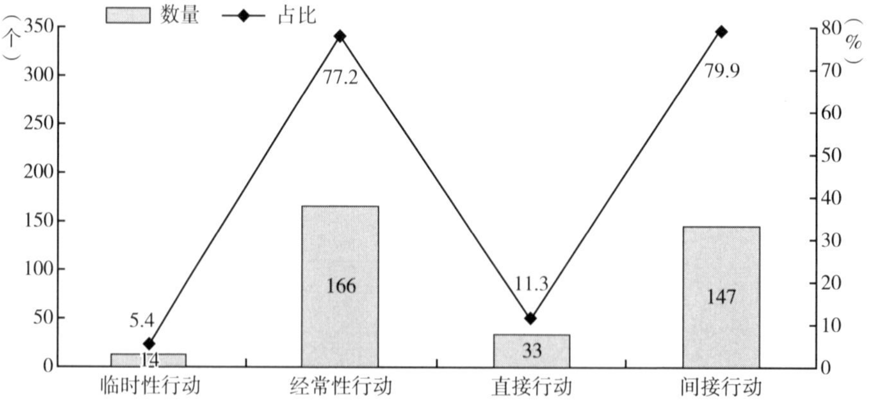

图 4　不同类型的治理行动的制度化

有无明确的治理理念是否影响了城市社区治理的制度化？表 5 数据显示：有治理理念的社区治理行动中 57.2% 实现了制度化，而无治理理念的社区治理行动中 82.3% 未实现制度化，这说明明确的治理理念对于推进社区治理制度化具有正效应。

表 5　治理理念对制度化的影响

类别	无治理理念	有治理理念	合计
未制度化	82.3%（191）	42.8%（104）	62.1%（295）
制度化	17.7%（41）	57.2%（139）	37.9%（180）
合　计	100%（232）	100%（243）	100%（475）

图 5 显示了不同类型的治理主体对于社区治理制度化的影响。当前，推进社区治理制度化的核心力量有基层党组织、基层政府组织以及社区组织，其中社区组织开展的社区治理行动最容易实现制度化，其制度化比例高达 61.9%；其他治理主体的社区治理行动虽然更容易实现制度化，如专业社工组织与社区居民开展的社区治理行动实现制度化的比例较高（分别为 50%、45%），但由于其绝对数量较少，与其他社区治理主体同样尚未成为社区治理制度化的核心力量。

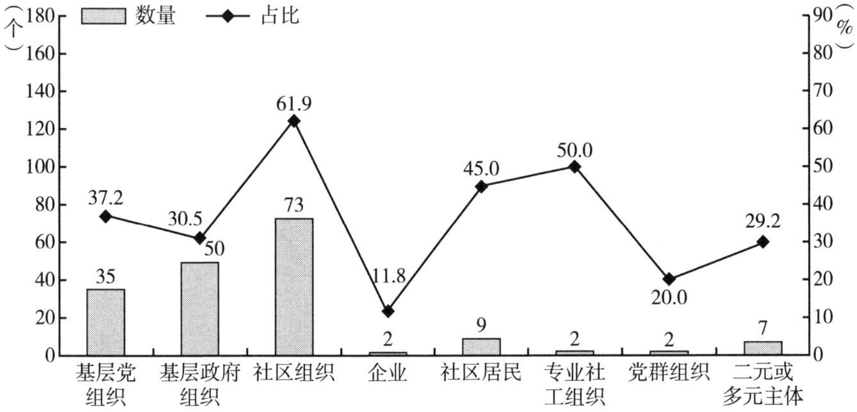

图 5　不同类型的治理主体对社区治理制度化的影响

图 6 揭示了不同类型治理资源对社区治理制度化的影响。数据显示：能够整合社区内部与外部资源的社区治理行动最容易实现制度化（其制度化比例高达 56.6%），依靠社区内部资源的社区治理行动也有较高的制度化比例（51.1%），而依靠外部资源的社区治理行动只有 11.3% 实现了制度化。这表明：整合社区内外部资源有利于实现社区治理制度化，而单纯依靠社区外部资源较难实现社区治理制度化。直观可见，社区内部资源在形成制度方面发挥着重要的作用，如何发掘并利用内部资源是城市社区治理的关键所

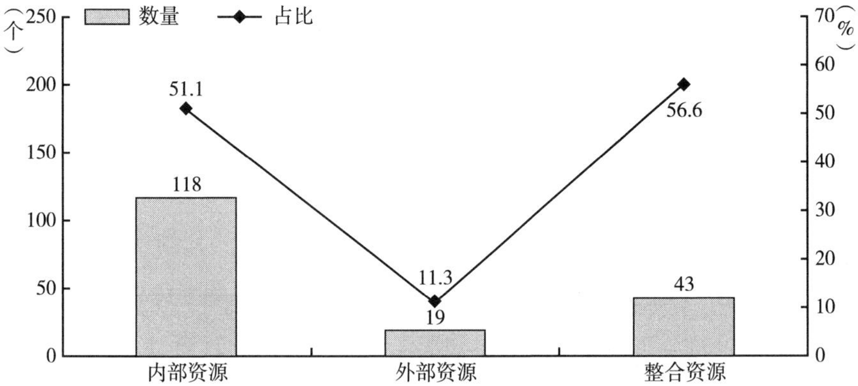

图 6　不同类型的治理资源对社区治理制度化的影响

在；虽然社区外部资源在制度形成上不产生决定性作用，但我们不能忽视其影响，从整合资源的角度来看，内外部资源相结合更容易形成治理制度。因此各个治理主体在整合资源时应当以内部资源为主，兼顾外部资源，努力形成完整的一套治理制度。

二　河南省城市社区治理的典型经验

在众多的城市社区治理案例中，有些地区结合自身特点并总结了历史经验与理论，率先开展了社区治理的创新，取得一定的成果与经验，有些独具特色而被赞誉或总结为“模式”，例如，焦作解放区模式、洛阳涧西区模式、信阳刘洼模式、驻马店驿城区模式、开封油坊模式、南阳市宛城区模式等。本文尝试对焦作解放区模式、洛阳涧西区模式、信阳刘洼模式、驻马店驿城区模式展开比较分析，概括这四种模式成功的原因与运行机制，分析表明，上述四种模式均有如下特点。

（一）注重理念引导，久久为功

与省内绝大多数刚起步进行社区治理的地区不同，上述四个地区的社区治理已经经历了较长的发展过程。例如，焦作解放区在 1999 年就已经开始探索城市社区治理的创新，于 2002 年获得首批“全国社区建设示范区”称号，在 2009 年被民政部命名为首批“全国和谐社区建设示范城区”。其他三个地区虽起步稍晚，但仍在 2010 年前后就开始新型城市社区治理的尝试。超前的理念给予了它们较长的发展时间来不断修正与总结，并最终形成一种治理体系。

（二）以党的建设为主导

四个模式均格外强调“党建”在社区治理中的主导作用。虽然在四个模式中党以不同的组织形式出现，如社区党务办公室、党群服务中心、院楼党支部等，但党的先进性使它具有强大的宣传号召能力、组织发动能力与快速行动能力。这有可能表明，党的建设是社区治理的“发动机”，通过党的建设为社区治理输入强大动力是提高社区治理水平的有效途径。

（三）多元主体协同联动

四种模式对内建设居民参与平台，对外尽可能联系更多的主体参与。在社区内部，最大限度地扩大社区居民参与、提高居民的获得感和主人翁意识，例如，焦作解放区设立的社区成员代表大会、院楼居民议事会，洛阳涧西区成立的社区综治会等，以扩大居民参与来提高社区治理质量。在社区外部，通过联系社会力量，借助其专业化技能与团队解决社区治理难题，焦作解放区在保证公益性的前提下，借助了企业力量，通过商业运营与市场手段来提升社区治理能力。

（四）从器物到精神

从社区基础建设出发，落脚于社区文化建设。四个地区的治理活动一开始都以社区基础设施建设为突破口，通过大力度、长时间的投资，完善二级基础设施建设。建设如社区公园、社区多功能服务中心、社区警务室、劳动保障与社会事务办事处等一级设施来满足居民基本的需求。建设如社区图书馆、多媒体放映厅、乒乓球室、棋牌室、家政服务站、心理咨询站、银龄公寓、“四点半”学校等二级设施，改善社区居民生产生活环境，丰富与便利居民生活。在最大限度满足居民物质条件需求的基础上，立足社区历史，发掘优秀传统与代表人物，进行宣传教育，逐步形成个性鲜明的社区文化，以此增强居民认同感与社区凝聚力。

（五）不断扩展人才队伍

人是治理活动中的实施主体，大规模、高素质的人才能为社区治理活动提供源源不断的动力。焦作解放区实行行政单位青年干部社区挂职制度，驻马店驿城区探索大学生村官入驻与公益岗位招聘，这都促使高素质人才源源不断地涌入社区。此外，四个地区无不在培育社区内部精英：通过选举社区居民担任片区长、楼栋长、巡防长等职务，使这些精英参与到社区治理中来。同时进行科学的培训，帮助其掌握最新的治理理论。

（六）坚持以居民为导向的评价标准

社区治理得好不好，有没有成效，只有生活在社区里的居民有发言权。社区居民的满意度是判断社区治理绩效的重要标准。四个典型的治理模式中无一例外地将提升居民的满意度作为最主要的治理目标。重视居民的反馈，通过反馈来寻找自身不足与问题所在，并迅速解决问题。

三　河南省城市社区治理存在的问题

（一）近半数社区治理行动缺少明确的理念指引

表 1 数据显示，有 48.8% 的社区治理行动没有明确的理念指引。治理理念的缺失有可能说明，治理主体对自身在社区中的定位感到模糊且对自身功能与目标缺乏准确的认识，导致众多的社区治理措施陷入碎片化、无意义、缺乏吸引力、脱离社区居民需求等困境，这些盲目开展的社区治理行动不仅会造成大量治理资源被闲置与浪费，还有可能会降低社区居民的信任感，增加社区治理的信用成本，提高社区治理的难度。

（二）县域的社区组织发育较为滞后

图 1 显示，社区组织在城市社区治理中发挥了重要作用，近 25% 的社区治理行动由社区组织开展。但表 3 数据同时表明，社区组织在县域的活跃度较低，其参与社区治理行动的占比不足 15%，大幅低于地级市。这表明社区组织在县域的发育较为滞后，难以有效发挥社区治理主体的功能。事实上，数量众多、形式多样的社区组织掌握了大量的社区治理资源，其发育滞后在一定程度上影响了社区内部资源的动员。

（三）资源整合能力较为欠缺

任何领域的资源整合都是一个具有挑战性的问题，在城市社区治理方面，资源的整合不仅要求对社区内部资源进行充分的挖掘、对外部资源进行广泛的链接，还要求掌握这些资源的信息、开展频繁的沟通、进行深入的了解。根据表4，当前城市社区治理资源整合的比例仅有16%，但从图6可以得知，通过整合资源的手段实现制度化治理的比例是最高的。这两个数据的对比直接显示出资源整合的必要性与提升资源整合能力的迫切性。

（四）基层党政组织开展社区治理的制度化程度较低

研究表明，基层党政组织开展社区治理行动的制度化程度较低，而在掌握资源方面，相对弱势的社区组织、专业社工组织等在推动社区治理制度化上更加有效率。这有可能反映了基层党政组织的社区治理行动存在诸多缺陷，这是当前城市社区治理实践中亟须解决的困境。

四　结论与对策建议

以上分析揭示了近年来河南省城市社区治理的新发展、典型经验以及存在的若干问题。研究发现：第一，河南省城市社区治理在理念上取得了较大进展，新理念的探索非常活跃，但仍有近半的城市社区治理行动缺乏明确的治理理念，理念指导实践的意识仍有待提高；第二，基层党政组织是核心的、主导性的治理主体，治理主体的多元化特征日趋鲜明，但多元治理主体在空间分布上不平衡，尤其是在县域的发展较为滞后，尚未有效发挥作为社区治理主体的功能；第三，在治理资源方面，社区内部仍然是社区治理行动首要的资源供应方，从社区外部输入的资源越来越多，超过1/3的社区治理行动从社区外部获取资源，约1/6的社区治理行动能够整合利用社区内部与外部两种资源，这有可能表明近年来越来越多的资源“下沉”到社区层面，此外，信息科技资源的运用有可能促进多元治理主体的协同，以及社区内部资源与社区外部资源的共享；第四，城市社区治理的制度化受到治理行动类型、治理理念、治理主体和治理资源的影响，明确的治理理念、充分发挥社区组织的作用、有效整合社区内部与外部资源、持续性强且规范化的行动等有利于推进社区治理制度化。基于上述研究结论，本文认为以下对策思路是有益的。

首先，重视社区治理理念的凝炼。上述分析肯定了明确的治理理念有助于社区治理制度化，明确、先进的理念对于社区治理的价值显而易见，因此要重视社区治理理念的凝炼。一方面，要科学研判城市社区治理的发展趋势，更加自觉地回应城市社区发展需求，积极引入先进的社区治理理念以指导实践；另一方面，要立足于社区的现实状况，探索更加符合实际的治理方式、措施，及时提炼出本土性的治理理念，并在持续的实践中不断修正、凝炼。

其次，促进社区治理主体的协同联动。基层党政组织作为城市社区治理的核心力量，在社区治理的制度建设、平台搭建、机制构建、信息共享、资源整合、主体培育等诸多方面应当释放出更大的能动性，尤其要大力培育社区组织以及其他社区治理主体，激发社区组织的活力，使之充分发挥社区治理功能；同时，基层党政组织要进一步明确自身在社区治理方面的角色定位，积极适应社区治理主体多元化的发展趋势，及时回应社区居民的诉求以及个性化服务需求，以社区发展需求为导向促进社区治理主体的协同联动。

再次，推动社区治理资源的共享。本文的分析表明社区内部是社区治理行动首要的资源供应方，从社区外部输入的资源越来越多，而社区内部与外部资源的整合运用最有利于社区治理的制度化；同时，还发现信息科技资源在链接资源和主体方面发挥着独特的作用，极大地促进了治理资源的共享。因此，移动互联网时代的城市社区治理应当积极运用先进的信息科技，使之更加充分地挖掘社区内部资源，更大范围地引入社区外部资源，更有效地整合社区内部与外部资源，利用信息技术推动社区治理资源的整合与共享，是一种值得探索、推广的社区治理方式。

最后，不断完善社区治理的制度体系。社区治理需要规范化、持续性的行动举措，更需要制度体系的保障与引导。无论是治理理念的凝炼，还是社区治理主体的培育，或者社区治理资源的整合，只有沉淀为社区治理的制度体系，才有可能实现社区治理的良性运转。因此，社区治理应当着眼于制度体系建设这一层面，在价值理念、规范规则、组织设置、资源设施等方面不断完善社区治理的制度体系。

河南省农民工社会参与状况调查报告*

马润凡　李振谊　刘 英　高 枫**

摘　要： 本文以社会治理河南省协同创新中心开展的2017年河南省农民工社会参与调查问卷为数据来源，从选举参与、管理参与、维权参与、公益参与四个维度，对全省11个地区农民工社会参与的客观状况进行了测评；并从社会参与重要性认知、社会参与的认同意愿两个维度，对农民工社会参与的主观状况进行了实证调查。测评结果显示，总体来看，河南省农民工的社会参与总体上处于中等水平，农民工对社会参与重要性的认知度总体较高，但其参与的内在效能感相对较低。进一步比较发现：农民工的社会参与度与文化水平正相关；农民工对公益参与的高认同度和高参与度特征显著，公益责任逐渐成为其参与的主要动力；农民工社会参与的代际差异明显，新生代农民工群体内部分化的趋势逐渐加快，其社会参与出现了新的结构特点。党的十九大提出的“乡村振兴”战略，将为农民工返乡创业提供更大机遇，本次调查发现，农民工对加强就业创业政策支持的期待强烈，但返乡创业意愿总体较弱且年龄差异显著。根据调查结果，建议在进一步发挥基层自治制度优势、增强农民工社会参与内在效能感的同时，

* 本文系国家社科基金一般项目“新生代农民工政治认同对其政治参与的影响研究”（15BZZ007）的阶段性成果。

** 马润凡，郑州大学公共管理学院副教授，博士生导师；李振谊，郑州大学公共管理学院讲师，公共管理学博士生；刘英，郑州大学公共管理学院2016级硕士研究生；高枫，郑州大学公共管理学院2016级硕士研究生。

加强社会参与的需求导向，借助大数据技术，感知和预测农民工需求的变化规律，不断提升其“生存感”、“安全感”和“获得感”，促进社会参与认同度的提升，进而激发农民工自主参与的内源性动力。

关键词： 河南　农民工社会参与　社会参与认同度

河南省作为人口大省和农业大省，农民工数量庞大。目前，河南省的农民工近2000万人，其中本省籍1700多万人，外省籍的200多万人，已成为助力河南经济社会发展的重要力量。社会参与能够有效强化农民工的自主意识和公共责任，增强其参与社会发展活动的积极性和主动性。为了全面了解河南省农民工社会参与状况，更好地增强和发挥其在公共事务中的主体作用，社会治理河南省协同创新中心于2017年寒假期间对河南省农民工返乡人员进行了抽样调查。

农民工的社会参与是指农民工通过积极参与由单位、社区、社会组织等发起的各项活动，来表达对自身利益的关心和对公共利益与社会事务的责任感的过程。根据农民工的关注度和可参与度，本次调查主要从选举参与、管理参与、维权参与以及公益参与四个维度进行。选举参与是农民工行使政治权利和进行利益表达的制度化途径，主要包括县、乡（镇）人大代表选举和村（居）委会选举两种类型。参加村（居）民大会、在村（居）民会议上发表意见、监督村务（社区）财务和对时政要闻的关注，是农民工管理参与的具体体现。维权参与是农民工通过各种途径积极表达对自身利益或其群体利益的关心和维护的过程。公益参与是指农民工通过积极参与社区治安、环境保护、志愿服务、捐款捐物等各项活动，来表达对公共利益与社会事务的关心和责任感的过程。

本次调查按照科学抽样方法，在全省共抽取个郑州、洛阳、信阳、南阳、平顶山、开封、商丘、许昌、安阳、新乡、三门峡11个地区，共发放问卷1200份，回收有效问卷1102份，回收率91.8%。本次问卷调查按照性别、年龄、学历、从事行业、月收入、政治面貌等获取信息，对河南省农村外出务工人员选举参与、管理参与、维权参与、公益参与的基本状况做出评估和分析，进而对其社会参与重要性认知、社会参与认同意愿以及返乡创业意愿等主观状况进行实证调查。在1102份有效问卷中，男性被试610人，占55.4%；女性被试492人，占44.6%。新生代农民工681人，占有效问卷总数的61.8%；老一代农民工421人，占有效问卷总数的38.2%（见表1）。

表1　调查样本描述分析

单位：人，%

变量	指标	人数	比例	变量	指标	人数	比例
性别	男	610	55.4	从事行业	加工制造业	129	11.7
	女	492	44.6		零售批发商业	109	9.9
年龄	60后	164	14.9		宾馆餐饮娱乐业	106	9.6
	70后	257	23.3		建筑业	184	16.7
	80后	251	22.8		自己做生意	79	7.2
	85后	230	20.9		打零工	95	8.6
	90后	172	15.6		运输物流业	61	5.5
	95后	28	2.5		房地产业	54	4.9
学历	小学及以下	120	10.9		家政服务业	67	6.1
	初中	276	25.0		旅游业	6	0.5
	高中/中专/技校	365	33.1		其他	212	19.2
	业余大专及以上	341	30.9	月收入	1000元及以下	29	2.6
政治面貌	中共党员	118	10.7		1001～2000元	120	10.9
	民主党派	20	1.8		2001～3000元	452	41.0
	共青团员	145	13.2		3001～5000元	364	33.0
	其他	819	74.3		5000元以上	137	12.4

一　河南省农民工社会参与的客观状况

本问卷围绕选举参与、管理参与、维权参与以及公益参与四个方面，对河南省农民工社会参与情况展开调查。

（一）农民工参与村（居）委会选举的比例高于务工地的居委会选举，村（居）委会选举参与率又高于人大代表选举

基层选举参与是农民工行使政治权利和进行利益表达的制度化途径，具有引导和推动农民工有序参与，表达和实现农民权益诉求，进而提升农民工的政治认同等重要功能。我国法律规定的基层选举参与主要有两种类型：县、乡（镇）人大代表选举和村（居）委会选举。本问卷从基层组织选举和人大代表选举两个维度调查分析农民工的选举参与情况，并对其户籍所在地的选举参与和外出务工地的选举参与进行了比较。

根据被访者的回答，农民工参与村委会选举的人数和比例高于务工地的居委会选举，在被试的“参与村（居）委会选举”问题选择中，表示“经常”参与村委会选举的农民工占总人数的11.16%，而经常参与务工地居委会选举的农民工仅占1.4%；表示“没有”参与村委会选举的农民工比例为25.23%，而没有参与务工地居委会选举的高达78.3%。与村（居）委会选举参与相比，农民工的基层人大选举参与度较低，81.76%的农民工没有参加过户籍所在地的基层人大选举，94.92%的农民工没有参加过外出务工地的基层人大选举。但总体来看，农民工对户籍所在地基层人大选举的参与度略高于务工地的（见表2）。

表2　河南省农民工选举参与情况

单位：%

项　目		经常	有时	很少	没有
基层自治组织选举	您参与本村的村委会选举吗？	11.16	27.50	36.12	25.23
	您参与务工地的社区居委会选举吗？	1.40	3.90	16.40	78.30
项　目		参加过	没有参加		
人大代表选举	户籍所在地的人大代表选举	18.24	81.76		
	外出务工地的人大代表选举	5.08	94.92		

此外，外出打工后，农民工参与村委会选举的行为取向也发生很大变化。问及“您外出打工后参与村委会选举情况”时，有15%的农民工“回

村参加选举”，有27%的农民工表示“没有回村，让他人代选”，有3.4%的农民工让“村里寄来选票，填好寄回去”，此外，表示“知道而弃权”和“因不知道而没有参加”的农民工分别占29.9%和24.8%。

（二）农民工管理参与的意识有所提高，但整体参与度较低

参加村（居）民大会、在村（居）民会议上发表意见、监督村务（社区）财务和对时政要闻的关注，是农民工管理参与的具体体现。调查发现，农民工管理参与有以下特点：一是管理参与度整体较低，且在务工地的管理参与度更低于其对村务管理的参与度。当问及“您参加村里的村民大会吗”，仅有5.6%和31.7%的农民工选择“经常”和“有时”参加，有35.2%的农民工表示“很少”参加，有27.5%的人选择“没有”参加；而农民工对务工地的管理参与度更低，仅有1.2%的农民工表示“经常”参加，75.3%的人则表示“没有”参加；此外，仅有41.1%的农民工对村务公开进行了监督。二是农民工对基层公共事务的关注度较低，大多数农民工表示“很少关注”和“从未关注”，仅有6.2%的农民工表示“经常关注”，23.3%的人选择“较经常关注”。

（三）农民工维权参与的方式温和，协商解决占比最大

维权参与是农民工积极表达对自身利益的关心和维护的过程。在问及“外出打工中，若您的权益受损，您会选择哪些方式解决”时，有53.7%的农民工倾向于“找老板或单位协商”；其次是“求助亲戚朋友老乡”，占13.9%；再次是“求助媒体”和“到政府相关部门反映或上访”，分别占6.1%和6.3%；找律师、工会解决的农民工比例相近，分别为3.7%和3.9%；选择“辞工”和“不做反应”的农民工分别有2.8%和2.9%；而采取极端方式如报复企业、堵路上街的比重最低，分别占1.1%和2.2%。

（四）农民工公益参与的方式多元，公益责任是其参与的主要动力

公益参与是指农民工通过积极参与社区治安、环境保护、志愿服务、捐

款捐物等各项活动，来表达对公共利益与社会事务的关心和责任感的过程。在问及“您参加过哪些公益活动”时，受访的农民工表示参加过“环境保护活动”（占比30.7%）、“捐款捐物慈善活动”（占比34.1%）、“治安活动”（占比16.3%）、“志愿者活动”（占比18.9%）等。当问及“参与公益活动的原因”时，40.29%的农民工强调“乐于利用闲暇时间去帮助需要帮助的人”，34.8%的农民工认为“每个人都应积极参与各项公益活动，关心周围的人和事”，还有24.95%的农民工表示“人要知道感恩”。这表明，农民工的公益责任感日益增强，并成为其进行公益参与的主要动力。

而且，随着社会交往网络的不断扩大，河南省农民工获知公益活动的途径不断增加，其中，“报纸或电视台报道”“朋友或熟人介绍”“朋友圈”已成为农民工了解公益活动信息的主要途径（见图1）。

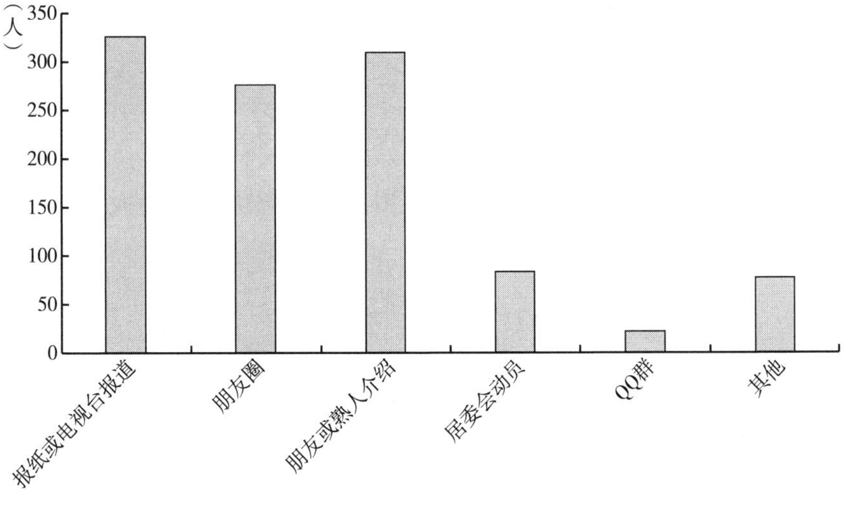

图1　农民工获知公益活动的途径

二　河南省农民工社会参与的客观状况比较

在对河南省农民工社会参与整体状况进行描述统计分析的基础上，本部分以人口学变量为分析单位，具体从区域、性别、年龄、学历等维度对河南省农民工的社会参与状况进行了比较。比较发现，年龄与学历两大因素对农民工社会参与度的影响较为显著。

（一）农民工的社会参与总体处于中等水平，参与水平的性别差异不明显

以区域变量为分析单位，对河南省农民工的总体社会参与度进行了比较分析，结果显示：总体来看，不同区域农民工的社会参与均处于中等水平，而高度参与、低度参与的分布接近且占比较低。从社会参与不同维度的比较结果看，调查区域农民工的公益参与度普遍较高，其次是维权参与度，再次是选举参与度，农民工的管理参与度相对较低。

对河南省农民工社会参与状况进行性别比较发现：男性农民工与女性农民工社会参与程度差异不太明显，其选举参与、管理参与和维权参与均处于中等水平，男性农民工的维权参与度略高于女性农民工；男性农民工和女性农民工公益参与积极性较高，高参与度特点明显，且男性农民工的公益参与度总体上高于女性农民工。如图 2 所示，高参与度的男性农民工和女性农民工数量较多，分别占 36.8% 和 24.4%；中参与度的男性农民工有 18.6%，女性农民工有 19.1%；表示没有进行公益参与的男性农民工占比为 0，女性农民工也仅占 1.2%。

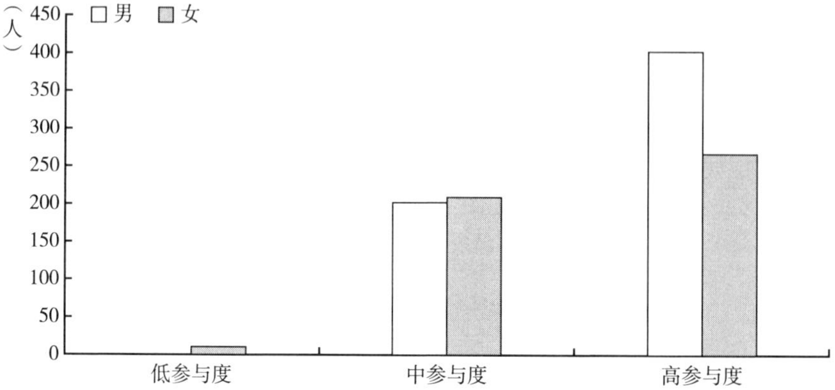

图 2　不同性别农民工的公益参与比较

（二）农民工社会参与的代际差异明显，新生代农民工内部分化趋势出现

时代的发展使得农民工群体出现了分化，形成老一代农民工与新生代农民工两大群体。同时，由于知识背景、成长环境、价值观念等方面的差异，新生代农民工群体内部分化的趋势逐渐加快，影响并决定其社会参与的状态。因此，有必要以年龄变量为分析单位，对不同年龄农民工的社会参与状况进行描述统计分析。调查发现：老一代农民工与新生代农民工之间在社会参与选择上存在很大差异；虽说新生代农民工的社会参与选择有着较强的一致性，但却各有侧重，其社会参与出现了新的结构特点。

在选举参与方面，老一代农民工（“60 后”“70 后”）的选举参与度较之新生代农民工的选择参与度普遍较高；新生代农民工群体内部的选举参与度差异明显，其中“80 后”农民工的选举参与度最高，“95 后”农民工的选举参与度最低（见图 3）。

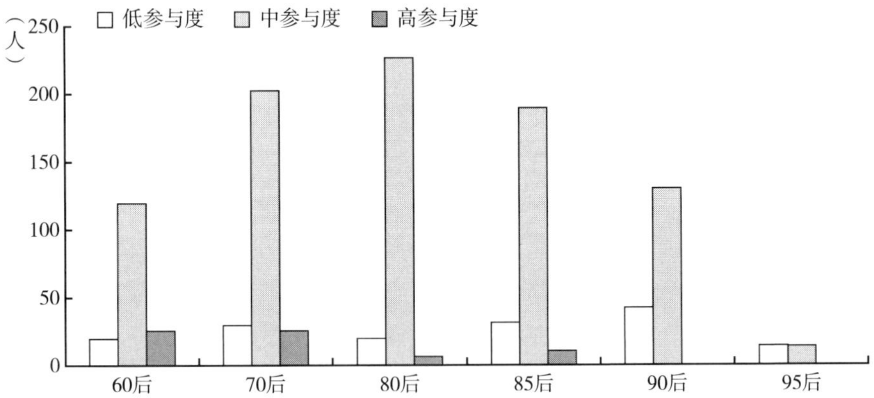

图 3　不同年龄农民工的选举参与比较

在维权参与方面，不同年龄农民工的维权参与冲突性变弱，总体处于中等水平。进一步比较发现，老一代和新生代农民工这两大群体内部的维权参与度存在差异。新生代农民工中“80 后”农民工维权参与度较高，其次是

“85 后”农民工，再次是“90 后”农民工，“95 后”农民工参与度最低；老一代农民工中“70 后”农民工的参与度高于“60 后”农民工（见图 4）。

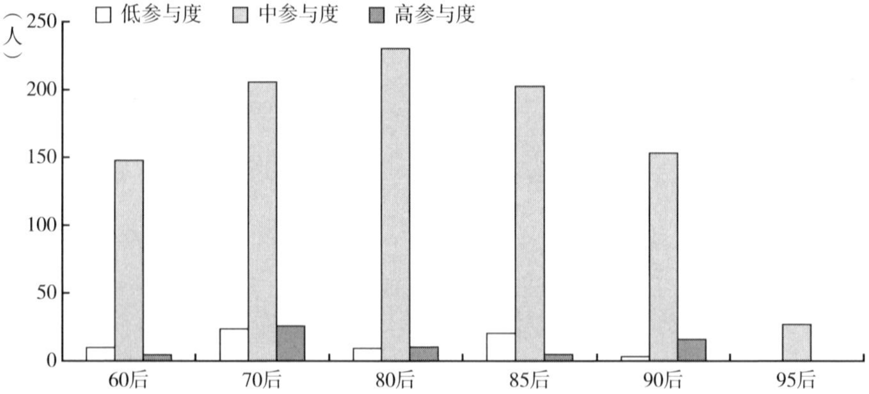

图 4　不同年龄农民工的维权参与比较

在公益参与方面，不同年龄农民工公益参与的高参与度特征显著。在高参与度分布上，“70 后”农民工比例最大，占比 14.9%；其次是“80 后”和“85 后”农民工，分别占比 12.6% 和 12.3%；再次是“60 后”农民工和“90 后”农民工，分别有 10.3% 和 9.6%；“95 后”农民工的公益参与度有所提高（见图 5）。

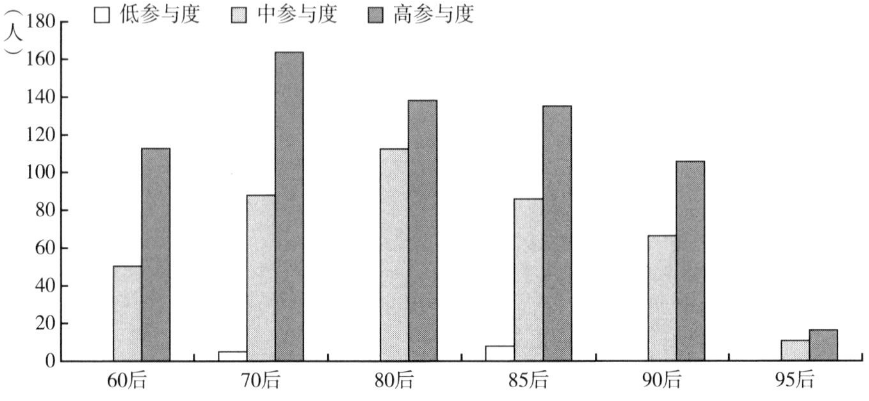

图 5　不同年龄农民工的公益参与比较

（三）农民工的社会参与度与学历正相关，但不同学历农民工的公益参与度均较高

以学历变量为分析单位，对河南省农民工的社会参与状况进行描述统计分析，结果发现：学历层次对农民工社会参与度的影响较为显著，总体上看，高学历农民工的社会参与度普遍高于低学历农民工。在选举参与和管理参与方面，具有高中及以上学历的农民工选举参与度普遍较高；同等学历农民工的选举参与度分布差异明显，其中，中等参与水平的农民工占比最大。

不同学历农民工维权参与的中参与度趋势明显，且参与度情况与其受教育程度大体成正比。在中参与度分布上，“高中/中专/技校”学历的农民工占比 31%，“业余大专及以上”的农民工占比 28%，“初中”学历的农民工占比 20.6%，“小学及以下”学历占比 8.3%（见图 6）。

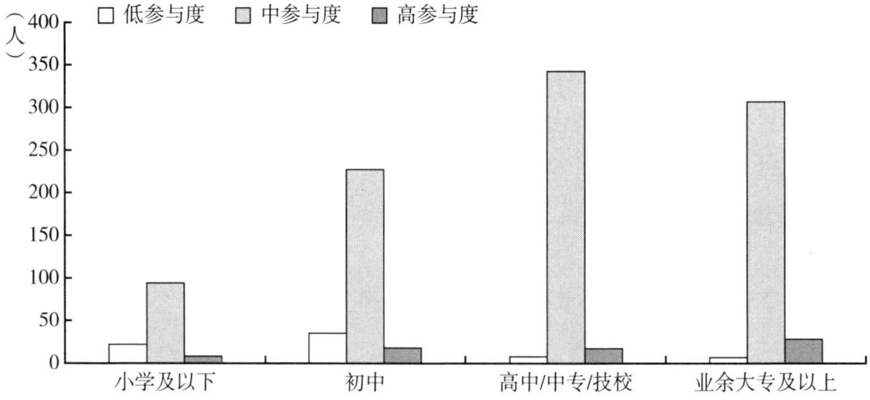

图 6　不同学历农民工的维权参与比较

不同学历农民工的公益参与积极性都较高，高参与度态势比较突出。在高参与度的数量分布上，“业余大专及以上”学历的农民工比例最高，“小学及以下”学历的农民工比例最低。在中参与度的数量分布上，“高中/中专/技校”学历的农民工比例最高，“小学及以下”学历的农民工比例最低（见图 7）。这表明，河南省农民工的社会关怀和公共责任意识正趋增强。

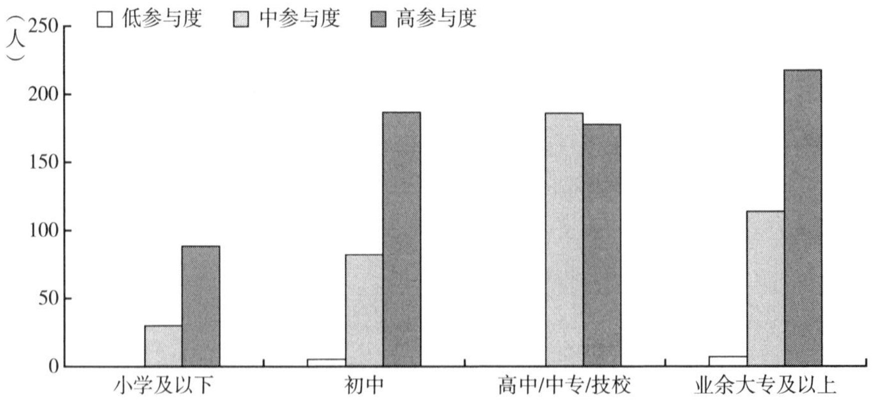

图7　不同学历农民工的公益参与比较

三　河南省农民工社会参与的主观状况

在对河南省农民工社会参与整体状况进行描述统计分析和比较分析的基础上，本部分从参与重要性认知、社会参与认同意愿两个维度对河南省农民工社会参与的主观状况进行考察分析。

（一）农民工对社会参与重要性的认知度总体较高，但参与的内在效能感相对较低

对农民工社会参与认知的统计分析发现：总体来讲，河南省农民工的参与意识逐渐增强，且能够认识到社会参与与其利益和自身发展密切相关。在问及“社会参与重要与否”时，有94.5%的农民工认为“重要”，仅有3.4%的农民工认为“不重要”，还有2.1%的农民工表示“不清楚”。这表明，河南省农民工对社会参与重要性的认知度总体较高。不过，在社会参与不同维度上农民工的认知差异明显：公益参与的重要性认知最强，维权参与的重要性认知居中，管理参与和选举参与的重要性认知相对较弱，且对外出务工地的选举参与认知度更低。

究其原因，与农民工选举参与、管理参与的内在效能感较低有密切关系。在问及“您的投票对最后的选举结果有影响吗”，仅有0.4%的农民工认为“影响很大”，有20.4%的农民工认为“有一定影响”，有34.5%和30.3%的农民工认为“几乎没有影响”和“影响不大”，还有14.4%的农民工表示“不清楚”。当问及“您外出打工后，知道而没有回去参加村委会选举的原因”时，有61.3%的农民工表示“选举就是形式，投票作用不大”。而当问及“是否愿意参与打工地社区居委会选举”时，有24.6%的农民工认为“想参加，但觉得自己没有资格”，有35.1%的农民工则表示“是城里人的事，与自己无关”，还有30.8%的农民工表示“不清楚”。

（二）农民工对社会参与方式的认同程度存在差异，公益参与的认同度高且意愿较强

受内在效能感的影响，河南省农民工对社会参与方式的认同差异明显。总体来看，农民工的选举参与认同度、管理参与认同度较低，分别是18.3%和19.6%；农民工维权参与的认同度居中，占24.8%；农民工对公益参与的认同度最高，占37.3%，他们认为在参与公益活动的过程中自己的价值得到了体现。

受参与认同度差异的影响，农民工参加环境保护、慈善捐款捐物、志愿者服务等公益活动的意愿较强，其选举参与的意愿总体较弱。如图8所示，表示愿意“主动参加”公益活动的农民工占35.9%，而愿意“主动参加”选举活动的仅6.9%；“在别人动员下参加”公益活动的农民工占54.5%，选举参与的则占31.6%；表示“动员也不愿参加”选举活动的农民工占61.5%，公益参与的仅占9.5%。

（三）优化就业创业政策的需求强烈，但返乡创业参与的意愿较弱

为了吸引吸纳数量庞大的农民工就业创业，河南省不断完善农民工返乡创业政策支持体系，先后出台了《关于支持农民工返乡创业的实施意见》

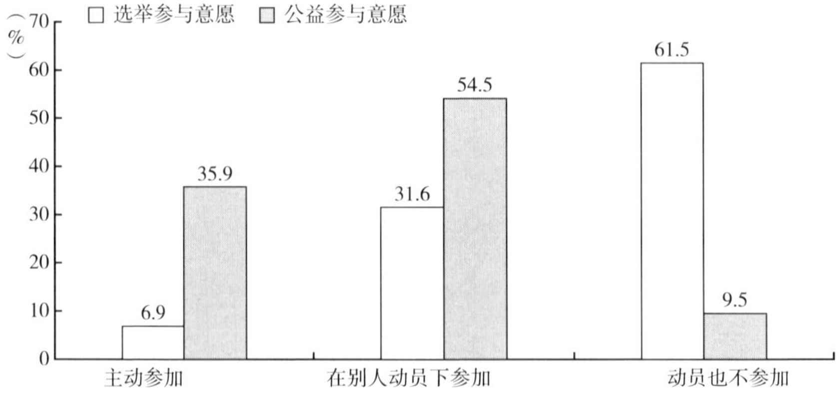

图8　农民工社会参与意愿比较

《关于支持返乡下乡人员创业创新促进农村一二三产业融合发展的实施意见》《财政支持农民工返乡创业20条政策措施》等。在问及“对以上政策有何看法”时，21.1%的农民工强调“政策宣传应更加及时，更加深入”，以便他们真正了解；44.2%认为“应扩大政策支持力度和范围，让更多人享受实惠”；还有34.6%提出“政策应更有针对性，适应农民工多元化需求”。同时，有31.6%的农民工最期待“技术支持”，有37.2%的农民工最期待“金融支持”，有26.9%的农民工期待“教育培训支持”，还有4.3%的农民工期待“法律支持”。

可见，农民工对加强就业创业政策支持的期待强烈，但当问及“是否愿意回乡创业”时，不同年龄农民工的意愿差异显著：总体上看，有37.3%的农民工表示“愿意”返乡创业，有18.6%的农民工表示“不愿意”返乡创业，有44.1%的农民工则表示“还没想好”；从不同年龄来看，返乡创业意愿最强的是“80后”农民工，其次是“85后”和“70后”农民工，再次是“60后”农民工，“95后”农民工意愿最弱（见图9）。

而问及农民工的“未来打算”时，选择“长期留在城市工作”的农民工群体比重最大，是“回乡创业”的3倍多，占31.3%，其中“80后”农民工的意愿最强，占35.1%；其次是表示“还没想好”的，占31.2%；再

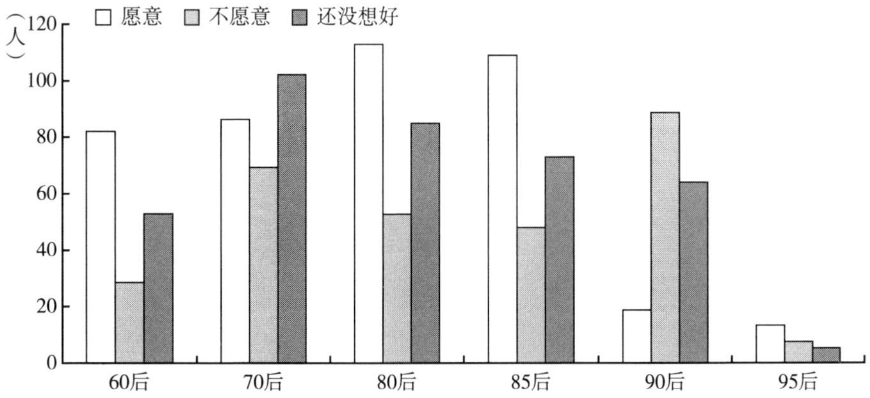

图9　不同年龄农民工的返乡创业意愿

次是“回村务农”，占12.1%，“去中小城镇工作”的占11.6%，“回乡创业”的占10.3%，选择其他的占3.5%。

党的十九大提出实施乡村振兴战略，助力农业农村农民发展，为农民工返乡创业提供了更大机遇。然而，调查发现农民工对这一战略举措的关注与了解非常有限。在问及“您了解乡村振兴战略吗”，仅有0.53%的农民工表示“非常了解”，有38.7%的农民工表示“了解一点”，而有60.77%的农民工则表示“没听说，不清楚”。其中，“90后”“95后”农民工的关注了解度更低。

四　结论和政策建议

（一）调查结论

（1）河南省农民工的社会参与总体上处于中等水平。与农民工利益有直接关联的选举参与、管理参与和政策参与的积极性较低，维权参与方式多元且协商解决方式占比大；公益参与的关注度和积极性不断提高，不同学历农民工的高参与度趋势都很显著。

（2）农民工社会参与的代际差异明显，新生代农民工的社会参与选择有着较强的一致性，但受知识背景、成长环境、价值观念等方面差异的影响，新生代农民工群体内部分化的趋势逐渐加快，其社会参与出现了新的结构特点。老一代农民工的选举参与度和管理参与度高于新生代农民工，而新生代农民工的维权参与度和公益参与度高于老一代农民工，新生代农民工中“95后”的社会参与度整体最低。

（3）农民工对社会参与重要性的认知度总体较高，但参与的内在效能感相对较低。因而，在不同社会参与维度上农民工的认知差异明显：公益参与的重要性认知较强，维权参与的重要性认知居中，管理参与和选举参与的重要性认知相对较弱，且对外出务工地的选举参与认知度更低。

（4）受内在效能感的影响，农民工对社会参与方式的认同程度存在差异。农民工尤其是新生代农民工的选举参与认同度、管理参与认同度较低；对维权参与的认同度居中；公益参与的认同度高且意愿较强，他们认为在参与公益活动的过程中自己的价值得到了体现。

（5）优化就业创业政策的需求和期待强烈，但总体上返乡创业意愿较弱，且不同年龄农民工的意愿差异显著。返乡创业意愿最强的是“80后”农民工，其次是“85后”和“70后”农民工，再次是“60后”农民工，“95后”农民工意愿最弱。

（二）促进农民工社会参与有序发展的建议

1. 进一步完善保障农民工权益的相关制度，发挥基层自治制度优势，为农民工社会参与提供可靠的制度保障

社会参与制度蕴含科学性、公正性和公平性等价值，具有降低民众参与成本，提升其对自身参与行为效能认识的功能。农民工尤其是新生代农民工长期工作生活在城市，参与意愿和诉求日益强烈，但受制度限制和观念束缚，其意愿与诉求得不到充分表达和重视，而逐渐成为“沉默阶层”与“边缘群体”。这就要求，一要有针对性地完善农民工社会参与的相关制度，减少各层次制度规范的差异性和摩擦，促进基层自治制度优势有效发挥，为农民工的社会参与提供可靠的制度保障，最大限度地减少并避免社会参与尤

其是选举参与异化现象的发生。二要完善社会参与程序，增强社会参与的透明性，促进农民工权益相关制度的有效落实，构建有效促进社会参与的长效机制，激发农民工在基层自治体制中的主体性功能。三要建立健全精细化、长效化服务机制，出台更有针对性、更具吸引力的政策措施，为农民工提供优质高效服务，从而更加有效地激发农民工社会参与的积极性。此外，需要创新体制机制，有效吸纳农民工融入务工地社区自治管理活动，引导农民工在参加公共生活的过程中，不断强化参与意识、提升参与能力。

2. 提升农民工社会参与的实效和认知水平，增强农民工社会参与的内在效能感

社会参与具有集中民智、凝聚民心及增强政策过程合理性和有效性的正向功能，并受农民工内在效能感的影响。内在效能感是一种农民工对自身影响力的期望和主观认知，是影响农民工社会参与的关键因素，直接决定着农民工社会参与的取向和行为选择。而参与实效和认知水平对于农民工的内在效能感有显著的正向影响。因此，为了有效提升农民工社会参与的积极性，需要着力增强农民工社会参与的内在效能感。首先，要进一步拓宽和畅通农民工社会参与的渠道，使得农民工在真实的社会参与中能够获得更多机会，同时也能施加较多的影响力，提升农民工社会参与实效，农民工对自身有影响力的信念越强，其社会参与的积极性也就越高。其次，要有效提升农民工的社会参与认知水平。社会参与认知水平影响农民工对现实政治运作过程、参与途径、有序参与要求和自身影响力的了解程度。因此，要采取多元方式，尤其要利用互联网平台传播的直观性及“焦点效应”，以喜闻乐见、易于接受的方式，增强农民工对社会参与权利义务、社会参与途径和要求等方面的认知和了解，为参与性文化的构建提供良好的氛围，在此氛围中让农民工真正理解社会参与尤其是选举参与和管理参与，提高其政治认知能力和政治判断能力，从根本上改变他们的政治冷漠心理，激发其主动参与。最后，要进一步拓展农民工社会参与的广度与深度，激发其有序参与的积极性。参与的积极性取决于参与的绩效，而参与的绩效同参与的广度和深度直接相关，要使农民工在实践中切实感受他们的力量和参与效能感，进而产生高度

认同。

3. 加强社会参与的需求导向，提升农民工社会参与认同度，进而有效激发农民工有序参与的内源性动力

认同是影响和支配公民社会政治行为的内在动力，反映了公民从“认知、判断”到“意愿、动机”再到“行为取向”的心理选择过程，对其社会参与具有重要的推动作用。受利益诉求多元化和主体构成分化的影响，农民工的认同指向和需求的差异性客观存在，并内在地影响对社会参与方式的考量和选择。很多农民工选举参与、管理参与和维权参与的热情不高、动力不足，是由于他们认为社会参与和自身的利益联系不大。此种现象背后实际上还隐含着他们对于政治参与认同度低的因素。因此，政府要重视和关注农民工的现实需求和实际问题，深入了解不同年龄农民工的社会参与态度和期待，加强社会参与认同机制的分类建设。同时，要提升运用大数据的实时分析能力，有效感知和预测农民工需求的维度和层次及其变化规律，及时反馈并给予精准、个性化的服务，不断提升农民工的“生存感”、“安全感”和“获得感”，促进社会参与认同度不断提高，进而激发农民工自主参与的内生动力。

郑州市共享单车发展的现状、问题与对策

徐京波　李博文　姜小波　薛雅匀　高亚婷*

摘　要： 2016年是共享单车发展元年，共享单车的出现，便利了市民“最后一公里”的出行，因此迅速普及。在为市民带来便利的同时，其也产生了一系列社会问题，具体表现为占用城市公共空间、人身安全风险、押金退还难、共享单车破坏行为等。虽然目前共享单车治理取得了一些成效，但是共享单车毕竟是一种新业态，对其的管理还处于探索阶段，仍然缺乏系统的共享单车治理体系。本研究基于河南省郑州市的问卷调查，进行实证分析，发现问题，提出对策。基于调查分析，在共享单车治理中，一要构建共享单车多元治理模式；二要合理引导共享单车健康、有序、可持续发展；三要设立用户押金专用账户，加强第三方监管；四要治理共享单车乱停乱放和破坏行为；五要防控共享单车骑行安全风险。

关键词： 郑州　共享单车　共享单车治理

共享单车从2016年下半年开始兴起，2016年7月，月活跃用户数达54万，随后用户规模保持快速增长。到2017年1月，月活跃用户突破1000万，2018年5月接近7000万，月复合增长率高达62.6%。河南省共享单车

---

* 徐京波，郑州轻工业学院社会工作系讲师，社会学博士；李博文、姜小波、薛雅匀、高亚婷，郑州轻工业学院社会工作专业学生。

也迅速发展，特别是省会郑州，共享单车饱和度全国第一。截至 2017 年 7 月，郑州市共享单车有 39 万辆，暂停共享单车增量投放。共享单车给民众生活带来便利的同时也存在许多问题，如占用城市公共空间、共享单车破坏严重、押金退还难、存在安全风险等。基于上述问题，本研究就河南省郑州市共享单车使用情况、破坏行为、对城市公共空间的影响、安全风险、满意度等内容进行问卷调查，针对调查问题提出应对策略，从共治视角构建共享单车治理体系。

一　研究方法与样本情况

本研究主要采用问卷调查法，对河南省郑州市共享单车使用情况及问题进行调研。调查内容主要包括共享单车使用情况、共享单车破坏行为、对共享单车使用的评价、共享单车对城市公共空间的影响及其风险等。本次调查发放问卷 600 份，回收问卷 555 份，回收率 92.5%。调查样本中，男性占 40.7%，女性占 59.3%；年龄构成中，12 ~ 18 岁占 15.1%，19 ~ 22 岁占 36.2%，23 ~ 35 岁占 41.6%，36 ~ 45 岁占 4.7%，46 ~ 55 岁占 2%，无 56 ~ 65 岁，65 岁以上占 0.4%。文化程度构成方面，小学占 0.2%，初中占 3.6%，高中（中专、技校）占 14.6%，大专学历占 25.8%，大学本科占 46.1%，研究生及以上占 9.7%。职业构成方面，小学生占 1.4%，中学生占 3.1%，大学生占 48.5%，私企员工占 20%，国企员工占 4.5%，公务员占 2%，事业单位工作人员占 8.1%，农民工占 0.4%，个体经营者占 5.8%，其他职业占 6.3%。

二　共享单车使用情况分析

（一）共享单车用户规模较大，骑行频率较高

互联网时代的经济模式创新，为“共享经济”带来了技术上的可能性，特别是最近兴起的共享单车，解决了“最后一公里”出行的难题，使得绿

色出行渐成风尚。调查中发现，绝大多数民众使用过共享单车，其已成为大众短途出行必不可少的交通工具。86.3%的受访者使用过共享单车，仅有13.7%的受访者表示未使用过共享单车。

表1显示，对于共享单车一周的平均使用频率，25.7%的受访者称使用不足一次，50%的受访者一周平均使用1~5次，13.8%的受访者一周平均使用6~10次，3.2%的受访者一周使用11~15次，有7.3%的受访者一周平均使用16次及以上。由此可见，民众使用共享单车的频率较高，有24.3%的受访者使用6次及以上，至少平均每个工作日骑行一次，有的甚至每天平均骑行两次。可以说，共享单车已经开始融入城市居民出行中，被更多的市民所接受。

表1　您一周平均使用共享单车的次数

单位：%

频率	百分比	频率	百分比
不足一次	25.7	11~15次	3.2
1~5次	50.0	16次及以上	7.3
6~10次	13.8	合计	100.0

（二）共享单车以短途代步为主，实现解决“最后一公里”出行问题的目标

数据表明，将近50%的受访者骑行时长在10分钟以内。平时每次大多数骑行时长中，有10.5%的受访者在5分钟之内，有38.3%的受访者在6~10分钟，有24.1%的受访者在11~15分钟，有13.8%的受访者在16~20分钟，有10.5%的受访者在21~30分钟，仅有2.8%的受访者在30分钟以上。由此可见，市民大多数单次骑行共享单车的时间不长。

共享单车的出现正是为了有效解决大众出行的“最后一公里”问题，减轻公共交通压力。调查数据显示，有49.2%的受访者平均每次骑行距离在0.5~2公里，有31.6%在2.1~3公里，有12.3%在3.1~4公里，而0.5公里以下和4公里以上的分别占4.2%和2.7%。由此可见，共享单车的

使用还是局限于短途，实际骑行距离与共享单车解决“最后一公里”出行问题的设计理念相吻合。

（三）共享单车使用以主动选择为主，融入日常生活

在共享单车用途方面，31.2%的受访者使用共享单车是为了到公交地铁站，23.8%的受访者是为了校园代步，17.9%的受访者是为了休闲娱乐代步，15.4%的受访者是为了上下班代步，11.6%的受访者是为了生活代步。由此可见，共享单车已经渗透到市民日常生活的各个领域，对于大学生群体，更多是为了校园代步；对于上班族，更多是为了与公交、地铁等公共交通工具对接；对于中老年人，更多是用于日常生活中的购物、锻炼、逛街等；当然，在节假日和周末，共享单车也被上班族视为休闲娱乐的代步工具。

表2显示，25.7%的受访者认为使用共享单车的主要原因是单车停取较方便，20.6%认为共享单车比较绿色环保，17.5%认为使用共享单车是为了节约时间，12.9%是看中了共享单车骑行费用低，11.4%的受访者是为了锻炼身体，10.7%是为了避开交通阻塞，仅有1.2%的受访者是受好奇心驱使。由此可见，公众使用共享单车的原因呈现实用主义特征，大部分共享单车用户认为其确实能为日常出行带来一定便利，解决一些出行难题，仅有1.2%的受访者是出于非实用主义原因。

表2 您使用共享单车的主要原因

单位：%

主要原因	百分比	主要原因	百分比
停取方便	25.7	节约时间	17.5
骑行费用低	12.9	锻炼身体	11.4
绿色环保	20.6	避开交通阻塞	10.7
好奇心理	1.2	合　计	100.0

（四）共享单车占用城市公共空间，对民众生活影响不大

共享单车在为郑州市居民的生活带来便利的同时，出于品类多、规模

大、公司的市场占有需求、单车停放地点不明确、使用者个人素质、政策条文不清晰、单车自身质量问题、使用规则不明确等原因，其也对城市公共空间形成了占用。10.8%的受访者认为共享单车对城市公共空间的占用很少，15.5%的受访者认为占用较少，59.6%的受访者认为占用程度一般，13.7%的受访者认为占用较多，0.4%的受访者认为占用程度非常严重。说明共享单车对城市公共空间的占用现象的确存在。

相比较于共享单车对公共资源的占用程度，因为个人日常交通工具、所在区域、日常活动、主观感受等方面的不同，受访者虽然认为共享单车对公共空间的占用对个人形成影响，但整体影响程度不高。9.2%和1.1%的受访者认为共享单车对城市公共空间的占用对自己形成一定影响和严重影响，29.7%的受访者认为完全无影响，37.5%的受访者认为有较少影响，22.5%的受访者认为影响程度一般。

（五）民众对共享单车的“使用便捷”满意度最高，“押金费用”满意度最低

民众对共享单车的使用评价是共享单车价值的最好衡量标准，本研究将共享单车使用评价操作化为使用便捷、押金费用、骑行费用、安全性能、投放地点、骑行舒适度六个方面。其中满意度最高的是使用便捷，所占比例为79.3%；骑行费用的满意度排名第二，所占比例为55.9%；安全性能满意度排名第三，所占比例为53.6%；骑行舒适度排名第四，所占比例为51%；投放地点满意度排名第五，所占比例为39.2%；押金费用的满意度最低，所占比例为28.2%（见表3）。民众之所以对共享单车押金费用满意度低，是因为多家共享单车公司押金退还难。据了解，已有6家共享单车企业倒闭，初步统计显示，这已造成用户押金损失超过十亿元。据中国消费者协会统计汇总，各地消协组织已经收到共享单车押金投诉事件数千起。[1]

[1] 《消协收到投诉数千起　共享单车押金为啥难退》，《人民日报》2017年12月1日。

表3　民众对共享单车的使用评价

单位：%

类别	很不满意	不满意	一般	满意	非常满意
使用便捷	2.4	0.7	17.6	57.2	22.1
押金费用	2.2	14.2	55.4	22.1	6.1
骑行费用	2.0	3.3	38.8	46.6	9.3
安全性能	1.8	1.8	42.8	44.1	9.5
投放地点	5.6	10.3	44.8	32.1	7.1
骑行舒适度	1.7	4.2	43.2	44.1	6.9

三　共享单车破坏行为分析

（一）共享单车人为破坏率较高，破坏类型多样化

大众在享受共享单车带来便利的同时，也出于某种原因出现了许多恶意破坏单车的行为，因此我们就共享单车使用过程中经常遇到的几个问题做了调查。在被问及是否有过破坏共享单车的行为时，有97.3%的受访者称自己没有过破坏行为，仅有2.7%的受访者称自己破坏过共享单车。虽然从调查数据来看，只有极少数受访者承认自己破坏过共享单车，但由于这个问题本身的特殊性，实际破坏共享单车的行为要比调查数据多。郑州酷奇单车的维运工作人员认为七成被破坏的共享单车是遭到人为破坏，酷奇在郑州有3个维修仓库，每周维修500辆共享单车。①

在问到使用时是否遇到过共享单车被恶意破坏的情况时，26%的受访者遇到过共享单车被恶意破坏的情况，24.9%的受访者遇到了单车被破坏后未及时维修的情况，19.3%的受访者遇到了单车上贴小广告的情况，17.7%的受访者遇到了单车被上私锁的情况，12.1%遇到了单车被改为私有车的情况，可见共享单车人为破坏率较高。

① 《郑州故障共享单车七成是人为破坏，忙坏修车师傅》，大河网，http：//www.chinanews.com/business/2017/04-17/8201221.shtml，2017年4月17日。

（二）用户对使用规定认知度不高，但多数会制止破坏行为

几乎每个品牌的共享单车在用户注册之前，都会有相应的用户须知，其中清晰明确地告知单车使用的注意事项、事故处理等相关规定，但并没有多少用户会去认真了解相关信息，这也是导致使用共享单车时出现事故，以及事故过后纠纷不断问题的根源。表 4 显示，仅有 1.9% 的用户在使用共享单车之前认真了解过用户须知，有 26.8% 认为自己对于单车供应商制定的相关规定比较了解，有 30.7% 的受访者称自己仅仅简单看过但了解并不多，有 12.1% 的受访者认为自己并不了解单车的相关规定。

表 4　您在使用共享单车前是否了解过相关规定（用户须知）

单位：%

了解程度	百分比	了解程度	百分比
非常了解	1.9	简单看过了解不多	30.7
比较了解	26.8	不了解	12.1
一　般	28.5	合　计	100.0

当被问及面对破坏共享单车的行为时会怎么做这一问题，19.1% 的受访者会视而不见，29.1% 的受访者会主动上前阻止，15% 的受访者会拍照向相关部门举报，有 18.4% 的受访者会选择向单车供应商反映，还有 18.4% 的受访者选择其他方式，比如像向传统媒体反映、通过自媒体传播等。由此可见，大部分受访者面对共享单车破坏行为时会选择进行制止。但是目前向政府部门和供应商举报及反映的渠道不够通畅，影响民众对制止单车破坏行为的积极性。另外，目前对单车破坏行为取证较难，惩罚措施不够完善。

四　共享单车的治理对策

（一）构建共享单车多元治理模式

共享单车作为具有公共性质的混合品，是政府通过市场的方式回应公众

日益增长的城市出行公共服务需求。[①] 应该改变传统的政府主导管理模式，坚持“人人享有、人人尽责”的治理原则，实现政府、社会、企业共同治理，形成资源共享、行动相辅、治理最优的共治格局。[②] 多元治理主体具有平等的地位，应就共享单车共同关心的问题进行协商、合作、达成一致意见并执行。[③] 第一，对于政府而言，要建立城市交通数据平台，并为共享单车投放、布局、调度提供依据。同时要对共享单车进行精细化治理，以网格化为基础，建立民众反馈系统，使民众参与治理之中。另外，还要建立志愿服务制度，加强绿色出行、文明出行引导和宣传，提升共享出行质量。第二，对于企业而言，要积极融入城市交通管理体系，合理使用城市交通数据平台。并与基层政府进行合作，共同管理共享单车，特别是在建设停车点、防范破坏行为、避免妨碍公共交通方面实现信息共享。应积极参与到共享单车相关法律法规制定中，使相关规定更加合理。第三，对社会而言，要鼓励民众积极参与到共享单车治理中，具体表现为参与共享单车相关法规制定、破坏行为监督、权利维护等行动，与政府、企业形成对话交流。共享单车的共治模式是让各个参与主体同时发挥作用，是一种“多对多”的结构关系。这好比一个网络，政府是这一网络的建构者，但并不是网络中心，仅仅是网络结构中的一个节点，把许多行动者结合到一起，从而形成合力。

（二）合理引导共享单车健康、有序、可持续发展

共享单车作为城市慢行系统的一种模式创新，对解决“最后一公里”问题和构建绿色出行体系等发挥重要作用，并且已经融入民众的交通出行和日常生活中。尽管存在一定的问题，但也不能对其进行过度治理，限制其发展，而是针对问题完善对策，在不影响城市运行效率和管理秩序的基础上，引导共享单车健康、有序、可持续发展。首先，合理引导共享单车企业投放行为，

---

① 马亮：《公共服务创新的扩散：中国城市公共自行车计划的实证分析》，《公共行政评论》2015 年第 3 期。

② 杜敏：《共治视域下共享单车的治理困境和治理路径》，《城市》2017 年第 12 期。

③ 刘文祥、郑翠兰：《区域公共管理建构的理论分析》，《国家行政学院学报》2008 年第 5 期。

企业要向相关部门提供注册及车辆使用数据。引导车辆投放规模与全市或区域设施承载能力、市民出行需求及企业线上和线下管理水平相适应。其次，引导共享单车文明骑行，提升市民素质，使单车用户形成一种发自内心的文明骑行意识。政府通过智慧城管监控平台积极引导、督促单车企业精准投放。鼓励企业研发物联网技术和智能围栏技术，进行智能化管理。最后，合理规划共享单车停车空间，特别是在城市规划修订中为共享单车预留生存空间，将其纳入城市慢行系统的整体规划。具体表现为，对非机动车停车空间进行系统规划，在增加街道停车白线的同时，在轨交站、旅游景点、医院、大型商场等场所增加专门的非机动车停车场。① 另外，还可以依托“互联网＋”和大数据，政企联手，协调一些有条件的交通枢纽共建自行车推荐停放区。

（三）设立用户押金专用账户，加强第三方监管

共享单车涉及的款项分为企业自有基金、对用户收取的押金、预付资金。目前在这三类资金中，用户押金问题最多，主要是退还难问题。押金不是企业股份或投资，而是为了使用共享单车以金钱形式所做的保证。因此，押金的所有权不属于企业，仍为共享单车用户所有。工商总局出台的规定指出，要求 15 个工作日内退还押金。《中华人民共和国合同法》对押金性质也有明确规定，其性质和权利仍然属于消费者。而一些共享单车企业将其视为企业所有资金，用于投资、经营，从而使用户押金被挪用，一旦出现经营风险，押金退还难以保证。

尽管一些共享单车企业宣称押金由第三方监管，但在实际操作中名实分离。例如，小鸣单车声称委托第三方华夏银行监管押金，而华夏银行澄清小鸣单车只是设立一般存款账户，该行无须履行第三方监管义务。酷奇单车也宣称在民生银行设立专门账户，但是民生银行回应设立的也只是一般存款账户。由此可见，共享单车企业的第三方监管形同虚设，共享单车押金收入、押金使用、押金支出等信息不够公开，因此形成了共享单车企业与用户之间

① 邓智团：《空间共享：引导共享单车发展的新作为》，《文汇报》2017 年 3 月 27 日。

的信息不对称。由此可见，目前我国对共享单车押金使用的监管并没有强制性规定，从而使共享单车企业采取打擦边球策略。即使共享单车运营出现问题，甚至倒闭，惩罚力度也不大，而且由于共享单车用户押金数额较低，法律诉讼成本较高，许多用户就选择不了了之。

因此，共享单车押金要设立专门账户，实施专款专用，避免与企业自有资金混合使用，接受交通、金融等机构的监管，防止用户资金被挪用的风险。具体表现为：政府部门制定监管框架，核实并参与监管金融机构的资质，第三方与企业相关监管信息要及时公开。另外，还要建立企业缴纳类似风险准备金的保障基金。特别是当前共享单车市场已经进入洗牌期，未来可能还会有一些共享单车品牌退出市场，因此要进一步完善押金管理等配套制度和运行规则。

（四）治理共享单车乱停乱放和破坏行为

共享单车乱停乱放，占用公共道路，造成交通拥堵，对城市公共管理提出了挑战。应该从以下几个方面采取措施：第一，政府要约谈共享单车企业，限制共享单车投放数量。第二，企业要与所在辖区的行政部门联合规划共享单车停放区域，利用规定的停车区域来规范用户的停放行为。第三，要建立用户的信用体系。将其纳入市民的征信体系，建立“黑名单”机制。另外，针对共享单车破坏行为，首先，要明确权属，做好权属标记，宣传侵权的社会后果，通过 GPS 定位技术提高共享单车破坏侵权行为的搜寻能力。其次，提高共享单车用户道德素质，宣传文明用车行为，企业要参与到共享单车的宣传中，政府也要加大宣传力度，并且将共享单车文明行为纳入城市文明建设中。最后，共享单车企业要加大对共享单车的监管力度，一方面增加监控设备，另一方面增加共享单车巡防人员，并且鼓励普通民众参与到规范共享单车破坏行为的行动中。

（五）防控共享单车骑行安全风险

共享单车为出行带来便利的同时，也产生了许多安全隐患。《法制晚报》统计显示，自2017年以来，因骑共享单车发生的意外事故多达18起，其中未成年人安全事故占到60%，1/3的事故当事人不满12周岁。尽管共享单车使用规定指出，在骑行共享单车前要认真检查车辆安全，但是调查显示，50%的用户在骑车前不会检查车辆状况。目前，共享单车事故发生的原因主要体现在以下几个方面：第一，车辆自身故障，共享单车特别是第一批共享单车质量不高，即使共享单车质量不断提升，但是破坏率较高，而且企业维运人员数量不足，导致故障车辆数量增加。第二，未成年人骑行导致安全事故，尽管共享单车明确禁止12岁以下未成年人使用，但是由于密码开锁技术不够完善，许多未成年人违规骑行，由于年龄较小应急反应能力较弱，事故发生率较高。第三，成年骑行人员不遵守交通规则，在发生的共享单车事故案例中，多存在乱闯红灯、乱占机动车道等现象，从而引发交通事故。

针对上述因素，要采取以下措施对安全风险进行防控。第一，与保险业，特别是互联网保险有效衔接。互联网保险作为新兴保险类型处于扩大市场阶段，保险企业可以与共享单车平台合作，实现有效互补。第二，针于12岁以下未成年人骑行的安全风险，共享单车企业一方面要完善实名制，另一方面要完善相关技术，在制度和技术层面限制未成年人骑行。家长作为监护人也要加强监管，对未成年人的安全意识进行宣传教育。交警和城管工作人员发现未成年人骑车行为也应及时制止和劝导。因为根据《道路交通安全法实施条例》规定，“驾驶自行车、三轮车必须满12周岁”。第三，企业要提高共享单车质量，这是共享单车产生安全隐患的源头。此外，也应适当增加共享单车维运人员数量，及时发现问题及时解决，加强企业维运人员与交警、城市管理人员的互动合作，实现安全信息共享。

地方政府与社会治理篇

Local Government and Social Governance

河南省辖市政府信息公开评价研究*

马　闯　王怡娜**

摘　要： 本报告综合运用层次分析法和专家德尔菲法构建河南省地方政府信息公开评价指标体系，对18个省辖市政府信息公开情况进行评价。结果表明：河南省地方政府信息公开整体向好发展，但是总体水平仍然不高，信息平台友好度有待提高，信息公开透明度尚需增加，公众参与满意度表现一般，信息安全防护度中等偏强。

关键词： 河南　政府门户网站　政府信息公开　透明度

* 基金项目：国家社会科学基金项目（编号15BZZ007）；河南省高等学校重点科研项目应用研究计划"地方政府信息公开评价研究——以河南省为例"。

** 马闯，博士，郑州大学公共管理学院讲师，社会治理河南省协同创新中心研究员，研究方向为电子政务与地方治理；王怡娜，郑州大学公共管理学院2017级硕士研究生。

2018年是《中华人民共和国政府信息公开条例》实施十周年。“公开为常态、不公开为例外”已经成为服务型政府建设的基本原则和社会公众普遍的权利诉求。推进政府信息公开，有利于规范权力运行、遏制腐败寻租，有利于保障公众知情权、扩大公众参与，有利于提高公众满意度、加强政府公信力。各地政府通过其政府门户网站大力推行政府信息公开，但是政府信息公开质量差异较大，有的甚至出现应付和做表面文章的情况，难以满足社会公众信息需求。因此，很有必要对政府信息公开的情况进行有效监督管理，通过评价促进政府信息公开工作。

一　研究设计

（一）评估依据

本次评估所采用的指标均依据《中华人民共和国政府信息公开条例》、《国务院办公厅关于印发2017年政府信息公开工作要点的通知》、《关于全面推进政务公开工作的意见》及其实施细则、《关于加快推进“互联网+政务服务”工作的指导意见》、《“互联网+政务服务”技术体系建设指南》、《关于推进公共资源配置领域政府信息公开的意见》以及《河南省人民政府办公厅关于印发河南省行政机关政策文件解读实施办法的通知》、《中共河南省委办公厅　河南省人民政府办公厅关于进一步加强信息发布和政策解读工作的实施意见》、《河南省政务公开工作考核办法（试行）》、《河南省加快推进“互联网+政务服务”工作方案》和《2017年全省电子政务服务平台建设总体工作方案》等关于政府信息公开的一系列文件。

（二）评价对象

本次评价选择的样本是河南省18个省辖市政府，具体包括郑州市、开封市、平顶山市、洛阳市、商丘市、安阳市、新乡市、许昌市、鹤壁市、焦作市、濮阳市、漯河市、三门峡市、周口市、驻马店市、南阳市、信阳市、济源市等。本次使用网络爬虫软件和站长工具从18个省辖市政府门户网站、微博微信账号等收集有关数据，数据采集时间节点为2018年3月31日至2018年4月5日，数据修正时间为4月8~10日。

（三）评价指标

大多数学者都是通过政府网站对政府信息公开进行评价研究，并从不同视角、不同统计方法构建评价指标体系。王芳等（2011）综合运用层次分析法和德尔菲法构建了地方政府网站信息公开能力评价指标体系。① 杨魏浦（2011）以广西14个地市级政府门户网站为研究样本，设计了相应的政府信息透明度评价体系。② 赵国洪和黎小兰（2012）对10个地市级政府网站信息进行了评价，实证研究了政府信息公开与公众参与、地区GDP等因素之间的相关关系，并以此提出了驱力模型来动态地监测政府信息公开的程度。③ 申亮（2013）从决策透明度、实施透明度和监管透明度三个维度评价政府投资透明度。④ 白清礼（2013）提出政府网站信息公开评估指标的选择原则，构建了由组织体系、制度建设、目录简介等11个一级指标组成的评价体系。⑤ 寿志勤等（2013）从公众满意度角度构建评价模型，以合肥市政府门户网站为样本，运用结构方程方法，测算了信息公开满意度指数。⑥ 韩春晖（2014）以预防腐败的视角构建政府信息公开评价指标体系。⑦ 上述研究成果为本研究评价指标的选取提供了重要参考。

---

① 王芳、王向女、周平平：《地方政府网站信息公开能力评价指标体系的构建与应用》，《情报科学》2011年第3期。

② 杨魏浦：《广西地方政府信息透明度调查报告Ⅰ——以广西地级市政府门户网站信息公开为视角》，《荆楚学刊》2011年第12期。

③ 赵国洪、黎小兰：《中国政府信息公开的有效性及驱力模型分析：基于相关性的分析》，《电子政务》2012年第12期。

④ 申亮：《政府投资透明度评价指标体系的构建及检验》，《当代财经》2013年第10期。

⑤ 白清礼：《政府网站信息公开评估》，《图书馆理论与实践》2013年第8期。

⑥ 寿志勤、郭亚光、陈正光、高勋炳：《基于SEM的政府网站信息公开服务公众满意度评估模型实证研究》，《情报科学》2013年第4期。

⑦ 韩春晖：《我国政府信息公开评估体系的制度建构——以预防腐败功能为导向》，《行政管理改革》2014年第3期。

本研究立足“互联网 + 政务服务”和“阳光政府”建设的内在要求，遵循指标选取的科学性、完整性、有效性和数据可获得性原则，综合运用层次分析法（AHP）和专家德尔菲法构建政府信息公开的评价指标体系，包括 4 个一级指标、10 个二级指标以及若干三级指标（见表 1），定量定性相结合地评价河南省地方政府信息公开情况。

表 1　政府信息公开的评价指标体系

一级指标	二级指标	三级指标				
信息平台友好度	官方网站	目录建设	功能导航	无障碍	网址规范	国际化
		访问速度	网站标识	移动端	有效链接	
	官方微信	信息更新	粉丝订阅			
	官方微博	信息更新	粉丝关注			
信息公开透明度	公开事项	公开数量	信息索引号	文件清理	应急管理	监督检查
		机构信息	政务动态	政府公报	规划计划	人事任免
		政府采购	统计信息	收费管理	重大建设项目	年度政府工作报告
	重点领域信息	权责清单	行政处罚信息	政府财政信息	食品药品安全信息	环境保护信息
	政府信息公开年度报告	概述	主动公开情况	依申请公开情况	政府信息公开的收费及减免情况	行政复议和行政诉讼情况
		存在的问题及改进措施	附表	3 月 31 日前发布		
公众参与满意度	互动渠道	在线调查	在线访谈	市长邮箱	政务论坛	搜索服务
		智能问答	微信微博回应	意见反馈	新闻发布会	
	政策解读	热点解读	解读效果			
信息安全防护度	安全程度	是否存在安全漏洞、木马等				
	组织保障	人均经费	培训情况	工作会议		

一级指标的设置涵盖了“信息平台友好度”“信息公开透明度”“公众参与满意度”“信息安全防护度”，加权权重按照专家德尔菲法确定（见图 1）。三级指标通过制定一些具体的方法，利用主观打分或客观指标，得出量化分值，从而完成对二级指标的评价，最终完成整个体系的评价。

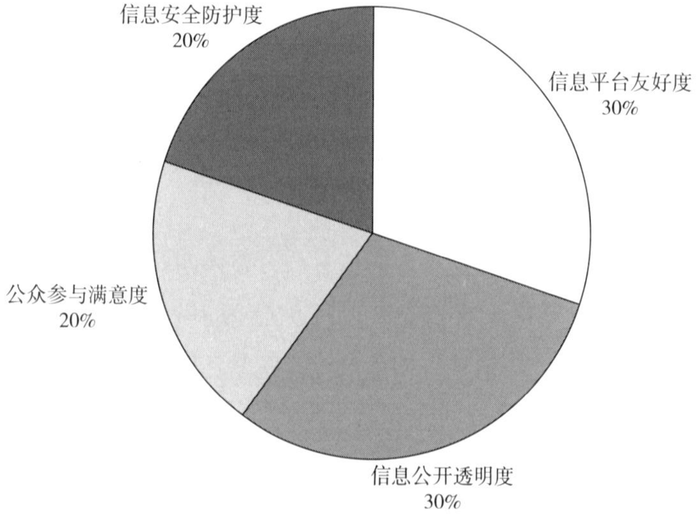

图 1　评价指标权重

地方政府信息公开评价总分值满分为 100 分，信息平台友好度满分为 30 分，信息公开透明度满分为 30 分，公众参与满意度满分为 20 分，信息安全防护度满分为 20 分。根据以上实际得分表现，从高到低划分为五个评价等级（见图 2）。

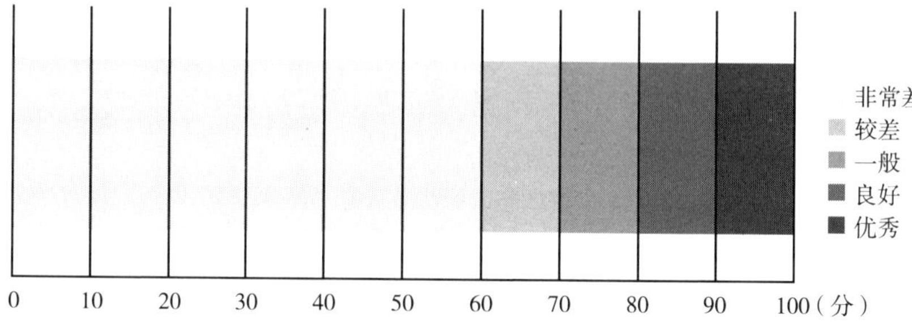

图 2　评价等级示意

信息平台友好度，是指用户从信息发布平台获取信息的便捷性，或者说访客对信息发布平台的认可程度。信息公开透明度，是指社会公众能了解、知晓政府信息的程度。公众参与满意度，是指社会公众通过一定渠道参与使用政府信息并获得政府回应的实际感受。信息安全防护度，是指关于政府信息权威性和安全性的保障情况。

二　总体评价

评价结果表明：河南省地方政府信息公开整体向好发展，但是总体水平仍然不高。18 个省辖市政府信息公开的满分为 100 分，实际平均得分为 73. 97 分，仅 50% 的政府网站得分在平均值以上，郑州市、南阳市、许昌市信息公开排名靠前，得分分别为 87. 60 分、87. 12 分、85. 85 分，周口市最低为 59. 19 分（见图 3）。

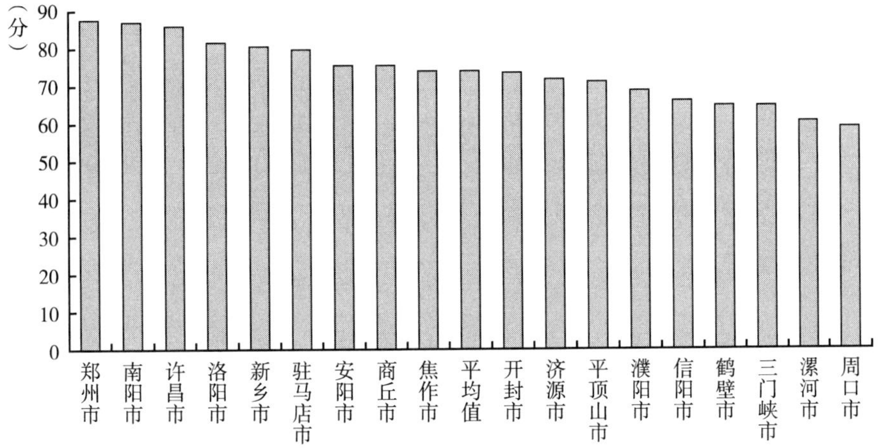

图 3　18 个省辖市政府信息公开总体情况

信息平台友好度有待提高，信息公开透明度尚需增加，公众参与满意度表现一般，信息安全防护度中等偏强。其中，信息平台友好度满分为 30 分，实际平均得分 22. 59 分，在平均值以上的占 56%，新乡市最高为 26. 74 分，周口市最低为 14. 39 分；信息公开透明度满分为 30 分，实际平均得分 21. 27 分，在平均值以上的占 50%，南阳市最高为 27. 5 分，濮阳市最低为 14. 61 分；公众参与满意度满分为 20 分，实际平均得分 12. 76 分，在平均值以上的占 50%，郑州市最高为 18.47 分，鹤壁市最低为 5.24 分；信息安全防护度满分为 20 分，实际平均分值为 17.35 分，在平均值以上的占 61%，驻马店市最高为 19.44 分，信阳市最低为 14.29 分。

三　具体分析

（一）信息平台友好度有待提高

互联网时代，政府门户网站、政务微信、政务微博等已成为政府信息公开的主要载体。信息平台友好度直接影响社会公众获取政府信息的难易程度，也决定政府信息公开的“第一印象”。

从栏目设置上看，仅有 28% 的市政府网站与河南省政府网站保持一致，采用“政府信息公开”，包括郑州市、开封市、新乡市、濮阳市、驻马店市。33% 的市政府网站确定为“政务公开”，包括洛阳市、许昌市、漯河市、南阳市、周口市、济源市。39% 的市政府网站设置为“信息公开”，包括三门峡市、商丘市、信阳市、鹤壁市、焦作市、平顶山市、安阳市（见表 2）。

表 2　政府门户网站政府信息公开栏目设置情况

栏目设置	地市名称
政府信息公开	郑州市、开封市、新乡市、濮阳市、驻马店市
政务公开	洛阳市、许昌市、漯河市、南阳市、周口市、济源市
信息公开	三门峡市、商丘市、信阳市、鹤壁市、焦作市、平顶山市、安阳市

政府门户网站是地方政府在互联网领域的“地标性建筑物”，在网址与网站名称方面应该更加严谨；一般来说，网址应采用“www. 行政区简称汉语全拼 . gov. cn”形式，网站名称应确定为“×××人民政府门户网站”。通过调查发现，38.9% 的地方政府门户网站网址与网站名称的规范性较差，具体是开封市、安阳市、信阳市、许昌市、驻马店市、平顶山市、周口市。

所有地方政府门户网站都按照要求登记了“党政机关网站统一标识”。除了开封市、鹤壁市，88.9%的地方政府网站都以国徽为门户网站首页标识。

所有地方政府门户网站都设置了站内搜索功能，但是还不能够实现“所得即所需”“搜索即服务”，信息搜索的智能化水平普遍不高。其中，安阳市门户网站首页的搜索可用，而信息公开内的搜索不能使用；焦作市无高级搜索功能；鹤壁市、平顶山市的搜索功能不可用成摆设。

河南在七大国家战略叠加效应影响下，作为对外开放的重要窗口，其政府门户网站的国际化程度在一定程度上决定了其对外开放的能力。39%的政府网站只可使用简体，如信阳市、商丘市、焦作市、三门峡市、周口市、济源市、驻马店市。39%的政府网站可以使用繁简体，如郑州市、洛阳市、平顶山市、安阳市、濮阳市、漯河市、新乡市。22%的政府网站可以使用繁简体和英文，如开封市、许昌市、南阳市、鹤壁市。虽然新乡市设置了英文，但是不能使用。政府网站国际化程度最高的是开封市，可以使用简体、繁体、英文、日语、韩语。

无障碍阅读被认为是以人为本和信息公平的基本体现。但是，有33.3%的政府网站没有设置无障碍阅读，如平顶山市、商丘市、洛阳市、三门峡市、周口市、驻马店市。

移动互联网用户激增，社会公众日渐习惯于将微信、微博和APP作为获取所需信息的重要途径。28%的地方政府信息公开平台未能开发或关联官方微信、官方微博和官方手机APP的任何一种，具体包括焦作市、三门峡市、周口市、驻马店市、信阳市。而许昌市、平顶山市、安阳市、新乡市、濮阳市、济源市等政府信息公开平台已经关联应用了官方微信、官方微博和官方手机APP。

此外，在可访问性上，44.4%的地方政府信息公开平台得分低于平均值，如漯河市政府网站于2018年4月9日出现无法访问情况，开封市2017年3月30日发布的《2016年开封市国民经济和社会发展统计公报》无法访问，信阳市“发展计划”“行政审批”“财政预决算”“三公经费”“重大建设项目”等较多信息无法访问。

总体而言，在信息平台友好度上，18 个省辖市的平均分值为 22.59 分，仅 56% 的政府门户网站在平均值以上，其中，新乡市得分最高（26.74 分），周口市得分最低（14.39 分），有待进一步提高（见图 4）。

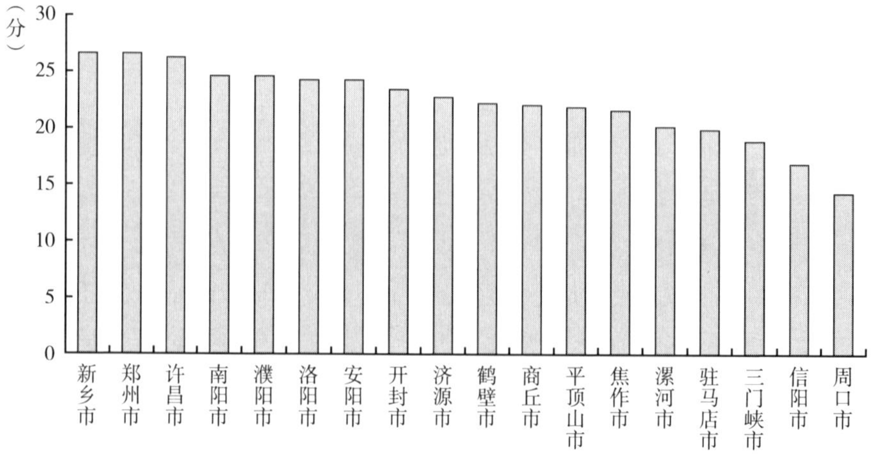

图 4　信息平台友好度

（二）信息公开透明度尚需增加

政府信息公开是社会治理现代化的必然要求，是打造“透明政府”的重要途径，是建设“开放政府”的前提条件。根据《中华人民共和国政府信息公开条例》第九条、第十条和第十一条，政府信息应当主动公开的内容包括法规规章、政府文件、人事信息、公示公告、新闻发布、政策解读、规划计划、政府工作报告、统计信息、财政审计、行政收费、政府采购、权责清单、行政许可、国有企业、重大项目、社会政策（扶贫、教育、医疗、社会保障、就业创业、减税降费等）、应急管理、监督检查（环境保护、公共卫生、安全生产、食品药品、产品质量、市场价格）、科技项目、社会组织、中介机构、城乡建设、公益事业、征地拆迁、社会救助、信用社会等。调查发现，所有省辖市的政府信息公开内容都不完整，尤其是涉及民生方面的政府信息公开不足。其中，焦作市、濮阳市、三门峡市、信阳市等表现最差。

政府信息公开指南，应当包括政府信息的分类、编排体系、获取方式，政府信息公开工作机构的名称、办公地址、办公时间、联系电话、传真号码、电子邮箱、公开形式等内容。调查发现，所有省辖市政府信息公开指南都不完整。其中，漯河市最严重，指南为无效信息；濮阳市、周口市、鹤壁市等缺项较多。

政府信息公开目录，应当包括政府信息的索引、名称、内容概述、生成日期等内容。50%的省辖市政府信息公开目录不完整、缺少索引，其中开封市、安阳市、濮阳市、三门峡市、周口市、信阳市等较差。

依据《河南省人民政府办公厅关于推进重点领域政府信息公开工作的通知》，政府信息公开重点领域共涉及十大项27个小项，包括行政权力清单公开（行政审批信息、行政权力清单）、财政资金信息公开（财政预决算信息、“三公”经费信息、政府采购信息）、公共资源配置信息公开（保障性安居工程信息、房屋征收和补偿信息、土地供应信息）、重大建设项目信息公开、公共服务信息公开（社会保险信息、医疗卫生领域信息、社会救助信息、教育领域信息）、国有企业信息公开、环境保护信息公开（环境监测信息、环境执法信息、突发环境事件信息、核与辐射安全信息）、食品药品安全信息公开、社会组织和中介机构信息公开、其他领域信息公开（安全生产、就业、财政审计、科技管理和项目经费、价格和收费、信用等）。而平顶山市、焦作市、三门峡市、周口市在重点领域政府信息公开中存在的问题最为突出。

所有省辖市都按照《中华人民共和国政府信息公开条例》第三十一条规定，准时在3月31日前公布了政府信息公开工作年度报告。但是，报告内容不完整的情况还较多：一是有的缺少“政府信息公开的收费及减免情况”；二是大多数关于“政府信息公开工作存在的主要问题及改进情况”的阐述为泛泛而谈、表面文章，没有认真说明。

以2017年度政府工作报告为例，截至4月10日数据修正完毕，44.4%

的省辖市仍未公开，具体是郑州市、开封市、洛阳市、商丘市、安阳市、鹤壁市、焦作市、漯河市。

调查发现，18 个省辖市在政府门户网站上的政府信息公开数量平均值为 77350 个，但是“有量无质”“有形无实”的现象还比较普遍，“政策解读”的内容基本是“照抄照搬”、敷衍了事。总之，在信息公开透明度上，18 个省辖市的平均分值为 21.27 分，在平均值以上占 50%，其中，南阳市得分最高（27.5 分），濮阳市得分最低（14.61 分），应采取措施“深耕细作”，重点解决“透而不明”的深层次问题（见图 5）。

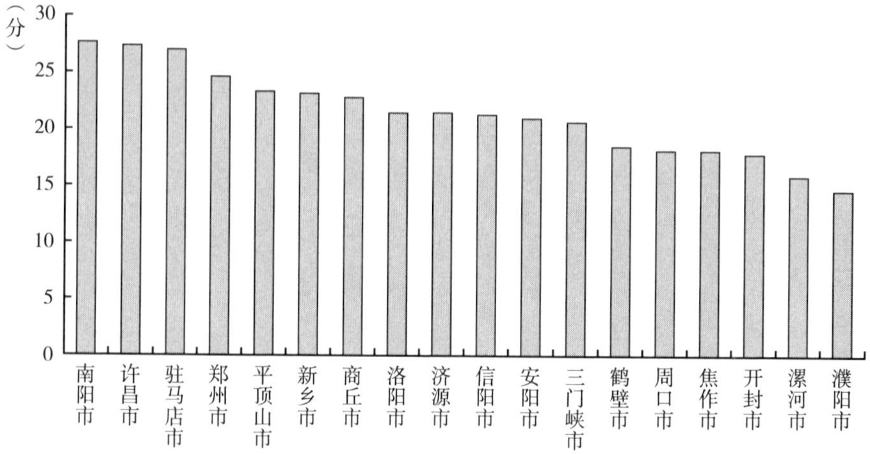

图 5　信息公开透明度

（三）公众参与满意度表现一般

有研究显示，政府信息公开指数和公众参与指数成正比。[①] 公众参与满意程度反映了政府信息公开的成效。公众参与渠道主要包括领导信箱、新闻发布会、在线访谈、政务论坛、网上举报、政务微博、政务微信等。

调查发现，18 个省辖市政府全年平均回应 1563 次；平均召开新闻发布

① 赵国洪、黎小兰：《中国政府信息公开的有效性及驱力模型分析：基于相关性的分析》，《电子政务》2012 年第 12 期。

会79次，主要领导平均参加新闻发布会48次；平均进行在线访谈71次，主要领导平均参加在线访谈35次；平均进行政策解读772次，政务微博微信回应平均1318次；收到政府信息公开申请平均601次；举报投诉数量平均301次。领导邮箱是公众参与的重要渠道，政务微博和政务微信回应日趋增多。

22%的省辖市开设政务论坛作为公众参与的渠道，如洛阳市“连线政府”、焦作市的“政府在线”、郑州市的“心通桥”、安阳市的“连线政府”等。“在线访谈”也是公众参与的重要渠道，其中信阳市的在线访谈存在技术错误；济源市的在线访谈自2017年3月31日以后再未更新；濮阳“阳光热线”和许昌“做客政府网”是视频版的在线访谈。

按照《河南省人民政府办公厅关于印发河南省行政机关政策文件解读实施办法的通知》，应“强化解读主体责任，发挥省政府专家评论员队伍作用，丰富解读内容，改进解读形式，增强可读性。为提升解读效果，对省政府门户网站政策解读栏目进行优化调整，设立部门解读、媒体视角、专家观点、政策图解等四个子栏目，分类更清晰，定位更明确”。其中，濮阳市、安阳市、许昌市的政策解读情况相对较好；南阳市的“政策聚焦”栏目名称应改为“政策解读”。

随着人工智能的发展，智能化趋势和效能日渐凸显；目前仅信阳市通过智能答疑系统加强与公众的沟通交流。

总体而言，在公众参与满意度上，18个省辖市的平均分值为12.76分，其中，郑州市得分最高（18.47分），鹤壁市得分最低（5.24分），仅50%的省辖市政府网站公众参与满意度在平均值以上，整体表现不佳（见图6）。

（四）信息安全防护度中等偏强

“网络安全和信息化是相辅相成的。安全是发展的前提，发展是安全的保障，安全和发展要同步推进。”[①] 因此，政府加强信息公开，必须要重视

① 2016年4月19日，习近平在网络安全和信息化工作座谈会上的讲话。

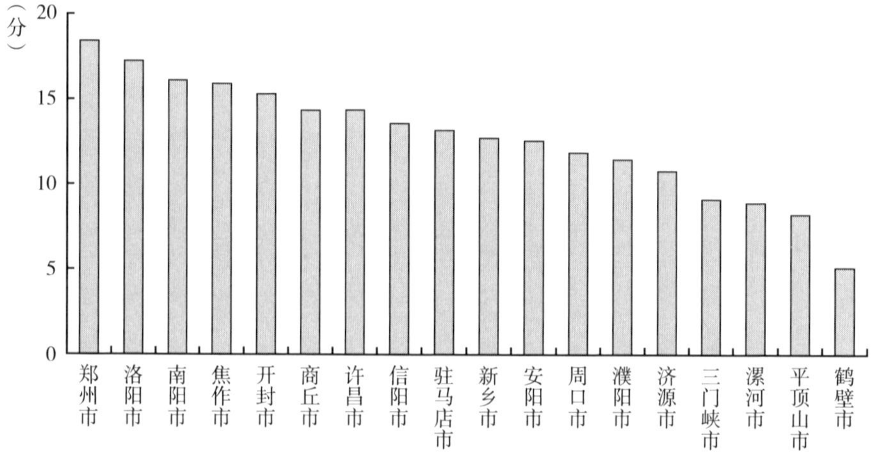

图6　公众参与满意度

信息安全与维护。

随着政府信息公开工作进入常态化，18 个省辖市共设立政府信息公开工作专门机构 3221 个，从事政府信息公开的工作人员 12332 人，设置政府信息公开查阅点 3160 个，全年专项经费投入人均 0. 18 万元，召开政府信息公开工作会议或专题会议 1424 次，培训 80274 人次。其中，焦作市人均经费最高，漯河市人均经费最低；信阳市从事政府信息公开工作的人数最多，济源市从事政府信息公开工作的人数最少。

政府门户网站是政府信息公开的主要载体，因此，政府网站安全对于政府信息安全至关重要。本次对河南省 18 个样本网站进行的 360 网站安全检测（http：//webscan. 360. cn/）结果显示，9 个政府网站安全防护度较高，分别是郑州市、洛阳市、平顶山市、新乡市、鹤壁市、焦作市、漯河市、周口市、南阳市，另有 50% 的政府网站存在不同程度的安全风险。其中，三门峡市政府门户网站存在较大安全漏洞。

总体而言，18 个省辖市政府网站信息安全防护度的平均分值为 17. 35 分，其中，驻马店市得分最高（19. 44 分），信阳市得分最低（14. 29 分），仅 61% 的省辖市政府网站在平均值以上，整体处于中等安全防护强度（见图 7）。

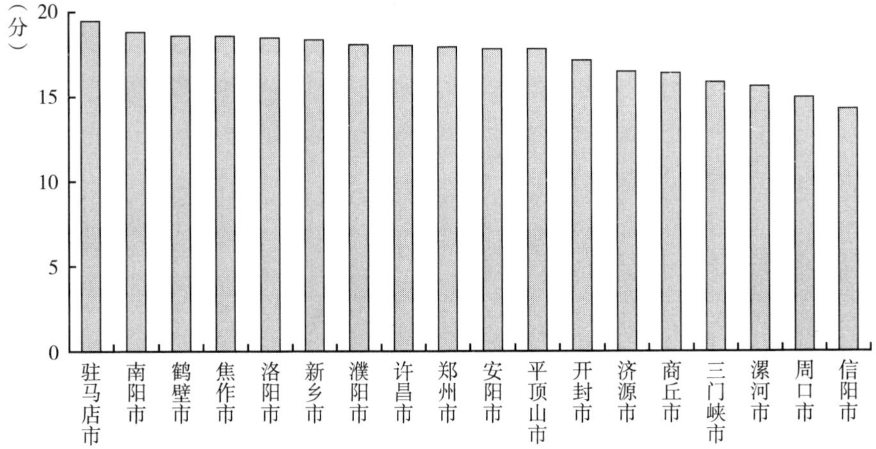

图7　信息安全防护度

四　对策建议

本次调查发现，当前河南省18个省辖市政府信息公开主要停留在政府法规、流程、权力等方面，更多的是规章、制度等信息层面；关于民生信息的解读不能因地制宜、通俗易懂。各地政府信息公开在内容准确性、公开时效性、信息实用性、平台易用性、信息安全性和用户交互性等方面还存在不足，“看不懂、不好找、不准确、不实用、不亲民”等现象还比较普遍。

随着大数据时代的到来，中央提出“加快建设国家政府数据统一开放平台，制定开放目录和数据采集标准，稳步推进政府数据共享开放”。这标志着政府信息公开的全面升级，将逐步转向政府数据开放。为此，我们提出以下建议。

第一，重点优化升级政府门户网站，提高信息平台友好度。发挥好省辖市政府门户网站“第一平台”的作用，关联整合所有政务微信和政务微博平台，避免“烟囱林立、自说自话”的散乱状态；基于用户需求和用户体验不断优化网站，形成“一门式”的“互联网+政务服务”模式，塑造面向未来的国际化大都市形象。

第二，尽快规划筹建政府数据中心，加强数据开放应用性。参照上海市政府数据服务网，建设一站式的河南省政府开放数据网站平台，向社会提供政府数据资源的浏览、查询、下载等基本服务，同时汇聚发布基于政府数据资源开发的应用程序等。围绕数据开放，鼓励第三方开发者充分利用政府数据资源创造价值，构建多元合作、良性循环的开放数据生态系统，进而实现“互联网+政务服务”深度融合，特别是在交通、民生、环境、健康、教育、文化设施等方面更好地服务于公众，更好地营造地方经济社会发展环境，更好地推动“大众创业、万众创新”。

第三，建设人民满意的服务型政府，提升公众参与满意度。政府应当保障公众和企业对政府数据的“知情权”和“使用权”，加强政民互动，把人民满意作为衡量政府信息公开的重要标准；改变从“我有什么就开放什么”过渡到“公众需要什么我先去开放什么”的思路，朝着“我和公众期望共同解决什么问题，我就先开放什么”方向发展，最大限度地满足社会公众参与政府信息公开的意愿，增强政府咨政施政的公开性与科学性。

第四，完善政府信息安全管理机制，提高信息安全防护度。加强政府对网信工作的集中统一领导，提高网络安全意识，健全政府信息安全管理制度，压实相关领导责任机制和常态化监督检查机制，加强政府信息公开工作人员的技能培训，不断优化政府信息安全网络环境。

河南省城市居民公共服务需求满意度调查分析*

何 水　杨亚伟**

摘　要： 本报告从医疗卫生、社会保障、基础设施、环境保护和公共教育5个方面来构建城市居民公共服务需求满意度评价指标体系，同时结合社会治理河南省协同创新中心在2017年开展的"城乡社会治理综合调查"和"河南省宜居城市调查"有关公共服务的数据，对河南省城市居民公共服务需求满意度进行分析。研究结果显示：河南省城市居民公共服务需求满意度为"中"等水平，各指标之间差别不大，其中对公共教育的满意度最高；在医疗卫生方面，医疗设备和医疗事故发生率的满意度较高且二者之间相差不大，而医护人员能力与素质的满意度略低；在社会保障方面，医疗保险的满意度最高，失业保险和再就业服务的满意度最低；在基础设施方面，公共交通、市政设施和市政服务的满意度高于无障碍设施的满意度；在环境保护方面，城市绿化水平和城市生态环境总体满意度均较高且明显高于城市空气质量的满意度；在公共教育方面，教学设备与设施、老师的教学质量和老师的教学能力与素质三者的满意度很高且明显高于老师公平对待学生

* 中国博士后科学基金第59批面上资助（2016M592299）、中国博士后科学基金第10批特别资助（2017T100534）阶段性成果。

** 何水，郑州大学公共管理学院副教授，公共管理博士后，社会治理河南省协同创新中心研究员；杨亚伟，郑州大学公共管理学院2016级硕士研究生。

的满意度。建议河南省政府部门从转变政府职能、把公共服务绩效指标纳入政府绩效考核、改善公共治理结构、畅通居民参与渠道和增加公共服务经费投入五个方面进行改革，不断完善公共服务供给体制机制建设，推进公共服务均等化和服务型政府建设，持续提高公共服务水平。

关键词： 河南 公共服务 政府绩效 满意度调查

党的十九大报告中明确指出，政府要履行好再分配调节职能，加快推进基本公共服务均等化，缩小收入分配差距。改革开放后，人民的权利意识、民主意识不断增强，对公共服务的需求也日益增加。河南省统计公报的统计数据显示：2017 年城镇居民人均可支配收入为 29558 元，比上年增长 8.5%，城镇居民人均消费支出 19422 元，比上年增长 7.4%。[①] 这表明河南省城市居民的收入水平在节节攀升。当然，随着城市居民收入的提高，他们对公共服务需求的结构和数量也会发生相应的改变。《河南省“十三五”基本公共服务均等化规划》中明确指出到 2020 年，基本公共服务体系要更加完善，体制机制更加健全，在学有所教、劳有所得、病有所医、老有所养、住有所居等方面持续取得新进展，基本公共服务均等化总体实现。这对政府提出了更高的要求，也为政府设立了更高的目标和标准。

近年来，河南省不断推进服务型政府建设，不断增加公共服务供给，在探索多元供给方式、推进基本公共服务均等化等方面取得了实质的进步，然而城市公共服务供给的结构和数量是否能满足城市居民对公共服务的需求，作为城市公共服务的接受者，城市居民有着最终的评价权，若政府提供的公共服务不能够让城市居民满意，则说明政府提供的公共服务效率低，可能会导致公共资源的浪费。因此，为了全面准确地了解河南省城市居民公共服务

① 《2017 年河南省国民经济和社会发展统计公报》。

需求的满意度情况，2017 年社会治理河南省协同创新中心在全省开展了“城乡社会治理综合调查”和“河南省宜居城市调查”，本报告选取了医疗卫生、社会保障、基础设施、环境保护和公共教育五个方面对河南省城市居民公共服务需求满意度展开分析，旨在通过对调查问卷数据的分析，描述河南省城市居民对城市公共服务需求的满意度状况，揭示影响河南省城市居民公共服务需求满意度的因素，提出有效满足城市居民公共服务需求的建议，以更好地推进基本公共服务均等化，促进社会正义和人民福祉。

一　城市居民公共服务需求满意度评价指标体系构建

“基本公共服务满意度”是指公众对政府提供的为满足社会需要的公共产品和服务的评价，满意度的高低直接影响到公众对政府的评价好坏。一方面，居民对基本公共服务的满意度能够体现当地政府的治理能力和管理水平，督促政府不断提高自身能力；另一方面，其可以反映人民的福利水平，揭示他们对公共服务内容的需求，帮助政府更好地制定公共服务政策和提高公共服务的水平。

本报告采用层次分析法（AHP）把与城市居民公共服务需求满意度相关的评价指标按照不同的属性自上而下地分解为三个层次，同一层的指标从属于上一层的指标或者对下层的指标有影响。在本报告中，城市居民公共服务需求满意度评价指标体系由医疗卫生、社会保障、基础设施、环境保护和公共教育五个二级指标组成。在医疗卫生方面，选取了医疗设备、医护人员的能力与素质和医疗事故发生率三个评价指标；在社会保障方面，选取了养老保险、医疗保险、失业保险和再就业服务三个评价指标；在基础设施方面，选取了公共交通、市政设施和市政服务、无障碍设施三个评价指标；在环境保护方面，选取了城市绿化水平、城市空气质量和城市生态环境三个评价指标；在公共教育方面，选取了教学设备与设施、教师公平对待学生、教师的教学质量与教师的教学能力和素质四个评价指标（见表1）。

表 1　城市居民公共服务需求满意度评价指标体系

<table>
<tr><th>一级指标</th><th>二级指标</th><th>三级指标</th></tr>
<tr><td rowspan="16">城市居民公共服务需求满意度</td><td rowspan="3">医疗卫生</td><td>医疗设备</td></tr>
<tr><td>医护人员的能力与素质</td></tr>
<tr><td>医疗事故发生率</td></tr>
<tr><td rowspan="3">社会保障</td><td>养老保险</td></tr>
<tr><td>医疗保险</td></tr>
<tr><td>失业保险和再就业服务</td></tr>
<tr><td rowspan="3">基础设施</td><td>公共交通</td></tr>
<tr><td>市政设施和市政服务</td></tr>
<tr><td>无障碍设施</td></tr>
<tr><td rowspan="3">环境保护</td><td>城市绿化水平</td></tr>
<tr><td>城市空气质量</td></tr>
<tr><td>城市生态环境</td></tr>
<tr><td rowspan="4">公共教育</td><td>教学设备与设施</td></tr>
<tr><td>教师公平对待学生</td></tr>
<tr><td>教师的教学质量</td></tr>
<tr><td>教师的教学能力与素质</td></tr>
</table>

二　数据来源与评价方法

本报告主要采用社会治理河南省协同创新中心在 2017 年开展的“河南省宜居城市调查”中有关公共服务的数据。本报告把城市居民对医疗卫生、社会保障、基础设施、环境保护和公共教育的满意度按照 5 分量表进行分类，总共划分为“非常满意、比较满意、一般、不太满意、非常不满意”5 个等级。按照 5 分量表的形式对城市居民公共服务需求满意度进行赋值，其中，1 分代表“非常不满意”，2 分代表“不太满意”，3 分代表“一般”，4 分代表“比较满意”，5 分代表“非常满意”，分数越高表示满意度越高。用 SPSS 软件统计出问卷中有关公共服务需求满意度的三级指标指数，之后采用加权计算的方法得出二级指标的指数。将满意度的评定标准定为：1 ~ 2 分为“低”，2 ~ 3 分为“比较低”，3 ~ 3.5 分为“中”，3.5 ~ 4 分为“比较高”，4 ~ 5 分为“高”。

三　河南省城市居民公共服务需求满意度评价

（一）河南省城市居民公共服务需求满意度为“中”等水平，其中对公共教育的满意度最高

本报告把医疗卫生、社会保障、基础设施、环境保护和公共教育五个方面作为评价河南省城市居民公共服务需求满意度的二级指标，采用加权法对其进行计算。如图 1 所示，河南省城市居民公共服务需求满意度平均为 3.41 分。从二级指标来看，公共教育的满意度最高，为 3.60 分；其次是基础设施，为 3.39 分；之后是，医疗卫生和环境保护，均为 3.38 分；最低的是社会保障，为 3.34 分。由此得知，城市居民公共服务需求满意度为“中”等水平，各指标之间差别不大，其中城市居民对公共教育的评价最高，居于“比较高”的层次。

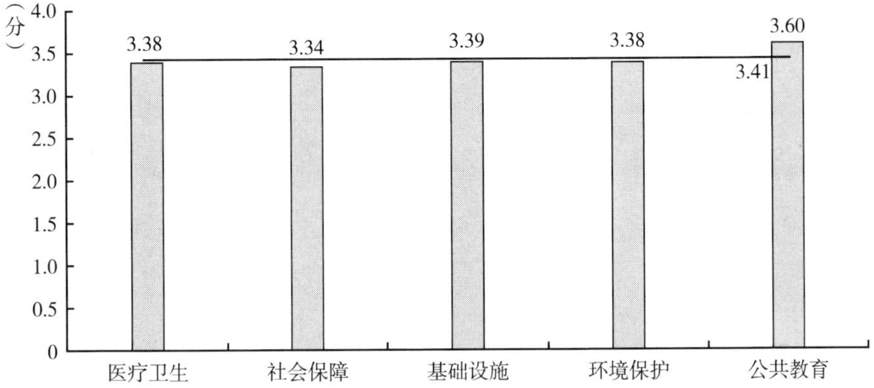

图 1　河南省城市居民公共服务需求满意度

（二）在医疗卫生方面，医疗设备和医疗事故发生率的满意度比较高且相差不大，而医护人员能力与素质的满意度略低

《河南省“十三五”基本公共服务均等化规划》中指出，要建立健全

覆盖城乡居民的基本医疗卫生制度，实施“健康中原”战略，坚持以基层为重点，以改革创新为动力，保障基本医疗卫生和公共卫生服务的公平性和可持续性。

如图2所示，在医疗设备和医疗事故发生率两项指标的满意度评价中，“非常满意”和“比较满意”的占比相差不大，其中居民对医疗设备和医疗事故发生率“非常满意”的占比分别为11.5%和15.5%，“比较满意”的比例均为47.6%，二者比例之和分别为59.1%、63.1%。在医护人员的能力与素质方面，“非常满意”和“比较满意”的占比分别为10%、41.4%，不满意的占比为10.2%。由此可以看出，医护人员的能力与素质满意度低于医疗设备和医疗事故发生率的满意度。

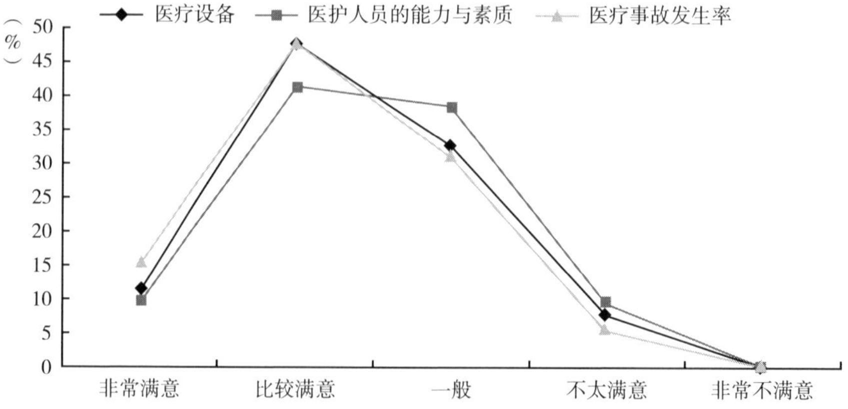

图2　河南省城市居民医疗卫生满意度

（三）在社会保障方面，医疗保险的满意度最高，失业保险和再就业服务的满意度最低

社会保障是国家通过立法，调动社会各方面资源，通过国民收入再分配的形式保证社会成员在遭受意外伤害时能维持基本生存，保障劳动者在失业、年老、患病、工伤时基本生活不受影响。社会保障制度是现代社会基本的社会经济制度，是维护社会安定的“稳定器”，是推动经济发展的“助推

器”，也是现代文明社会的重要标志之一。

在本报告中，主要从养老保险、医疗保险与失业保险和再就业服务三个方面来调查城市居民在社会保障方面的满意度状况。如图3所示，在养老保险方面，有10.4%的城市居民对养老保险服务非常满意，33.6%的被调查者表示比较满意；在医疗保险方面，有11.9%的城市居民对医疗保险服务表示非常满意，36.9%的城市居民表示比较满意；在失业保险和再就业服务方面，有31%的城市居民表示满意，23%的城市居民表示不太满意，7%的城市居民表示非常不满意。由此可见，城市居民对医疗保险的满意度最高，而失业保险和再就业服务的满意度低于养老保险和医疗保险的满意度。

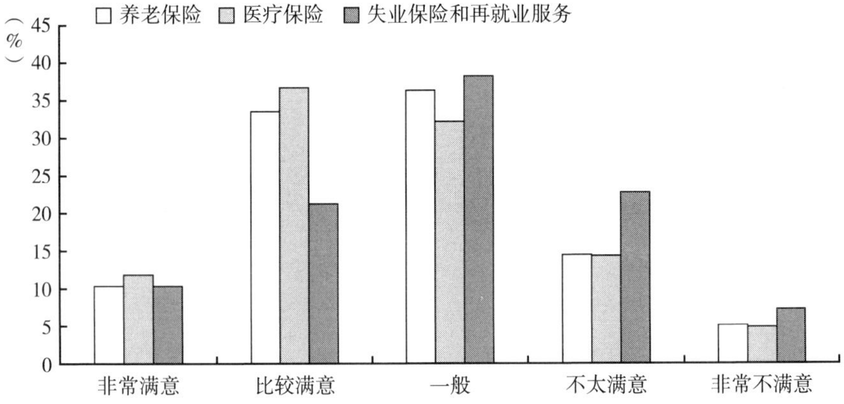

图3　河南省城市居民社会保障满意度

（四）在基础设施方面，公共交通、市政设施和市政服务的满意度高于无障碍设施的满意度

城市基础设施是城市为顺利开展各种经济活动和社会活动而建设的各类设备的总称，加强城市基础设施建设是促进城市经济发展、缓解城市公共交通压力和方便居民日常出行的有力措施。本报告中，基础设施包括公共交通、市政设施和市政服务、无障碍设施三个方面。调查结果显示，在公共交通方面，有21.4%的城市居民表示非常满意，45.3%的城市居民表示比较

满意，两者合计达66.7%；在市政设施和市政服务方面，有13.3%的城市居民表示非常满意，39.2%的被调查者表示比较满意；在无障碍设施方面，有7.4%的城市居民表示非常满意，22.5%的城市居民表示比较满意，32.6%的被调查者表示不满意（见图4）。由此得知，居民对公共交通的满意度最高，对无障碍设施的满意度最低。

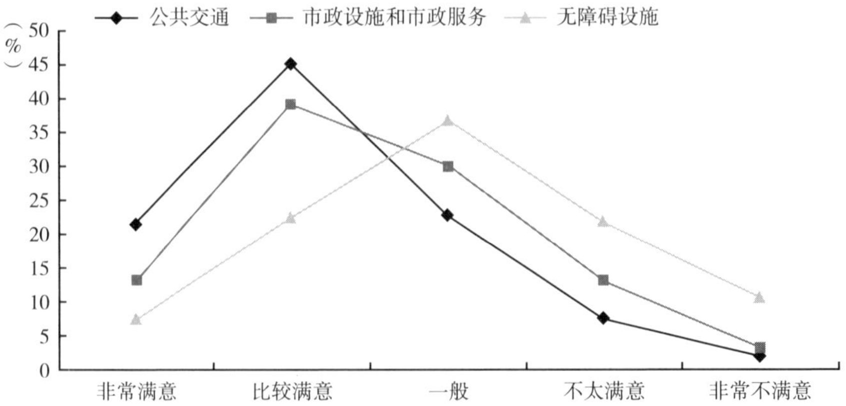

图4　河南省城市居民基础设施满意度

（五）在环境保护方面，城市绿化水平、城市生态环境总体满意度均较高，但城市空气质量的满意度低于城市绿化水平与城市生态环境的满意度

城市环境是与城市整体发展相互关联的人文环境与自然环境的总和，城市环境质量与城市居民的生产和生活有着直接的联系，经济、社会发展和环境之间相互依存、相互作用，发展经济不能以破坏环境为代价。随着城市居民生活水平的提高，其对环境质量的要求也越来越高。

本报告中，环境保护包括城市绿化水平、城市空气质量和城市生态环境三个方面。如图5所示，城市居民对城市绿化水平的满意度最高，“比较满意”和“非常满意”占比分别为48%和16%，二者之和高达64%；对城市生态环境的总体满意度为49.1%；满意度最低的是城市空气质量，有

24.7%的城市居民认为不太满意，3.6%的城市居民非常不满意，二者之和为28.3%。总体而言，城市居民对城市绿化水平的满意度最高，对城市空气质量的满意度最低，主要是由于近年来，城市中车辆的增多和工业的发展，造成空气质量下降，影响了城市居民对空气质量的满意度。

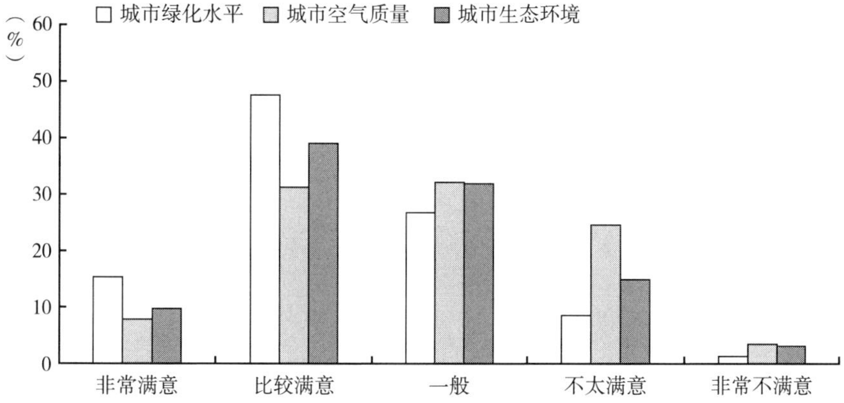

图5　河南省城市居民环境保护满意度

（六）在公共教育方面，教学设备与设施、老师的教学质量和老师的教学能力与素质三者的满意度很高且明显高于老师公平对待学生的满意度

党的十九大报告指出要优先发展教育事业，建设教育强国是中华民族伟大复兴的基础工程，必须把教育摆在优先发展的位置，深化教育改革，加快教育现代化，办好人民满意的教育。随着城市居民收入的增加，其对教育的要求从“上得起学”“接受教育”向“上好学”和“接受高质量的教育”转变，家长都想让自己的孩子去名校接受教育，享用优质教育资源。

本报告选取教学设备与设施、老师公平对待学生、老师的教学质量和老师的教学能力与素质作为评价城市公共教育满意度的指标。如图6所示，城市居民对教学设备与设施、老师的教学质量和老师的教学能力与素质的满意度分别为69.3%、61.4%和63.9%，不满意的占比分别为6.6%、6.9%和

6.9%；对老师公平对待学生的满意度为48.3%，其中“非常满意”和“比较满意”的占比分别为11.7%、36.6%，不满意的占比为12.5%。由此可以看出，居民对老师公平对待学生的满意度低于对教学设备与设施、老师的教学质量和老师的教学能力与素质的满意度。

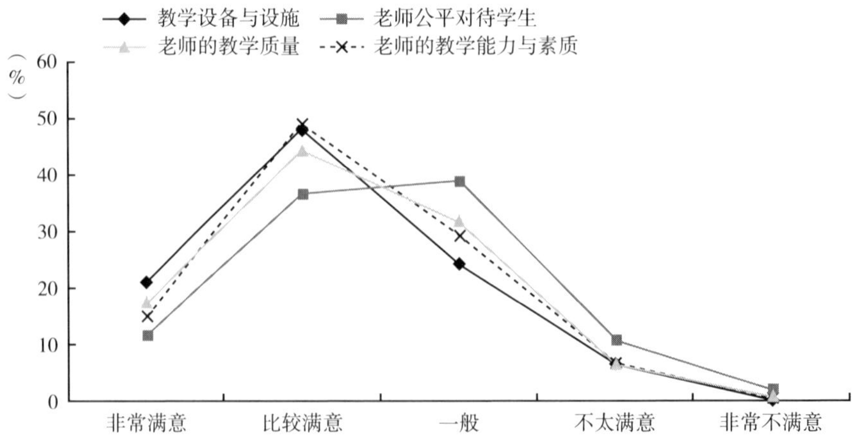

图6　河南省城市居民公共教育服务满意度

四　影响河南省城市居民公共服务需求满意度的因素分析

（一）城市居民参与城市公共服务供给的机制不健全

在我国现行的公共服务供给制度中政府是主导者，政府直接决定提供公共服务的种类和数量，另外，公众参与公共服务决策的机制不完善，间接影响了他们参与公共事务的热情，导致公民的意愿很难体现在政府的决策中。通常，城市居民参与政治生活的渠道有社区居委会、听证会和网络等，然而这些渠道不能很好地表达他们对于公共服务的利益诉求，这也就造成公众和政府之间的信息不对称。调查数据显示，有14.8%的居民表示参与过社区公共事务，他们还表示反映的问题很难引起相关部门的重视，51.5%的人表示从未参与过社区公共事务，还有33.7%的居民说不知情。由此可见，城市居民参与公共服务供给的深度远远不够，导致政府提供的公共服务与城市居民的需求不一致，影响了城市居民对于公共服务的满意度。

（二）政府提供公共服务的效率低，不能有效满足城市居民对公共服务的需求

众所周知，政府不以营利为目的，也不以产出为收入，其经费完全由契约人来承担，所以，政府在提供公共服务时没有追求利润的动机，不可避免地导致政府在提供公共服务时存在效率低的劣势。一方面，政府提供的公共服务在数量上不能满足城市居民的需求；另一方面，城市居民对于公共服务的利益诉求没有得到政府的回应，这也就影响了城市居民对于公共服务的满意度。通过调查发现，33.9%的居民表示对政府提供服务的态度感到满意，39.6%的被调查者认为一般，还有部分居民表示不满意。所以，政府部门要借鉴企业的做法，按照供给与需求一致的原则，不断提高公共服务供给效率，提高政府自身的管理水平，这对于提高公众对于公共服务的满意度具有很强的现实意义。

（三）地方政府提供公共服务的资金不充足

我国从1994年开始在全国范围内推行分税制的财务行政管理体制，目的就是要解决中央和地方的财政分配关系，重点就是要不断提高中央的财政收入和增强中央的宏观调控能力。然而，分税制的推行造成了地方政府的收入远低于中央财政的收入，地方政府的事权与财权不匹配。虽然2011年地方政府的收入超过了中央财政，但在这个过程中始终存在地方政府提供的公共服务经费不足的问题。虽然中央通过财政转移支付的形式向地方提供了一定的资金，但该资金有明确的用途且管理比较严格，这也在一定程度上限制了地方政府提供公共服务的能力。另外，地方政府承担了较多的公共服务职能，提供的公共服务包括医疗、教育、交通和环保等多方面，由于财力有

限，不可避免地影响了地方政府提供公共服务的质量和数量。因此，要不断完善政府财政分配关系，不断提高地方政府提供公共服务的能力。

五　提高河南省城市居民公共服务需求满意度的对策

（一）政府要转变职能，提供优质公共服务转变

政府部门要着眼于广大人民对公共服务的需求，提高公共服务供给的效率。政府要着眼于改善民生，更加注重公共服务，着力促进文化、卫生、医疗和住房保障等社会事业健康发展，建立健全公正透明、高效和可持续发展的公共服务体系，加快实现基本公共服务均等化。政府要不断强化公共服务职能，构建完善的公共服务职能体系，为大众提供高效的公共服务；要借鉴国际先进的经验，同时立足省情，建立适合省情的公共服务供给模式和机制；要建立完善的公共服务制度，包括社会保障制度、医疗卫生制度、义务教育制度等，优化公共服务资源的配置。在建设公共服务体系和模式时，要循序渐进，不可急于求成，根据经济和社会发展水平确定公共服务的覆盖面和水平，不断提高公共服务的质量，加快推进基本公共服务均等化，让更多的城市居民享受到发展的成果和改革的红利。

（二）改善公共治理结构，增加公共服务的供给主体

兴起于20世纪80年代的新公共管理理论主张政府等公共部门应广泛采用私营部门成功的管理方法和竞争机制，要重视公共服务的产出。美国著名学者戴维·奥斯本指出，政府的职责是“掌舵而非划桨”，而政府直接提供公共服务就是“划桨”，这与政府的职能不相匹配。在社会主义市场经济条件下，政府的作用是有限的，政府也不是万能的，它不可能把所有的事情都管好，也不可能提供满足每个个体需求的公共服务。因此，政府要把该管的管好，不该管的按照程序下放，改变“大政府、小社会”的模式。政府部门要积极培育社会力量，鼓励私人部门、中介组织和志愿组织等参与到公共

服务的提供中来，改变城市公共服务供给主体单一的格局，使公共服务的供给主体呈现多元化的趋势。另外，政府要适度引入公共服务市场化供给方式和加强与社会资本合作，引入市场竞争机制，通过外包、直接采购等方式向社会提供公共服务，其中能由政府和社会资本合作提供的，吸引更多社会资本参与到公共服务的提供中来，从而有效提高公共服务供给效率。只有城市公共服务的供给主体呈现有序竞争、多元互动的格局，才能确保提高公共服务的质量，有效提高公共服务的资源配置效率，不断满足人民群众对公共服务的需求。

（三）把公共服务绩效指标纳入政府绩效考核，调动政府提供公共服务的积极性

在过去，政府的考核指标以经济指标为主，忽视了公共服务绩效和公众满意度等其他指标，在这种政绩观的影响之下，各级政府官员不遗余力地发展经济，将经济效益放在首位，而忽视了居民对于公共服务的需求，间接影响了广大居民的权益。因此，为了有效提高政府提供公共服务的水平和城市居民对公共服务的满意度，要改革现行的政府绩效考核制度，把公共服务绩效指标纳入政府绩效考核制度中来，从制度层面规定政府在提供公共服务中的责任，从而加快责任型政府和服务型政府建设。首先，政府部门要破除唯GDP的政绩观，加强政府提供公共服务的职能，优化政府的政绩考核制度，树立服务型政府的理念。其次，健全政府绩效考核评估体系，加大公共服务在政府绩效考核中的比重，不达标干部不能提拔，这种绩效评估方式会对政府官员形成压力，迫使政府部门不断提高公共服务供给的质量，优化公共服务供给结构。再次，加快建立公共服务问责制度，明确各级政府部门的权利和责任，厘清各级政府的财权和事权，规范问责流程，根据评估的结果和出现的问题对相应的公共服务项目负责人进行问责，以防公共服务的专项经费被挪用和贪污。最后，加大政府公共服务绩效信息的公开力度，保证广大人民群众的知情权，便于新闻媒体和人民对政府的监督，这是不断提高政府公共服务供给效率和公共服务满意度的有力措施。

（四）畅通参与渠道，保证公众的知情权和参与权，提高服务质量

一直以来，我国公共服务政策制定的模式都是自上而下的，政府是主导者，所以政府提供的公共服务更多体现的是政府的意志，这也导致了公共服务的供给与需求存在一定的偏差，即政府提供的公共服务与城市居民的需求不一致。公众参与公共服务决策的机制不健全和渠道不畅通，导致公民参与的积极性不高，造成的结果是政府提供的公共服务与城市居民的需求之间存在偏差，直接影响城市居民对于公共服务的满意度，这样就会陷入恶性循环。要改变这种状况，就必须赋予公众参与公共服务政策制定的权利，扭转公众被动地接受政府提供公共服务的情形，让城市居民直接表达他们需要什么样的公共服务。政府可以通过网络渠道和举办听证会等方式引导公民参与公共服务决策，合理引导公民参与到公共服务供给中来，不断提高公共服务供给的质量。要依法推动公共服务决策信息的公开，使公共服务的信息在参与者、决策者和生产者之间流动，保证公众的知情权，这是政府做出高质量决策的基础，也是有针对性地引导公民参与公共服务供给的有力措施。只有通过这种方式，才能更好地推进基本公共服务均等化和服务型政府建设，提高居民对于公共服务需求的满意度。

（五）持续增加公共服务经费投入

公共服务经费投入是指政府部门将一部分财政支出投入公共服务事业中去，以促进公共服务的发展。公共服务经费的投入是开展各项公共服务活动的前提条件。当前，河南省许多地方仍存在公共服务供给不足和公共服务供给效率低的问题，这与政府对公共服务投入不足有很大关系。建议河南省各级政府要加快建立和健全以有效供给基本公共服务为导向的财政体制。第一，合理引导资金流入公共服务领域。在河南省各级财政收入不断增加的同时，要不断提高公共服务财政支出比重，持续优化财政支出的结构，合理引导公共财政资金向公共服务领域倾斜，同时，对流入公共服务领域的民间资

金要给予一定的税收优惠，以激发其参与公共服务供给的积极性。第二，加大公共财政对公共服务领域薄弱环节的支持力度。为了不断提高基本公共服务均等化水平，各级政府要加大公共财政对公共服务领域薄弱环节的扶持力度，尤其是要加大公共财政在医疗卫生、公共教育和住房保障等方面的投入，保障城市中弱势群体的权益，提高本地区公共服务的水平。第三，减少“三公”支出，提高公共服务支出。目前，从河南省财政支出结构来看，河南省公共服务支出比重不是很高，各级政府部门要不断减少“三公”经费和经济建设支出，把重心放在保障和改善民生上，同时还要提高对公共服务经费的管理水平，保证公共服务资金用在民生这个“刀刃”上，提高财政资金的使用效率。

河南省政府社会治理能力状况调查分析

樊红敏　耿琼琼　刘 蝨*

摘　要： 本报告以社会治理河南省协同创新中心2018年春社会治理综合调查数据和2017年河南省统计年鉴数据为依据，对河南省政府社会治理能力进行评估。调查结果显示：河南省居民对政府信任度高，政府合法化能力强；河南省政府责任能力有待进一步提升，公共服务供给、秩序维护责任有待加强；居民利益表达渠道不完备，信访解决居民反映问题的可能性一般，河南省政府回应能力有待加强；政务信息公开程度不均衡，透明化能力须进一步加强；居民社会参与度低，社会参与能力须进一步加强；河南省司法公平状况较好，依法行政居民评价一般。建议河南省政府加大公共服务投入，强化政府责任能力建设；推进利益表达、利益协调制度化，提升政府回应能力；提升政务信息公开均衡度，进一步提高“阳光政务”透明度；推动居民有序参与自治组织和社会组织，提升社会参与能力；加强依法行政，提升政府法治化能力。

关键词： 河南　治理能力　社会治理

新时代中国特色社会主义思想，明确了新时代我国社会主要矛盾是人民

---

* 樊红敏，郑州大学公共管理学院教授，博士生导师；耿琼琼，郑州大学公共管理学院2016级硕士研究生；刘蝨，郑州大学公共管理学院2017级硕士研究生。

日益增长的美好生活需要和不平衡不充分的发展之间的矛盾，全面深化改革总目标是完善和发展中国特色社会主义制度、推进国家治理体系和治理能力现代化。习近平总书记指出，要以最广大人民利益为根本坐标，构建全民共建共享的社会治理格局，完善党委领导、政府主导、社会协同、公众参与、法治保障的中国特色社会主义社会治理体系。① 社会治理是对社会性公共事务进行规范、组织、协调、监督的过程，包括社会性公共服务的提供、社会行为的规范、社会关系的协调等，其目的是维护群众权益，实现群众利益最大化。随着改革开放的不断深入，体制转轨与社会转型的全面推进，在全球化、工业化、信息化、城镇化引领下的现代化改革浪潮中，社会公共事务的多元化、系统化、整体化、精细化趋势不断加强；社会治理能力建设面临挑战和困境。政府社会治理能力亟须更新和衍化，政府治理能力现代化建设迫在眉睫。本文以社会治理河南省协同创新中心 2018 年春社会治理综合调查数据和 2017 年河南省统计年鉴数据为依据，对河南省政府社会治理能力进行评估。

一　河南省政府治理能力评价指标体系

社会治理是对社会性公共事务进行规范、组织、协调、监督的过程，包括社会性公共服务的提供、社会行为的规范、社会关系的协调等，其目的是维护群众权益，实现群众利益最大化。政府社会治理就是指政府作为社会治理的主体，引导社会组织、居民等参与社会治理，平衡各类资源配置、提供公共服务、保护公民基本权利的活动。政府社会治理能力是指政府有效发挥治理体系功能实现制度绩效的能力，包括政府的制度化能力以及治理活动的行动选择和绩效发挥状况。关于治理评估指标体系，俞可平教授从政党、政府、社会、公民四个层面，利用 12 个维度——公民参与、人权与公民权、党内民主、法治、合法性、社会公正、社会稳定、政务公开、行政效益、政

① 中共中央宣传部：《习近平总书记系列重要讲话读本》，学习出版社、人民出版社，2016。

府责任、公共服务、廉政，构建“中国治理评估框架”，来评价中国的治理程度[①]；樊红敏等提出了“中国县域社会治理综合评价指标体系”，建立了过程性评估和效果性评估两类综合性评估框架，治理过程包括政府治理、社会自发治理、居民自我治理三个维度，治理效果包括居民生活质量、社会发展质量两个维度[②]。从治理过程来看，政府社会治理能力主要体现在合法化能力、责任能力、回应能力、透明化能力、参与能力、法治化能力等规定性本质的发挥上。借鉴以往评估指标体系，基于对政府社会治理能力内涵的理解，本报告从政府社会治理过程维度来测量政府社会治理状况及能力，政府社会治理过程反映了政府社会治理的制度化水平，体现社会治理的实质内涵，治理效果反映了政府社会治理的绩效水平和后果。政府社会治理过程可以有效反映政府合法性、责任性、回应性、透明化、参与度、法治化六个层面的水平，因此，政府社会治理能力框架包括合法化能力、责任能力、回应能力、透明化能力、参与能力、法治化能力六个维度。合法化能力通过政府信任一个指标来测量；责任能力通过公共服务和矛盾化解两个指标来测量；回应能力通过利益表达和利益协调两个指标来测量；透明化能力通过信息公开、财政公开、村居务公开、电子政务四个指标来测量；参与能力通过公共事务参与、自治参与、社会参与三个指标来测量；法治化能力通过司法公平和依法行政两个指标来测量。政府社会治理效果反映社会治理价值目标的实现程度。河南省政府社会治理能力评估指标体系具体见表1。

表1　河南省政府社会治理能力评估指标体系

一级指标	二级指标	三级指标	观测点	指标类型
河南省政府社会治理能力	合法化能力	政府信任	政府信任程度	主观
	责任能力	公共服务	教育普及	客观
			医疗卫生	客观

① 俞可平：《中国治理评估框架》，《经济社会体制比较》2008年第6期。

② 樊红敏、张玉娇：《县域社会治理评价体系：建构理路与评估框架》，《河南师范大学学报》（哲学社会科学版）2017年第1期。

续表

一级指标	二级指标	三级指标	观测点	指标类型
河南省政府社会治理能力	责任能力	矛盾化解	社会冲突状况	主观
			社会矛盾化解情况	主观
	回应能力	利益表达	居民利益表达维护	主观
		利益协调	信访解决问题	主观
	透明化能力	信息公开	信息公开满意度	主观
		财政公开	预决算公开	客观
		村居务公开	村居务公开满意度	主观
		电子政务	政府网站工作满意度	主观
	参与能力	公共事务参与	公共事务活动参加情况	主观
		自治参与	自治活动参加情况	主观
		社会参与	社会组织参加情况	主观
	法治化能力	依法行政	政府遵守法律状况	主观
		司法公平	政府公正处理纠纷状况	主观
			结案率	客观

二　数据来源和样本描述

为准确客观描述和评价河南省政府社会治理能力的整体状况，本报告的数据主要来源于以下两个方面：一是《中国统计年鉴2016》、《中国统计年鉴2017》、中国各省及直辖市政府网站的社会服务统计数据；二是2018年春季“社会治理综合调查”问卷数据。调查围绕社会治理的矛盾冲突化解、社会服务、法治建设等方面开展，调查范围涵盖了河南省的18个市，涉及河南省112个县区，采用滚雪球的调查方式，共计发放问卷2000份，回收有效问卷1583份，有效问卷回收率为79.15%。

调查样本中，男性832人，占52.6%，女性751人，占47.4%；在文化程度上，小学及以下204人，初中389人，高中或中专369人，大专208人，本科355人，硕士及以上58人，分别占总样本量的12.9%、24.6%、23.3%、13.1%、22.4%、3.7%；在年龄阶段上，以中青年为主，30岁以下467人，30~45岁564人，45岁以上552人，分别占总样本量的29.5%、

35.6%、34.9%；在工作状况上，党政机关、企业、事业单位管理人员和商业、服务业人员人数居多，分别占总样本量的22.6%、26.4%；其后，为专业技术人员，生产、运输设备操作人员，办事人员，农、林、牧、渔、水利从业人员，其他（如学生、打工者等），分别占总样本量的10.6%、9.1%、6.4%、14.8%、10.2%（见表2）。

表2　社会治理综合分析样本

单位：个，%

变量	指标	人数	比例
性别	男	832	52.6
	女	751	47.4
文化程度	小学及以下	204	12.9
	初中	389	24.6
	高中或中专	369	23.3
	大专	208	13.1
	本科	355	22.4
	硕士及以上	58	3.7
年龄	30岁以下	467	29.5
	30~45岁	564	35.6
	45岁以上	552	34.9
工作状况	党政机关、企业、事业单位管理人员	291	22.6
	商业、服务业人员	340	26.4
	专业技术人员	136	10.6
	生产、运输设备操作人员	117	9.1
	办事人员	83	6.4
	农、林、牧、渔、水利从业人员	191	14.8
	其他（如学生、打工者等）	131	10.2

注：数据为有效样本数。性别变量的有效样本数为1583个；文化程度变量的有效样本数为1583个；年龄变量的有效样本数为1583个；工作状况变量的有效样本数为1289个。

三　河南省政府社会治理能力状况评估

政府治理的核心特征是公共性，政府社会治理过程从合法性、责任性、回应性、透明化、参与度、法治化六个层面反映政府公共性的实现程度。本部分基于政府社会治理能力评估框架，从合法化能力、责任能力、回应能力、透明化能力、参与能力、法治化能力六个维度对河南省2017年度社会治理能力进行描述分析。

（一）河南省居民对省政府信任度高，政府合法化能力强

政府合法性是指居民、社会组织等自愿接受政府执政和领导，认同政府权威并自愿服从。政府合法化能力是指政府获得居民信任和支持的能力，合法化能力的基础是居民的心理认同，河南省政府社会治理合法化能力选取居民对政府信任度这一主观指标来测量。

河南省政府合法性得到高度认可。数据结果显示，在“您对政府机构的信任程度”这一题中，有96%的受访者认为省级政府“完全可信”和“比较可信”，相较于2017年的84.9%有明显的提高；认为省级政府“比较不可信”和“完全不可信”的仅占0.4%，也就是说河南省超过9成的居民认同和支持省政府。远远高于认为县（市/区）政府、乡（镇/街道）政府、居委会（村委会）“完全可信”和“比较可信”的比例（分别为85.8%、76.1%、64.7%），也高于法院及司法系统的87.1%，但低于中央政府，仍有提升空间（见表3、图1）。

表3　居民对政府机构的信任程度

单位：%

政府机构	“完全可信”和“比较可信”	介于可信与不可信之间	“比较不可信”和“完全不可信”
中央政府	97.7	2.0	0.4
省级政府	96.0	3.5	0.4
县（市/区）政府	85.8	12.4	1.8
乡（镇/街道）政府	76.1	19.8	4.2
法院及司法系统	87.1	10.6	2.3
居委会（村委会）	64.7	28.5	6.8

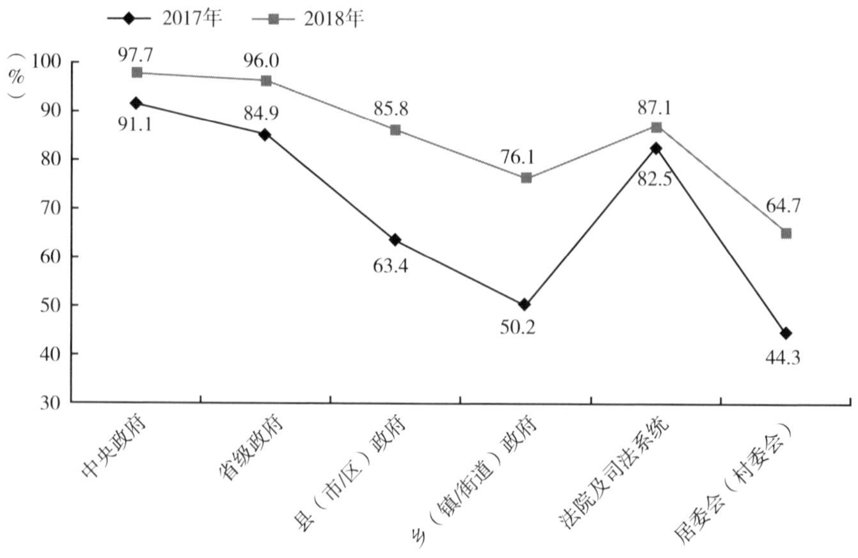

图1　2017 年与 2018 年居民对政府机构的信任度趋势

（二）河南省政府责任能力有待进一步提升，公共服务供给、秩序维护责任有待加强

政府责任就是政府履行提供公共产品、维护公共秩序的公共职能，积极、公正、有效地满足公众需求和实现公众利益。政府责任能力就是政府履行公共职能、承担责任的能力。河南省政府责任主要体现在为全省人民提供基本公共服务保障以及公共秩序的维护，基本公共服务保障选取人均公共预算教育开支、公共医疗卫生服务两个指标测量；公共秩序维护责任选取社会冲突状况、社会矛盾化解情况两个指标进行评价。

1. 河南省政府公共服务供给水平偏低，公共服务供给能力有待加强

教育支出是反映基本公共服务保障能力和水平的重要指标。在 2016 年度全国省级一般公共预算人均教育支出中，河南省为 1409. 7 元，全国平均为 2030. 3 元，河南省在 31 个省份中排名最后（见图 2），说明河南省人均教育支出偏低，教育总投入与人口总量不匹配，未来河南省

应加大对教育的资金投入，提高教育服务供给能力，满足居民教育服务需求。

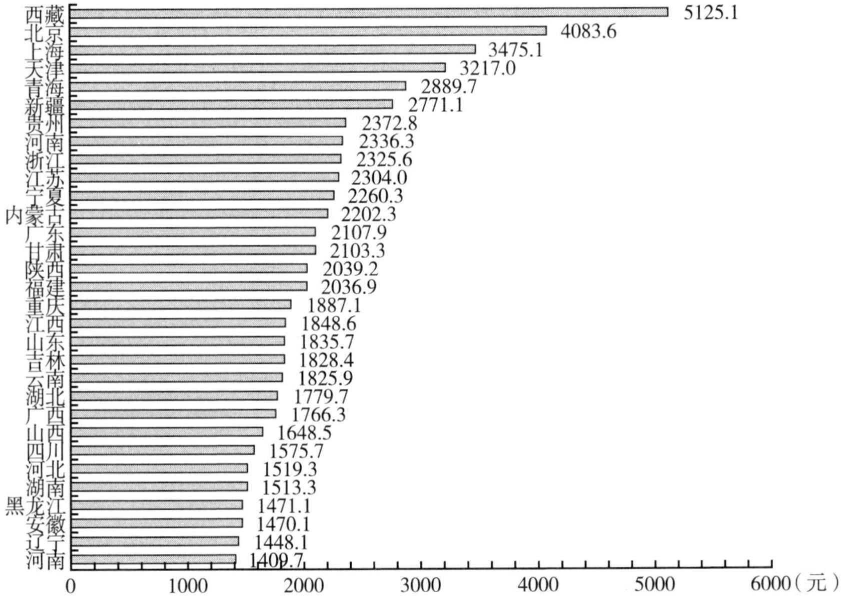

图2　全国31个省份公共预算人均教育支出

河南省医疗卫生服务水平中等。医疗机构床位数反映了政府提供医院规模与卫生服务的能力，因此，医疗卫生服务选取每千人医疗卫生机构床位数来衡量。河南省医疗卫生服务水平一般，2017年中国统计年鉴数据显示，河南省2016年医疗卫生机构床位数为5.5张/千人，略高于全国医疗卫生机构床位数5.4张/千人的平均水平，在31个省份中排名为第14，仅为中等（见图3），说明河南省医疗卫生服务保障水平和能力仍有待提高。

2.居民对政府矛盾化解满意度不高，贫富差距、社会不公问题成为矛盾焦点

公共秩序维护责任主要利用社会矛盾化解情况以及社会冲突状况来评价。其中，社会矛盾化解情况选取社会矛盾化解效果满意度来测量，社会

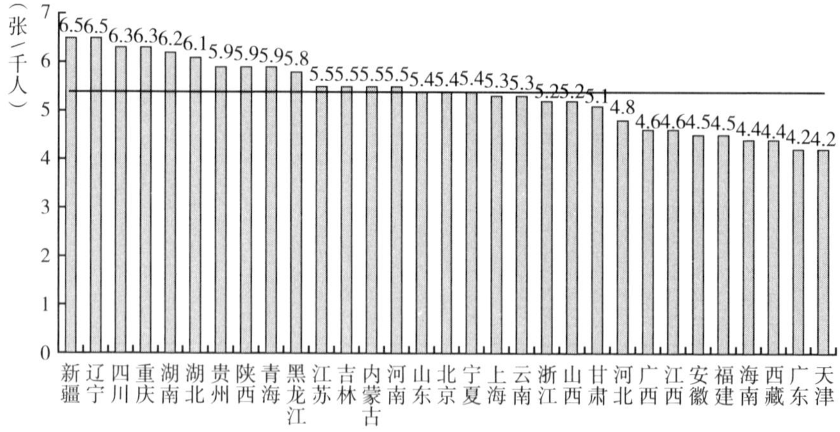

图3　2016 年全国 31 个省份医疗卫生机构床位数

冲突状况选取最突出的社会问题类型和最有可能引起社会冲突的问题来测量。

社会矛盾化解效果满意度不高，有待进一步提升。社会矛盾化解效果选取“您认为目前社会矛盾化解效果如何”来衡量，数据结果显示，有47.6%的居民认为社会矛盾化解效果“非常好”和“比较好”；有44.2%的居民认为矛盾化解效果“一般”；认为社会矛盾化解效果“比较差”和“非常差”的居民占受访者总人数的8.2%（见图4），超过一半的群众对政府化解矛盾的效果不是很满意，说明河南省政府需要进一步增强社会矛盾化解效果，提升秩序维护能力。

贫富差距、社会不公问题成为当前居民关注的焦点。在问及“您认为当前最突出的社会问题是什么”时，认为“贫富差距、社会不公”是最突出社会问题的居民占受访者总人数的44.4%；其次是“贪污腐败”“环境污染”，所选比例分别为41.6%、39.5%；其他依次为“征地拆迁补偿”“食品安全”“社会保障”“社会治安”，分别占39%、30.1%、28.3%、23.4%；认为“土地权属”与“司法不公”是最突出社会问题的居民占受访者总人数的19.5%、14.5%（见图5）。

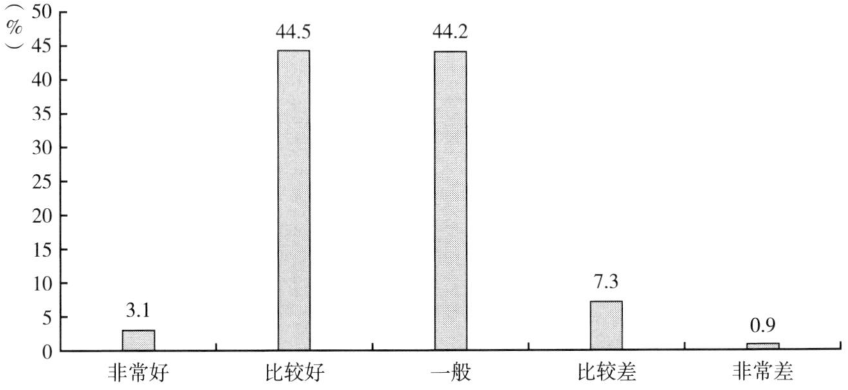

图4　居民认为目前社会矛盾化解效果情况

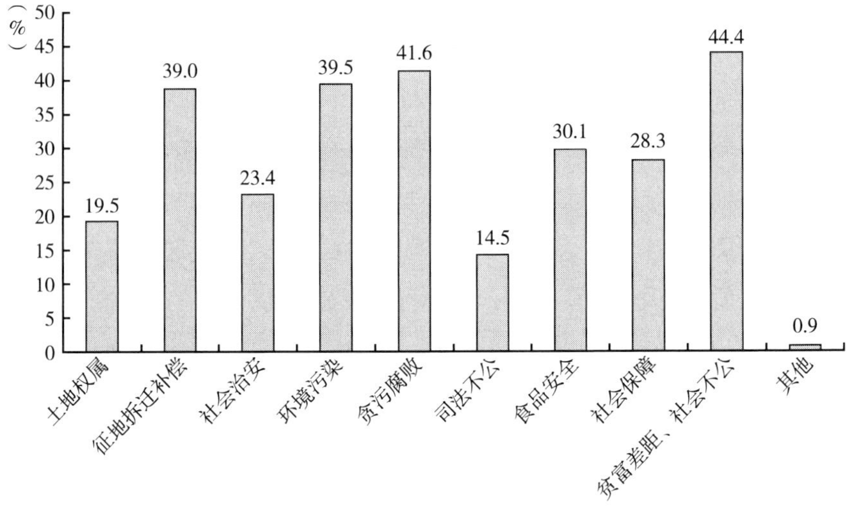

图5　居民认为当前最突出的社会问题

（三）居民利益表达渠道不完备，信访解决群众诉求的效果一般，河南省政府回应能力有待加强

政府回应是指政府针对公众需求和其所提出的问题积极有效反应和回复的过程，是一种政府与民众互动的过程。而政府在这个过程中满足公众

需求做出偏好行为的能力即为回应能力，具体来看主要是指政府针对民众诉求采取有效的相应性行为和技巧。本文中回应能力是指政府针对公众接纳政策和公众提出诉求做出及时的反应，并采取积极措施来解决问题，既包括回应公众事前的表达需求，又包括在政府力所能及的范围之内给予解决，进而维护社会的稳定、促进发展。因此，河南省政府社会治理回应能力通过利益表达和利益协调两个维度来评价。其中，利益表达指政府回应公众表达需求的能力，通过居民利益表达渠道和方式是否完备这一指标测量；利益协调指政府积极有效解决问题的能力，通过信访解决问题的成效这一指标来测量。

1. 居民利益诉求表达渠道不完备，政府须进一步提高利益表达制度化水平和能力

河南省政府利益表达制度化水平和能力选取“您认为居民的利益诉求（如低保发放、集体利益分配等）是否有完备的表达渠道和方式”这一主观指标来衡量，数据显示，仅有 38.9% 的居民认为利益诉求表达渠道“非常完备”和“比较完备”；有 40.1% 的居民认为“有一些”，并且占比最高；有 21% 的居民认为利益表达渠道和方式“比较缺乏”与“没有”（见图 6）。由此看出，居民利益表达渠道和方式总体上呈现欠缺状态，政府回应公众表达需求的能力不足，需进一步增强。

2. 居民认为信访解决群众诉求的效果一般，政府须进一步提高利益协调能力

当前，信访是社会矛盾化解的主要方式之一，本文选取“您认为信访解决群众诉求的效果”这一主观指标来衡量。数据显示，仅有 40.6% 的居民认为“非常好”和“比较好”；有 45.2% 的居民认为效果“一般”，占比最高；有 14.2% 的居民认为“比较差”和“非常差”以及“不清楚”（见图 7）。由此可见，居民对通过信访解决群众诉求的效果评价不高，河南省政府须拓展矛盾化解的渠道和方式，针对居民的诉求，采取积极有效的措施，切实解决实际问题，提高政府的利益协调能力。

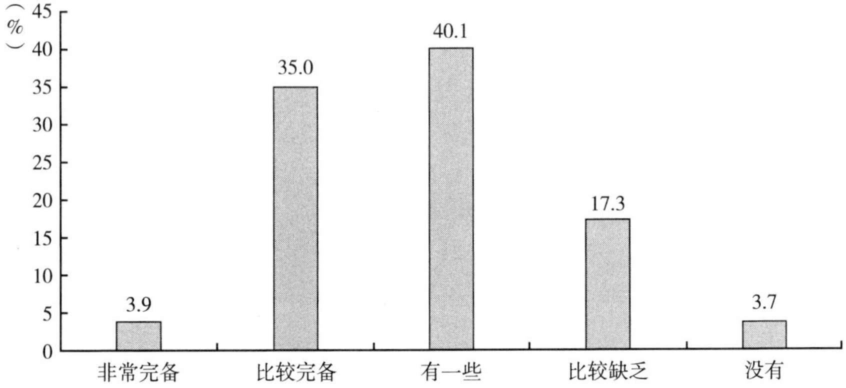

图6　居民认为利益诉求表达渠道和方式的完备程度

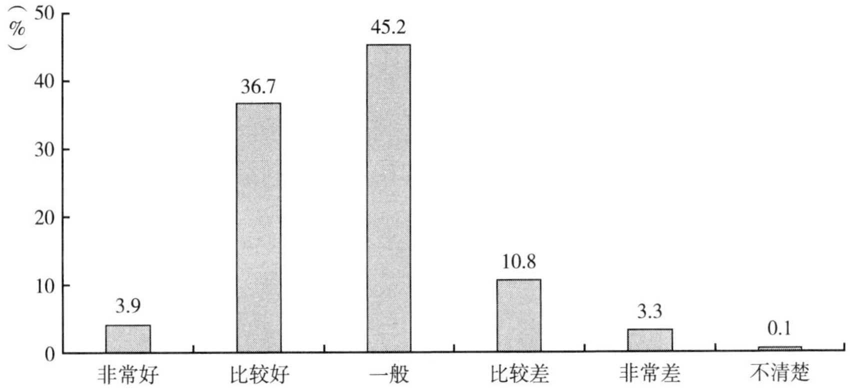

图7　信访解决群众诉求的效果评价

（四）政务信息公开程度不均衡，透明化能力须进一步加强

政府透明化是指居民能够获得政府政策制定、法律条款、政策实施、行政预算、公共开支等与自己利益相关的政治信息，以此使居民能够有效地参与社会治理过程。这就要求政府在社会治理过程中，要做到信息公开、财政公开、电子政务，以及与居民生活息息相关的村居委会事务公开。河南省政府社会治理透明化能力从信息公开、财政公开、村居务公开和电子政务四个层面来评价。信息公开选取信息公开满意度为观测点，财政公开选取政府预

决算公开为观测点，村居务公开选取居民对村居务公开满意度为观测点，电子政务选取政府网站满意度为观测点进行分析。总体而言，河南省政府财政预决算信息公开不平衡，居民对村居务公开和电子政务评价一般，政府透明化能力须进一步加强。

1. 河南省政府预决算信息公开度较高，财政公开水平全国靠前

公开透明不仅是现代预算制度的基本特征，也是法治政府的基本要义。以政府预决算公开为着力点、全面推进政务公开是打造阳光政府的重要途径，向社会公开公共财政信息在一定程度上蕴含着政府治理体系的变革。因此，财政公开选取政府预决算公开状况来衡量，根据河南省各政府部门官方网站的财政预决算公开信息，截至本稿的完成日，2017 年河南省政府各部门的预决算公开情况如表 4 所示。可以看出，河南省政府各部门中除了个别部门决算公开不到位之外，其他部门预决算信息全部公开，公开度较高，但是信息发布不够及时，须进一步提高决算信息公开度，从而提高河南省财政公开的整体水平。

表 4　2016 年河南省政府预决算信息公开情况

工作部门	预算	决算	工作部门	预算	决算
河南省人民政府办公厅	有	有	河南省人民政府外事侨务办公室	有	有
河南省发展和改革委员会	有	有	省政府国有资产监督管理委员会	有	有
河南省教育厅	有	有	河南省地方税务局	有	有
河南省科学技术厅	有	有	河南省工商行政管理局	有	有
河南省工业和信息化厅	有	有	河南省质量技术监督局	有	有
河南省民族事务委员会	有	—	河南省广播电影电视局	有	有
河南省公安厅	有	有	河南省新闻出版局	有	有
河南省审计厅	有	有	河南省体育局	有	有
河南省民政厅	有	—	河南省统计局	有	有
河南省司法厅	有	有	河南省旅游局	有	有
河南省财政厅	有	有	河南省粮食局	有	有
河南省人力资源和社会保障厅	有	有	河南省人民政府法制办公室	有	—
河南省国土资源厅	有	有	河南省安全生产监督管理局	有	有
河南省环境保护厅	有	有	河南省人民政府机关事务管理局	有	有
河南省住房和城乡建设厅	有	有	河南省人口和计划生育委员会	有	有

续表

工作部门	预算	决算	工作部门	预算	决算
河南省交通运输厅	有	有	河南省扶贫开发办公室	有	有
河南省水利厅	有	有	河南省人民政府金融服务办公室	有	有
河南省文化厅	有	有	河南省人民政府研究室	有	有
河南省卫生厅	有	有	河南省监察厅	有	有

2. 河南省政府信息公开满意度评价总体较高

信息公开是以公民获得政府信息的权利为基础的，这种权利是民众所享有的宪法权利，公民个人根据宪法权利和具体的法律规定，自由地获取政府信息，是公民和公共权力机关之间关系的一项基本原则。政府信息的充分公开有助于推动整个国家自上而下地依法执政，提升政府公信力、促进政府与公众合作，提高居民参与政治的积极性，从而推动以人为本的和谐社会建设。因此，信息公开选取居民对本地政府信息公开的满意度为观测点来进行衡量，在“您对本地政府网站信息公开的满意度评价”这一题中，选择“非常好”和“比较好”的居民占54.2%；选择“一般”的居民为35.8%；选择“不太好”和“非常差”的居民占比为8.6%（见图8）。可以看出，居民对政府信息公开满意度评价总体较高，但仍需进一步提高河南省信息公开透明度，增强河南省政府决策的公开性和科学性。

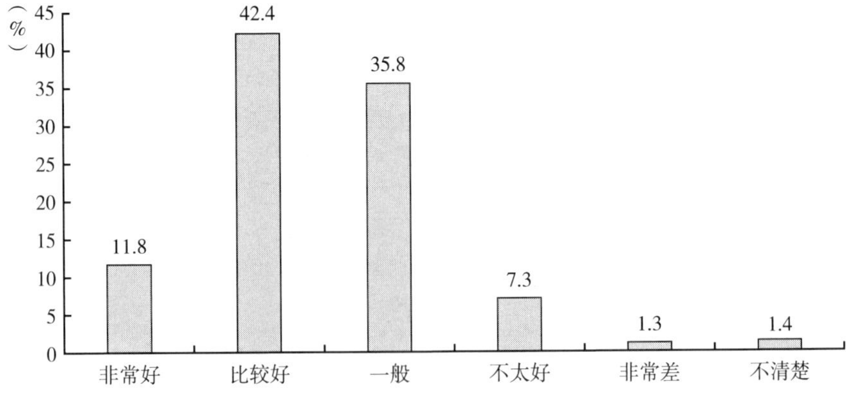

图8　居民对政府网站信息公开满意度评价

3. 居民对政府办事流程和村居务公开满意度一般，需进一步提高“阳光政务”透明度

村居委会是基层群众性自治组织，与居民社会生活联系最为紧密，村居委会建设受政府的管理与指导，村居务公开是推进基层民主建设的一项重要内容和基础性工作，是群众知情权、参与权和监督权的基础，因此，村居务公开状况也体现了政府透明化能力。村居务公开选取居民对村居务公开满意度为观测点进行分析，选取“您对所在村居务公开的满意度评价”这一题来衡量，河南省只有 76.8% 的受访者认为本地区存在村居务公开，还有 16.8% 的受访者认为本地区不存在村居务公开；在认为本地区存在村居务公开的受访者中，对村居务公开“比较满意”的居民所占比例最高，为 39%，其次为“一般”，占 34.3%，而选择“不太满意”和“非常不满意”的居民占 12.3%，选择“非常满意”的居民仅占 10.4%（见图 9）。可以发现，居民对村居务公开的满意度一般，需要进一步增加村居务公开的透明度，提高村居务公开的水平。

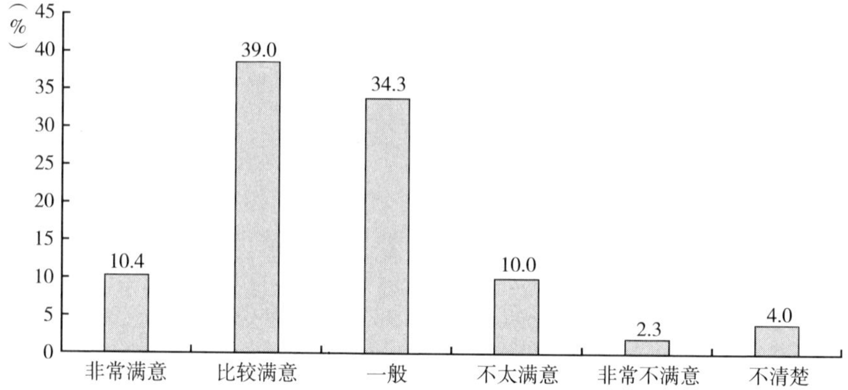

图 9　居民对村居务公开满意度情况

电子政务是指国家机关在政务活动中，全面应用现代信息技术、网络技术以及办公自动化技术等进行办公、管理和为社会提供公共服务的一种全新的管理模式，而政府网站的建设是电子政务运行的直接体现，是使合适的人

在恰当的时间获得恰当的服务的公开平台。因此，电子政务选取政府网站的建设为观测点，选取居民对政府网站的满意度来衡量。在“您对本地政府网站及政府信息化工作评价情况”一题中，调查结果显示，选择“非常好”和“比较好”的居民占42.2%，选择“一般”的居民占43.7%，比例最高，选择“不太好”和“非常差”的居民占12.6%，而且还有1.5%的居民选择不清楚（见图10）。可以看出，河南省居民对政府网站的评价总体一般，仅有四成居民较为满意，政府仍需要进一步加强和完善政府网站信息平台建设，为居民提供良好的参与和了解渠道。

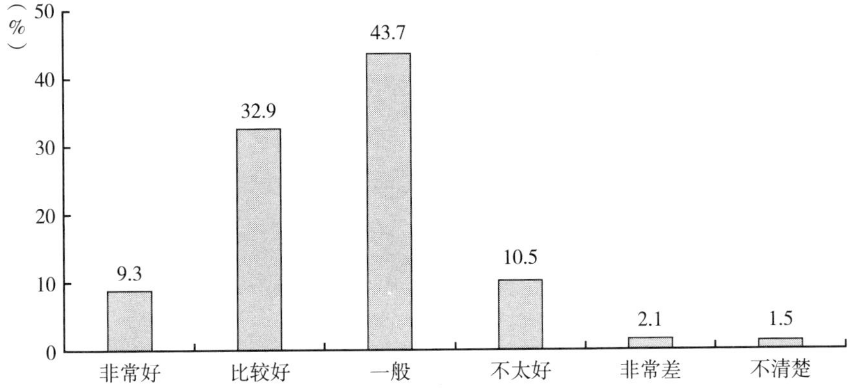

图10　对本地政府网站总体评价

（五）居民社会参与度低，社会参与能力须进一步加强

社会参与能力是指政府通过制度化的方式和渠道，使公民有效参与公共事务活动过程的效果和绩效状况，即居民参与政府公共事务、自治组织以及社会组织的水平和效果。基于此，河南省社会参与能力从公共事务参与、自治参与和社会参与三个维度来评价。公共事务参与选取居民公共事务活动参加情况为观测点，自治参与选取居民自治活动参加情况为观测点，社会参与选取居民社会组织参加情况为观测点进行评价。总体来看，居民公共事务、自治组织、社会组织参与度低，社会参与能力应该进一步

加强。

1. 居民公共事务参与度较低，参与主动性不高

居民公共事务参与主要是指居民参与当地政府公共事务活动的状况，本文选取居民反映公共问题以及参与本地基层公共事务情况两个指标来衡量。在“过去三年中，您是否向相关政府部门反映过公共问题”这一调查中，数据显示，有 81. 43% 的居民选择“没有”，也就是说，超过八成的居民没有向政府反映过公共问题，说明居民公共事务参与主动性不高（见图 11）。在“您参与本地基层公共事务（社区或所在单位）的情况”这一题中，仅有 20% 的居民选择了“非常多”和“比较多”，相较于上年的 15. 2% 有所提高；有 32. 6% 的居民选择“一般”；47. 5% 的居民选择了“不太多”和“没有”（见图 12）。由此可见，虽然选取较为满意的居民占比与上年相比增加了 4. 8 个百分点，但大多数居民基层公共事务参与度仍较低，参与主动性不高，有待进一步加强。

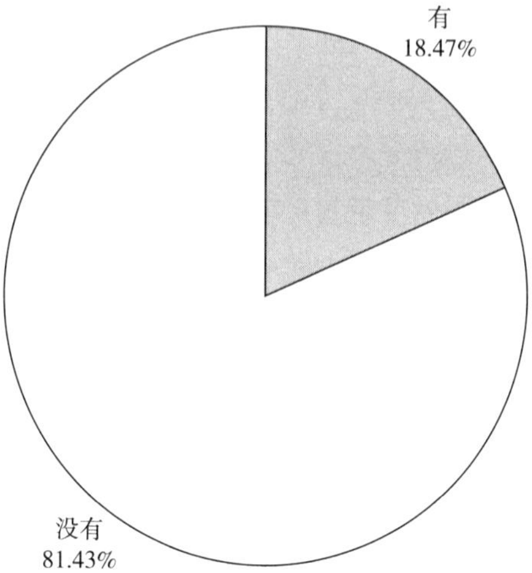

图 11　居民向政府相关部门反映问题的情况

2. 居民自治组织参与度较低，需进一步提高居民自治参与意愿

居民自治组织参与选取居民村（居）委会选举参与、社区决策参与、社区管理参与三个指标来衡量，总体来看，居民村（居）委会选举参与度

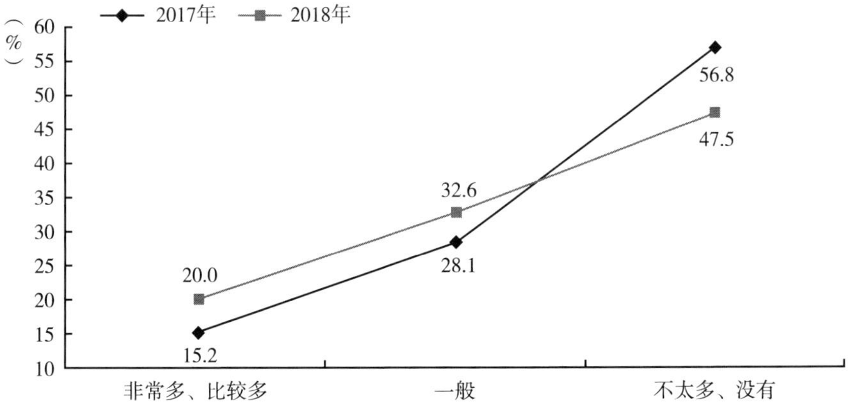

图12　2017年与2018年居民参与本地基层公共事务情况趋势

高于社区决策参与度和社区管理参与度，居民社区管理参与度最低。过去三年中，参与村（居）委会选举的占比为47.82%，“没有”参与的为52.18%；向村（居）委会提建议或意见的占比为38.98%，“没有”参与的为60.64%；参与社区公共事务管理的占比为27.61%，“没有”参与的为71.89%（见图13）。可以看出，只有不到五成的居民参与到居民自治组织选举、社区决策和社区公共事务管理中，政府应当提高居民自治组织参与积极性，尤其要鼓励居民积极参与到本地的社区管理中来。

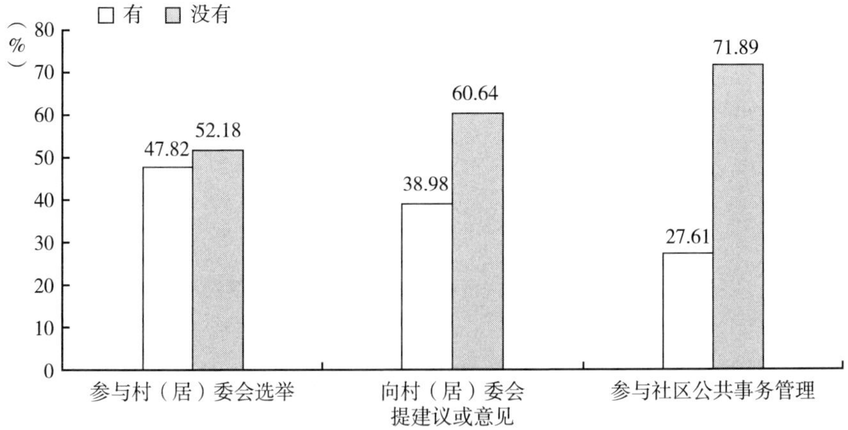

图13　居民自治组织参与情况

3. 居民社会组织参与度较低，需进一步鼓励居民参加社会组织活动

居民社会组织参与选取治安组织参与、志愿服务组织参与两个指标来衡量，数据结果显示，在“您参与治安组织情况”这一题中，选择“没有参与”的比例为71.7%，“经常参与”的仅为4.55%；在“您参与志愿服务组织情况”这一题中，选择“没有参与”的为59.76%，“经常参与”的仅为6.19%（见图14），也就是说有一半以上的居民没有参与志愿组织的经历，由此可见，居民社会参与较少，需进一步促进居民对社会组织的了解和参与。

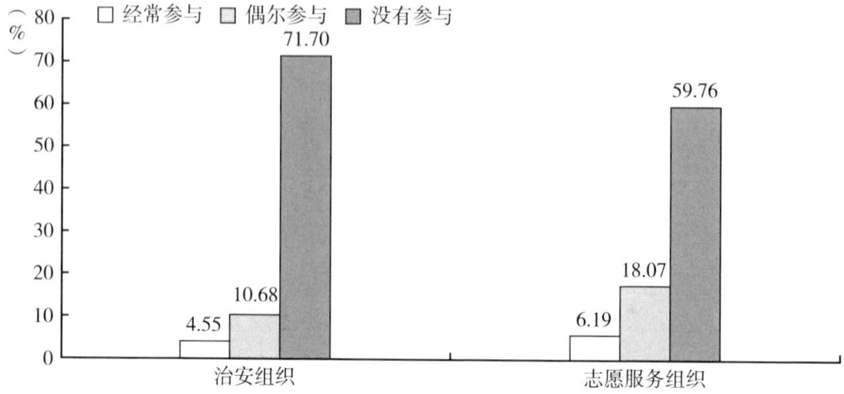

图14　居民社会组织参与的情况

（六）河南省司法公平状况较好，居民对依法行政评价一般

政府社会治理法治化能力是指政府与社会运用法治思维、法治方式，遵循法律制度体系，实施规则之治的水平和效果，公平正义是法治的基本价值目标。河南省政府社会治理法治化能力选取依法行政和司法公平两个指标来衡量。依法行政选取政府遵守法律状况为观测点，司法公平选取政府公正处理纠纷状况和结案率为观测点进行分析。总体来看，河南省法院结案率高于全国平均水平，居民对政府依法行政、公正处理纠纷状况的评价一般，政府法治化能力应进一步加强。

河南省法院结案率高于全国平均水平。2017年最高人民法院工作报告

及各省最高人民法院工作报告显示：2016 年，地方各级人民法院受理案件 1951. 1 万件，审结、执结 1671. 4 万件，结案率为 85. 7%；河南省高级人民法院 2016 年共受理案 1347031 件，审执结案 1175106 件，结案率为 87. 2%，高于全国结案率（见图 15），但在全国 31 个省份法院结案率中排第 21 名，排名较为靠后。由此可见，河南省法院办事效率较高，结案能力较强，但仍需继续努力，力争全国上游水准，更加有效地保障司法公平，提升法治化能力。

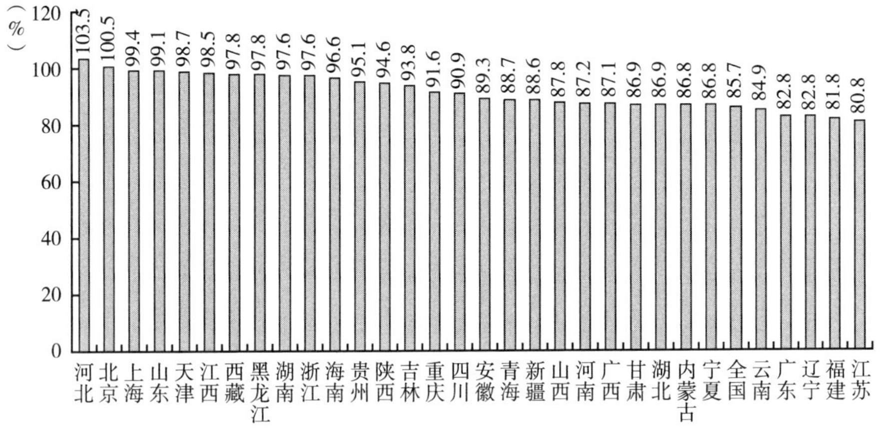

图 15　2016 年全国 31 个省份人民法院结案率

河南省法院判决公正满意度较高，司法公平状况较好。司法公平状况选取居民对法院判决的公正满意度来衡量。在“您认为您或您周围的人在诉讼（打官司）时法院判决的公正程度”这一题中，选择“非常公正”和“比较公正”的居民占 65. 2%，选择“一般”的居民占 30. 1%，选择“不太公正”和“很不公正”的居民比例为 4. 6%（见图 16）。由此可见，超过六成的居民认为法院的判决较为公正，但仍需继续努力，更加有效地保障司法公平，提升法治化能力。

居民对政府依法行政评价相较上年有所提高。政府依法行政选取政府遵守法律状况来衡量。在“您认为当地政府在处理社会纠纷时严格遵守法律

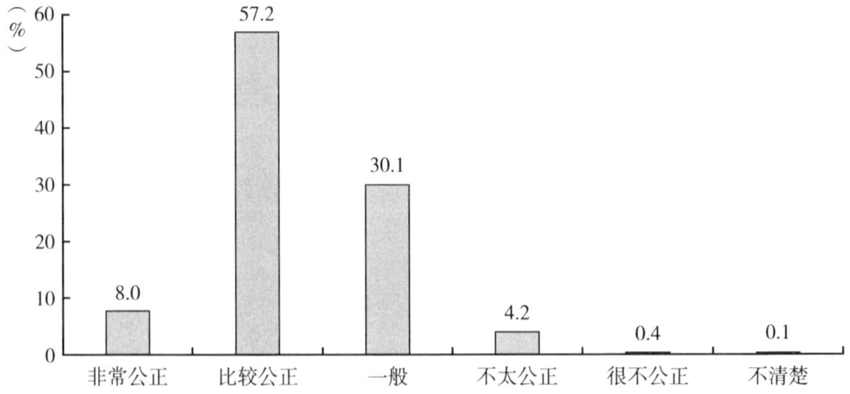

图 16　居民对法院判决公正程度评价情况

的情况”这一题中，选择“非常好”和“比较好”的居民占 60.5%，相较上年的 36.3% 有明显提高，选择“一般”的居民占 33.2%，选择“不太好”和“非常差”的居民比例为 6.3%，相较于上年的 15.6% 有明显的降低（见图 17）。由此可见，居民对政府依法行政的满意度越来越高，认可政府的社会治理法治化和居民权益维护工作，但仍有近四成的居民对当地政府处理社会纠纷时遵守法律的状况不太满意，政府依法行政能力仍有很大的提升空间。

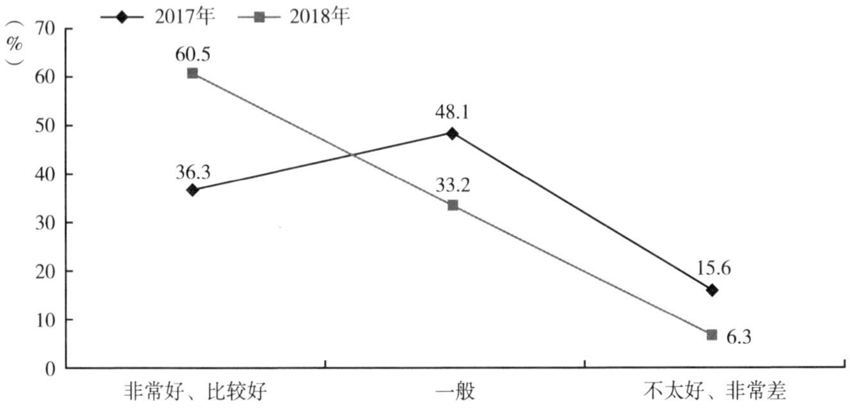

图 17　2017 年和 2018 年政府在处理社会纠纷时严格遵守法律情况趋势

四　提升河南省政府社会治理能力的对策建议

（一）加大公共服务投入，强化政府责任能力

政府公共服务有效供给是坚持共享发展，增进人民群众福祉的重要途径，也是政府责任能力的重要体现。调查发现，河南省人均教育支出偏低，教育总投入与人口总量不匹配，医疗卫生服务水平一般，公共服务供给能力和责任能力有待加强。因此，在教育方面，河南省政府应加大对教育的财政投入，并通过多渠道筹措教育经费，确保人均教育投入与人口总量相匹配；完善和落实已有教育资助政策，强化政府、学校、社会、学生家庭及个人在助学资助中的责任和义务，并加大对经济困难家庭学生的教育资助力度，增加贫困生的教育补贴；教育投入向经济欠发达地区和低收入群体倾斜，保障教育资源配置的公平性；发展职业教育、远程教育和继续教育，扩大教育覆盖范围，满足居民多样化的教育服务需求。在医疗卫生方面，河南省政府应加强和支持专业医疗人才队伍和机构建设，满足省内庞大的医疗服务需求；加强医疗机构信息化建设，进一步优化诊疗服务流程；进一步规范诊疗服务行为，提高医疗服务质量；鼓励医疗机构引入志愿者和社会工作者，搭建医患沟通桥梁，化解医患矛盾，努力构建和谐医患关系，提升居民看病就医获得感。

（二）推进利益表达、利益协调制度化，提升政府回应能力

完善的利益表达机制和利益协调机制是构建和谐社会的重要任务，也是政府回应能力的直接表现。调查发现，居民利益表达渠道和方式总体上呈现欠缺状态，政府回应公众表达需求的能力不足。对此，河南省政府应落实和健全基层民主协商制度、听证制度和信息公开制度，为各阶层搭建利益诉求的制度平台，确保民众的诉求表达有序化和制度化；进一步发挥人大和政协在了解民意、反映民情、疏通民意上的渠道作用，为民众表达利益诉求提供便利；发挥自媒体在民众利益诉求表达中的作用，并积极引导，加强规范。

此外，通过对调查数据的分析发现，居民对政府通过信访解决群众诉求的效果评价不高，政府的利益协调能力有待提升。对此，河南省政府应定期或不定期地开展社会矛盾纠纷排查治理活动，落实分流督办制度，用制度规范化解矛盾；建立多部门共同参与的信息共享、联动预警、部门协作、联调联处机制，形成调节网络，切实解决矛盾纠纷；大力开展巡回办案活动，将诉讼调节制度与其他化解矛盾纠纷方法有效衔接；重视基层民调员的作用，通过民间调解组织、矛盾纠纷调解室等平台，发挥乡贤能人的调解作用；充分发挥律师的调解作用，引导律师参与矛盾纠纷的化解，依法合理解决问题，切实提高政府的回应能力。

（三）提升政务信息公开均衡度，进一步提高“阳光政务”透明度

调查发现，河南省政府财政预决算信息公开不平衡，居民对村居务公开和电子政务的评价一般，仍需进一步提高河南省信息公开透明度，增强河南省政府决策的公开性和科学性。对此，河南省应提升政府信息公开的质量，规范信息公开流程，提高信息公开效率，采用通俗易懂的语言，对于专业性较强的信息应公开相关的补充性解释信息，满足社会公众的现实需求；拓展信息公开的渠道，全面应用现代信息技术、网络技术以及办公自动化技术，形成包括政府网站、公报、新闻发布会、微博等在内的多层次信息公开体系；加强政府信息公开的考核监督与相关制度保障，明确纪检监察机关为政府信息公开的考核和监督部门，建立完善的考核制度、社会评议制度和责任追究制度，通过法律形式对三项制度做出总体部署，使各行政机关的行为有法可依，并准确预见违法后应受到的惩罚，以此来推进政府信息公开工作。

（四）推动居民有序参与自治组织和社会组织，提升社会参与能力

居民自治组织和社会组织根植于社会公众，是社会参与的核心要素。数

据表明，河南省居民在公共事务、自治组织、社会组织方面的参与度较低，需提高居民社会参与的积极性和主动性。对此，河南省政府要积极引导和规范基层自治组织、社会组织、企事业单位进入法规允许的基本公共服务领域，与居民建立有效的联系；为居民参与社会组织活动提供一定的资金和资源支持，推动居民参与制度化；加强教育宣传，培养居民参与意识，提高居民参与的积极性和主动性；培育兴趣类、互助类、公益类、服务类等具有导向作用的“枢纽型”社会组织，开展多样化的组织活动，进一步拓宽居民参与渠道；充分发挥传播媒介特别是互联网的作用，运用灵活多样的方式调动居民参与的积极性和主动性，提升居民社会参与的能力。

（五）依法行政，提升政府法治化能力

依法行政是提高政府法治化能力的关键和核心。通过对调查数据的分析发现，居民对政府社会治理法治化状况和居民权益维护状况的认可度相较上年有所提升，但仍有近四成的居民对当地政府处理社会纠纷时遵守法律的状况不太满意，政府依法行政能力仍有很大的提升空间。因此，河南省政府应强化政府行政过程中的法治思维，运用法治思维和方式解决问题；提高行政人员依法行政的水平，规范行政执法的程序；进一步增强司法机关的权威性，规范法院、检察院等司法机关的行为，在居民权利维护、司法救助、纠纷解决等方面，深化司法改革，确保司法公正；发挥法律和制度对公权力的规范和制约作用，形成权力相互协调、相互制约、相互监督的运行机制，实现用法律办事、靠法律管人，按法律行使权力，切实提高政府法治化能力。

河南省城镇老年人养老服务需求供给调查分析*

蒋美华　朱　琦　梁晶晶　谷晨晨　张　菡**

摘　要： 本研究在对河南省城镇老年人养老服务状况进行实证调查的基础上，从需求与供给两方面出发，按照传统家庭养老、社区居家养老与机构养老三种养老方式进行数据分析。研究发现，不同方式的养老服务供给与老年人的需求基本契合，真正的问题在于养老服务供给的程度、质量等。基于此，对河南省城镇老年人养老服务需求的发展趋势进行展望：老年人需求将呈现多样化、不断增长、注重服务质量、自我实现需求亟待满足等特征。因此，在供给方面，需要优化养老服务的供给结构，加大医养结合实施力度，推动公办养老机构的改革发展，探索养老资金的多方投入。

关键词： 河南　城镇老年人　养老服务　需求供给

河南省不仅是人口大省，也是老年人口大省。截至 2017 年 12 月，河南

* 2017年度河南省政府决策研究招标课题“河南省农村失能老人长期照护问题及其服务体系建构研究”（项目编号2017B312）和河南省教育厅科学技术研究重点项目“河南省新型城镇化背景下文化建设研究”（项目编号14A630042）的阶段性成果。

** 蒋美华，博士，郑州大学公共管理学院教授，硕士生导师，研究方向为社会工作与社区治理；朱琦、谷晨晨、张菡，郑州大学公共管理学院 2017 级研究生；梁晶晶，郑州大学公共管理学院 2016 级研究生。

省65岁以上老年人口数为974.08万人，占总人口数的10.19%。[①] 按照联合国世界卫生组织将60岁以上人口占总人口比重达到10%，或65岁以上人口占总人口比重达到7%作为国家或地区进入老龄化社会的标准，河南省已经步入老龄化社会。虽然人口老龄化是一个国家或地区社会发展、技术进步的象征，但同时也在养老方面带来极大挑战。人口老龄化程度的深化带来的不仅是老年人口数量的增长，还有其引发的连锁反应，即老年群体对医疗护理服务需求的增加。一般来说，城镇老年人的养老方式主要有三种：家庭养老、社区养老和机构养老，并以家庭养老为主。2014年河南省政府出台了加快发展养老服务业的意见，提出要以满足老年人养老服务需求为目标，充分发挥政府主导作用和社会力量主体作用，逐步建立完善以居家为基础、以社区为依托、以机构为补充、医养相结合的养老服务体系，实现老年人养老方式由单一化向多元化转变。2016年12月出台的《河南省养老领域社会工作规范（试行）》，对河南省养老社会工作服务的基本要求、服务类别与内容、服务流程、服务提供方法和质量控制等提出了具体要求。2017年9月，河南省政府出台的《关于全面放开养老服务市场提升养老服务质量的实施意见》提出，要全面放开河南省养老服务市场，大力发展社区居家和农村养老服务，大力推进优质养老服务供给体系建设，切实增强政策保障能力，加强组织实施和监督管理等，以此来推进河南省养老服务业更好更快发展。基于此，课题组立足于河南省，力图通过实证调查了解河南省城镇老年人养老服务需求和养老服务供给状况，明晰河南省城镇老年人养老服务需求的发展趋势，就优化河南省城镇老年人养老服务供给提出可供参考的对策建议。

① 河南省统计局、国家统计局河南调查总队：《2017年河南省国民经济和社会发展统计公报》，河南省统计局网站，http：//www.ha.stats.gov.cn/sitesources/hntj/page_pc/tjfw/tjgb/qstjgb/articlead6e17ff1d804bd4ad2859d99f02d284.html，2018年2月28日。

一 数据来源与样本基本情况

（一）数据来源

本文以课题组于2017年12月至2018年1月在郑州、周口、商丘、焦作等地展开的实地调查所收集的资料为支撑。为保证收集资料的全面性和客观性，除了进行问卷调查获取定量数据以外，调查组成员还对部分老年人或家属、养老机构负责人、社区养老中心工作人员等进行深度访谈，获取定性资料。本次调查共发放问卷320份，回收有效问卷305份，问卷有效回收率为95.3%。

（二）样本基本情况

调查样本基本情况如下：在性别方面，男性140人，占45.9%，女性165人，占54.1%；在年龄方面，60~64岁人数最多，占30.2%，其次是70~79岁，占26.6%，65~69岁的占22.3%，80~89岁老年人和90岁以上老年人占比分别为19%、2%；在文化程度方面，学历为小学及以下的人数最多，占48.5%，学历为初中的人数占34.1%，另有53人学历为中专/高中，占17.4%；在婚姻状况方面，已婚有配偶人数最多，占67.5%，丧偶的占27.2%，离婚的占5.3%；在健康状况方面，比较健康的占37.7%，健康的占30.8%，比较不健康的占19%，非常健康的占11.1%，非常不健康的占1.3%；在劳动情况方面，能进行简单劳动的人数占63.6%，能进行复杂劳动的占20.3%，没有劳动能力的占16.1%；在自理能力方面，生活完全可以自理的人数占48.2%，其次是生活基本可以自理的和生活基本不能自理的，占比分别为44.3%、5.9%，生活完全不能自理的占1.6%；在经济来源方面，依靠退休工资的人数占51.5%，其次是依靠自我积蓄的占13.1%，再次是依靠劳动报酬的占9.2%，依靠居民养老保险的占6.2%，依靠社会救济的占3.9%，还有16.1%的人依靠其他收入来源。具体情况如表1所示。

表 1　调查样本基本情况介绍

单位：人，%

变量	指标	频数	百分比	变量	指标	频数	百分比
性别	男	140	45.9	文化程度	小学及以下	148	48.5
	女	165	54.1		初中	104	34.1
年龄	60～64 岁	92	30.2		中专/高中	53	17.4
	65～69 岁	68	22.3	婚姻状况	已婚有配偶	206	67.5
	70～79 岁	81	26.6		离婚	16	5.3
	80～89 岁	58	19.0		丧偶	83	27.2
	90 岁及以上	6	2.0	自理能力	生活完全自理	147	48.2
健康状况	非常健康	34	11.1		生活基本自理	135	44.3
	比较健康	115	37.7		生活基本不能自理	18	5.9
	健康	94	30.8		生活完全不能自理	5	1.6
	比较不健康	58	19.0	经济来源	劳动报酬	28	9.2
	非常不健康	4	1.3		退休工资	157	51.5
劳动情况	能进行复杂劳动	62	20.3		养老保险	19	6.2
	能进行简单劳动	194	63.6		自我积蓄	40	13.1
	没有劳动能力	49	16.1		社会救济	12	3.9
					其他	49	16.1

二　河南省城镇老年人养老服务需求状况分析

本次调查结果显示，在养老方式的选择上，河南省城镇老年人选择传统家庭养老的有 205 人，占 67.2%；选择社区居家养老的有 56 人，占 18.4%；此外，还有 44 位老人选择机构养老，占 14.4%。可见，家庭养老作为一种传统的养老模式是城镇老年人养老的首要选择。外部环境的变化，促使城镇老年人的养老观念也发生变化，由原来单一的家庭养老方式向逐渐接受新型养老方式转变。日益完善的机构养老和不断发展的社区养老一定程度上弥补了家庭养老的不足，为老人提供了多样化的养老方式。此次调查结果显示，在对养老服务内容的选择上，整体来看，精神慰藉成为河南省城镇老年人在养老过程中最需要的服务，占比 36.4%；其次是医疗护理，占 23.9%；再次是生活照顾和经济支持，占比分别为 18%、17.4%。以上调查数据显示了河南省城镇老年人养老服务的总体需求状况。具体来说，河南省城镇老年人对于不同养老服务方式的需求状况也不尽相同，具体情况如下。

（一）传统家庭养老中精神慰藉需求是城镇老年人的首要需求

河南省城镇老年人养老服务需求主要涵盖生活照顾、经济支持、精神慰藉、医疗护理四个方面的内容，城镇老年人对家庭养老服务的需求又有所侧重。选择传统家庭养老方式的老年人的特征主要为：多数与子女共同居住（59.8%）并且有配偶（67.5%），生活上能得到一定照顾；城镇老年人多数将退休工资（51.5%）、自我积蓄（13.1%）等作为经济来源。根据马斯洛需求层次理论，人在满足低层次需求以后会追求更高层次的需求，对于选择传统家庭养老的城镇老年人来说，生理和安全需要满足以后，情感和尊重的需要即精神慰藉需求就凸显出来。因而在传统家庭养老中精神慰藉就成为城镇老年人的首要需求。

（二）社区养老服务需求因城镇老年人的实际生活状况不同而存在差异

社区养老又称为居家养老、社区居家养老，作为一种新型养老模式在一定程度上弥补了家庭养老和机构养老的不足。对于居家养老服务需求可以从生活照料、康复保健、精神慰藉、服务设施四个方面进行分析。生活照料包括助餐、助浴、上门做家务；康复保健包括上门看病、康复护理产品及老年辅具用品租赁；精神慰藉包括陪同聊天、娱乐活动等；服务设施包括日间照料中心、老年人活动室、康复保健室、诊疗室等。调查显示，河南省不同城镇老年人对于社区养老服务的需求也是不同的，如独居老人的主要需求是助餐，因为他们往往为了方便省事而选择吃剩饭或者不吃饭；有大病后遗症的老年人的主要需求是康复保健，以帮助他们恢复健康生活；半自理老年人的主要需求是助浴，他们迫切需要安全而又便捷的洗浴环境；可自理老年人的主要需求则是精神慰藉，他们需要丰富多彩的娱乐活动填补精神空缺等。

（三）机构养老服务需求因城镇老年人的自理程度不同而各有不同

根据机构养老的特性，入住养老机构的城镇老年人大致可以分为两类，不同特征的城镇老年人群体所需要的服务也不尽相同。一类是生活能自理且经济状况较好的城镇老年人。这类老年人生活能够自理，退休前有稳定的工作，有可观的养老金足以支付养老费用，并且较为独立，不愿麻烦子女，选择入住养老院。另一类是失能、半失能的城镇老年人。子女在照顾时间上不能保证，于是老人选择入住养老院。通过调查访谈了解到，第一类老年人对养老院的预期服务需求最主要的是精神慰藉和医疗服务两大类。机构养老脱离家庭，老年人进入一个陌生环境，必然会有疏离感和失落感，因而聊天、陪伴等精神慰藉活动对他们来说是十分必要的；医疗服务紧随其后，老年人身体机能退化，易受慢性病侵扰，保持良好的身体健康状态也是他们所需要的。对于第二类老年人来说，日常照顾和康复护理是他们最需要的服务，包括助餐、助浴、康复锻炼和康复理疗等。

三　河南省城镇老年人养老服务供给状况分析

河南省养老服务供给区域之间发展不均衡。养老服务供给的数量与质量和城市经济发展水平呈现正相关，经济发展较好的城市，养老服务的质量与水平都处于较高水平。相比之下，经济欠发达的城市，基本以传统家庭养老为主，服务单一有限。不同方式的养老服务供给存在着明显的差异，通过对比分析我们发现，传统家庭养老能够提供情感上的慰藉；社区居家养老能够提供个性化、具有针对性的服务；相比之下，机构养老提供的服务更为系统化与全面化，突出表现在医疗服务等方面。当然，不同类型的养老方式也存在着不同的问题，具体情况如下。

（一）传统家庭养老服务供给压力大，子女照护力不从心

本次调查显示，受传统观念的影响，选择传统家庭养老的老年人中，44.1%的老年人与儿子居住在一起；27.7%的老年人同老伴单独居住，但与儿子生活在同一座城市中。传统家庭养老以家庭为单位来进行养老，子女是养老服务的主要提供者，老年人同子女的关系直接影响老人的生活质量。在选择家庭养老的205位老年人中，认为与子女关系非常好和良好的共占94.1%，关系一般的占5.9%。从图1可以看出，子女在家庭养老方面提供的服务主要有生活照料，定期旅游、家庭聚会等娱乐活动，为老年人购买保险等老年保障措施，经常聊天、沟通等精神上交流以及陪同就医等（见图1）。服务提供最为普遍的是生活照料、精神上交流和陪同就医，提供老年保障措施的相对较少，这与经济状况和人们对于保险的偏见有着很大关系。传统家庭养老根基被削弱成为不争的事实，家庭规模的小型化使一对夫妇照顾四位老人成为常态，加重了中青年人的赡养负担和赡养成本；就业和求学产生的空间上的流动、代际差异和生活观念差异造成的居住分离等导致家庭养老越来越难以实现，面临的最大阻碍就是子女工作压力大，无暇顾及老人（69.1%）。

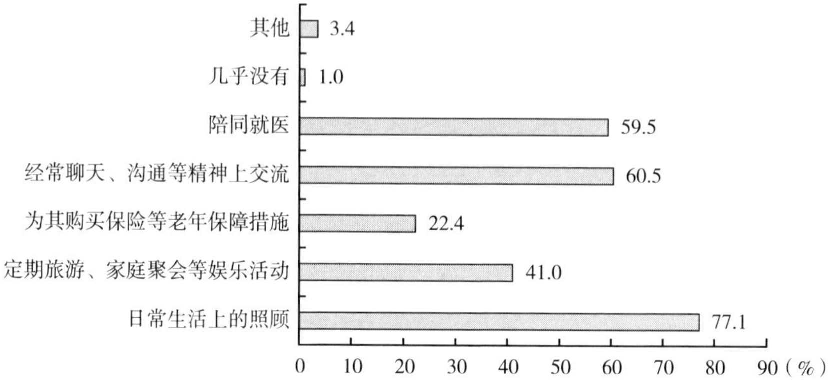

图1　子女在家庭养老方面提供的服务

（二）社区居家养老服务供给具有针对性，但资源利用率不高

作为一种新出现的养老方式，社区居家养老在养老服务供给中发挥着独特作用。选择社区居家养老的原因（见图2）也体现了社区居家养老服务供给的特点。社区地理位置上的优势，使得社区养老提供的服务更具有针对性：根据服务时间长短，社区居家养老可以分为日托、周托、月托；根据服务内容，可以分为社区食堂、助浴、健康康复等；根据服务对象，又可以分为自理老人服务、半失能老人服务、失能老人服务。以郑州市馨家苑社区服务中心下的童馨园为例，该社区养老中心在生活照料方面为老年人提供的服务包括助餐、助浴、社区小厨房和日间照料等；在卫生保健服务方面，中心从心理和身体两个方面提供服务，包括康复锻炼和康复理疗两大类。在康复锻炼上，老人根据身体状况在工作人员或志愿者的辅助下使用健身器材，属于免费项目。康复理疗则属于收费项目，包括按摩、拔罐、艾灸、足浴等服务。除了老年人可以主动到中心来以外，中心还提供上门服务，即根据用户需求挑选合适的家政人员登门开展长期或短期服务。

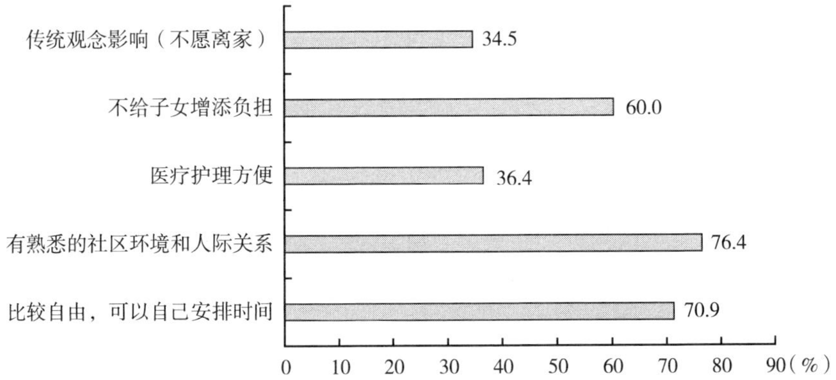

图2　选择社区居家养老的原因

就目前来说，社区居家养老发展面临着一系列问题，如郑州市作为社区居家养老服务的试点城市，社区居家养老服务铺开度还不够，覆盖范围较

小，满足人群偏少；宣传度不高导致老年人对社区养老的认识度和接受度还不够，多数老年人只是来参加一些社区活动，对于养老服务还未完全接受；社区居家养老成本较高，如郑州市某社区养老服务中心走高端路线，收费标准最低为3000元/月，该收费标准不仅高于机构养老，也超出多数老年人及其子女的承受范围；社区养老中心入住率不高，导致一定程度上的资源浪费等。

（三）机构养老服务供给较为全面，但服务质量亟待提升

当前，养老机构主要从身体与心理两方面来为老年人提供服务。在身体方面，对于自理老人，一些养老院在国家“医养结合”的推动下，与当地医院达成合作，由医院分派医生进驻养老院，解决机构老人的健康需求问题；对于失能和半失能老人，由机构专业的护理人员进行日常看护，同时还会设置一些简单的游戏（如筷子夹球、漫画填色等）来进行日常脑力锻炼。在心理方面，主要是针对自理老人，一方面会开设不同的课程（如唱歌、跳舞、手工等）来满足老人的精神生活需求；另一方面会举办各种各样的活动，如河南省养老院与河南省电视台合作的“每周唱大戏”等，从而丰富老人的日常生活。

在本次调查中，选择机构养老的河南省城镇老年人认为当前养老机构仍存在许多问题。由图3可见，“伙食较差”是老人认为机构养老存在的最大

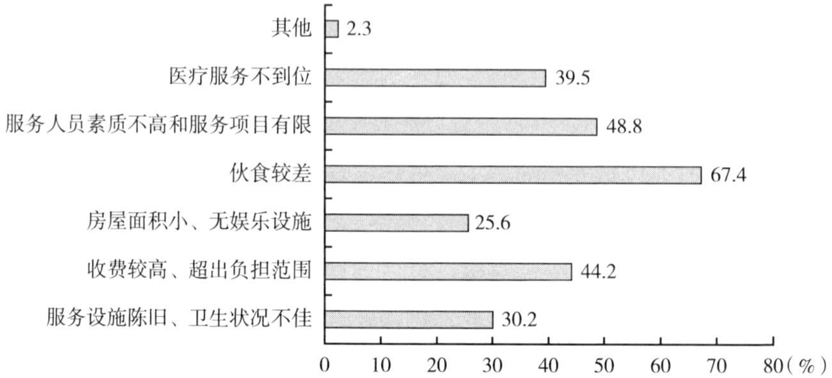

图3　机构养老存在的问题

问题，占比为67.4%；认为服务人员素质不高和服务项目有限的占比为48.8%；认为收费较高、超出负担范围的占44.2%；认为医疗服务不到位的占39.5%；认为服务设施陈旧、卫生状况不佳和房屋面积小、无娱乐设施的分别占30.2%、25.6%。由此可见，养老机构存在的主要问题为软件即服务方面存在的问题，城镇老年人对服务质量的担忧多于对硬件设施的担忧。

四 河南省城镇老年人养老服务需求的发展趋势

通过综合分析河南省城镇老年人养老服务需求和养老服务供给状况，我们不难发现，两者在一定程度上较为契合，仍存在一些亟须解决的问题。为此，需要在把握河南省城镇老年人养老服务需求发展趋势的基础上，构建更为契合河南省城镇老年人养老需求的养老服务供给体系。

（一）养老服务需求呈现多样化趋势

根据本次调查访谈了解到，河南省城镇老年人对养老服务的需求呈现多样化的态势，多样化的需求主要集中在生活照料、医疗保健、文化娱乐、精神慰藉四个方面。其中，医疗保健方面的服务包括陪同就医、定期上门体检、上门理疗按摩护理、医护人员上门出诊等；生活照料类服务包括上门维修水电、室内清洁、买菜、洗衣服、送货上门、打理花草、代请保姆或钟点工等；除此之外，城镇老年人还急需文化娱乐和精神慰藉类服务。文化娱乐需求与精神慰藉需求是密不可分的。随着国家经济的发展，城镇老年人对文化娱乐生活的需求也越来越强烈了。本次调查显示，河南省城镇老年人的文化娱乐需求是多方面的，如有跳舞、唱歌、书法、表演展示等文体类的需求，有下棋、打牌等益智类的需求，有读书看报、计算机、老年大学再教育等求知类的需求。无论是家庭养老、机构养老还是社区养老，城镇老年人对于文化娱乐和精神慰藉的需求都日益凸显，其中，独居老人和具有较高学历的老年人这些方面的需求更为强烈。

（二）居家养老服务需求不断增长

本次调查显示，河南省城镇老年人的传统养老观念和自立意识并存，一方面对生活照料和医疗服务有客观需求；另一方面是不愿麻烦子女，并且怕花钱买服务让别人对子女产生误解。但是随着社区养老服务方式日渐成熟以及传统“养儿防老”养老观念的改变，城镇老年人对社区居家养老服务的需求将会持续上升。同时，调查发现文化程度和收入水平越高的城镇老年人，对社区居家养老服务的接受度越高，需求也越大，也更愿意购买相关服务。这也从侧面反映出，伴随着人们文化程度提高所带来的养老观念的改变，城镇老年人对社区居家养老服务的需求也会不断增长。

（三）更加注重养老服务的质量

本次调查显示，河南省城镇老年人有养老服务的需求，但只有少数城镇老年人愿意接受社区居家养老或机构养老服务。主要原因之一是城镇老年人认为服务人员所提供的养老服务质量不高。虽然社区或机构的养老工作人员大多接受过一定的培训，但在护理服务的提供方面仍然不够专业。此外，在生活照料方面，城镇老年人不仅要求有饭吃，更有“吃得营养、吃得健康”的健康养老需求，因而在助餐服务方面，饮食的搭配也至关重要。在精神慰藉方面，简单的陪同聊天已不能满足多数城镇老年人的需求，更多的城镇老年人要求“老有所学、老有所乐”，因而养老机构或社区养老中心开展的服务活动不能一成不变，而应该根据不同城镇老年人的需求尽可能随时跟进，不断加以丰富和完善。

（四）老年人自我实现需求亟待满足

自我实现是需求的最高层次，是人对于自身的悦纳，对于生命感到满意，能发挥潜能又具有创造力，同时也是对于内心的聆听。对于城镇老人来说，退休后家庭地位、社会地位的变化，生理机能退化带来的独立生活的不便，都是他们追求自我实现的阻碍。在养老服务中让他们自己完成力所能及的事情，采取互助式养老的方式提供帮助他人的机会，或让老年人向年轻人充分展示他们丰富的人生阅历和人生体验，有助于老年人满足自我实现的需求，实现“老有所为”的人生追求。此外，通过心理辅导等多种方式，帮助老人接纳衰老的过程，认知自身在老年时光中的价值也是老人急需的服务。

总之，随着我国老年人口比重的平稳提升，养老服务的市场份额不断增加，如郑州市60岁以上老年人口占比较高，将会产生大量养老服务需求。养老服务逐渐呈现总体需求量高、具体需求多样化、需求专业化等发展趋势，需要养老服务供给及时加以跟进。

五　优化养老服务供给体系的对策建议

前述可见，虽然养老服务的供给者较为了解城镇老年人对养老服务的需求，但问题的核心在于目前养老服务供给的程度、质量等还不能满足城镇老年人对养老服务的高质量、多样化需求。为了进一步优化河南省城镇老年人养老服务供给体系，还需要从以下几方面加以努力。

（一）优化养老服务的供给结构

要全面建成以居家为基础、社区为依托、机构为补充的功能完善、规模适度、覆盖城乡的养老服务体系，从而使广大老年人养老服务需求基本得到满足。必须进一步优化养老服务供给结构，加强养老服务供给侧的改革。在社区居家养老服务方面，要建立居家养老服务网络，健全居家养老服务网点；鼓励发展家政服务，为老年人提供定制化、个性化服务；不断丰富居家养老服务内容，提升服务水平，夯实居家养老在养老服务体系中的基础。要严格按照人均用地不少于0.1平方米的标准，分区分级规划设置养老服务设施；大力发展社区照料服务，推进日间照料中心、老年人活动中心等社区养老服务设施建设，发挥社区公共服务设施的养老服务功能，实现具有为老年人服务功能的设施都要向老年人开放，实施社区无障碍环境改造，加快与老年人日常生活密切相关的公共设施改造，逐步增强社区的依托作用。

在机构养老方面，调查中不同的养老机构情况不尽相同。如郑州某社区养老中心，目前只入住了3名老年人，造成资源的浪费。然而，郑州市老年公寓的所有房间和床位都已经住满，依然还有很多想入住的老人。为此，要统筹建设各类养老机构，充分发挥公办养老机构的托底作用，鼓励社会力量兴办养老机构，充分挖掘现有各类资源的潜力，降低养老机构的空置率。

（二）加大医养结合的实施力度

随着年龄的增大，老年人各种慢性疾病频发，对医疗保健的需求加大。在我国，慢性病已经成为影响城镇老年人自理能力的主要原因，由此引发的并发症和后遗症导致护理需求不断增长。“医疗机构不能养老，养老机构不能看病”，这是我国养老的一大难点。在很多地方，医疗机构只提供医疗服务，养老院只提供日常照料，医与养成为“两张皮”。绝大多数医疗机构与养老机构自成系统，相互独立，不仅增加了老年人就医成本，加剧了就医风险，同时也在一定程度上造成了医疗资源浪费。2018年政府工作报告明确提出要“推进医养结合”，将医疗资源和养老保障相结合，可谓击中了养老的痛点。本次调研发现，大多数河南省城镇老年人知道医养结合，但并没有多少老年人真正体验到医养结合。一是因为目前提供医养结合服务的养老院价位太高，许多老年人支付不起；二是因为现在的医养结合在各方面都做得还不太到位，作用不是很明显；三是因为老年人对医养结合具体的实施措施不是很了解，相关宣传的力度还不够。

当前，我国老年医疗、护理、康复机构的从业人员数量不足，质量不高，不能满足老年人口不断增长的多元化需求，存在供需失衡问题；从业人员工资低、工作量大、流动性高，一定程度上制约了养老产业的快速发展。因而，应该提高从业人员的待遇水平，加大人才培养和投入力度，建立起系统的人员管理体系，减少从业人员的工作压力。医疗卫生与养老服务相结合，是社会各界普遍关注的重大民生问题，是积极应对人口老龄化的长久之计。加快推进医疗卫生与养老服务相结合，对稳增长、促改革、调结构、惠民生具有重要意义。但是应该注意的是，不是把医院和养老社区建在一起就叫医养结合，医养结合需要医生从单纯的专科医生向全科尤其是针对老年人的全科医生进行转变。同时，要把医院的医疗模式从以看病治疗为主变成以长期跟踪、主动维护为主的家庭医生模式，这还需要不断的探索和践行。

（三）推动公办养老机构的改革发展

在我国养老服务机构中，公办养老机构占据绝对优势。我们调研走访的养老机构中，多数都是公办机构。从调研的数据可以看出，老年人对公办养老机构有较高的信任度。问题的关键在于公办养老服务机构多形式单一、封闭运行、床位不足、效率低下，成为有些城镇老年人不愿意入住的原因。因此，对于目前的公办养老机构，一类可以转为民营化经营，从而降低公办养老服务机构所占的比重，而民营化以后，可以将养老机构分成不同类别，以便于更专业地为老年人提供服务；另一类是保留公办机构的性质，根据自己的特点和优势，建成医养结合性质的机构，为失能或半失能老人提供专业性养老服务。

因为公办养老服务机构设施设备齐全，医疗护理条件比较好，价格相对于私立机构便宜，护理人员相对稳定且护理服务水平比较高，所以入住公办养老服务机构成为很多城镇老年人的选择。正如郑州市老年公寓的工作人员说，外面很多人都在排队等着入住。为此，对申请入住公办养老服务机构的老年人，需要经过相应的评估，再决定公办养老服务机构是否应该接受入住，以及入住什么样的养老服务机构，以更有效地为城镇老年人提供所需的养老服务。

（四）探索养老资金的多方投入

2018 年政府工作报告提出，稳步提高居民收入水平，继续提高退休人员基本养老金和城乡居民基础养老金，深化养老保险制度改革，建立企业职工基本养老保险基金中央调剂制度。本次调研发现，对于选择家庭养老的河南城镇老年人来说，很多老年人是依靠自己的退休金、养老金来生活，养老保障资金来源单一，老年人应对各种养老风险的能力还是较弱的。在未来，有效的养老保障结构应当是多元化的发展模式，即在养老支出结构中，除了第一支柱政府的养老金支出有所提高外，第二支柱企业、第三支柱个人的支出都应有所提高，真正形成养老收入来源多元化格局，以更好地保障老年人的晚年生活。

在本次调研中，各养老服务机构的工作人员或负责人都反映过资金不足问题。养老资金支持力度不足，造成了硬件设施不能跟进以及工作人员流失严重等问题。为此，亟须加大养老资金的多方投入力度，提高工作人员的工资水平，让从业人员能待得住、留得下，并有积极性不断提高养老服务质量。只有这样才能更好地为城镇老年人提供他们所需的养老服务，进而增进城镇老年人的生活福祉。

河南省农民工返乡创业调查分析*

徐贵宏**

摘　要： 基于河南财经政法大学公共管理学院、农村基层治理研究中心“2017年河南省农民工返乡创业调查”数据，本报告从农民工返乡创业的原因、条件、行业、方式、四众市场、绩效、障碍、政策、支持与建议等方面展开分析，提出了河南省农民工返乡创业的对策建议。调查表明：第一，政策扶持是农民工返乡创业的最重要外部因素；第二，个人理想追求是农民工返乡创业的最重要内在因素；第三，经济实力是农民工返乡创业的最重要创业条件；第四，服务业是农民工返乡创业的最主要创业领域；第五，农民工返乡创业创办的企业形式多为个体和私营；第六，个人收入增长是农民工返乡创业的最主要成果。农民工在返乡创业的过程中，遇到不少困难与障碍，主要表现为“资金不足”“经验不足”“风险承担能力不足”“市场信息闭塞”。产生这些问题的主要原因是：农民工文化水平偏低、地方政府政策落实程度不够、金融机构服务指导不到位、城乡二元经济结构的隔离。未来，河南省促进农民

* 中国劳动保障科学研究院科研合作项目“四众创业市场可持续发展研究——以农民工返乡创业为例”（LKY－2017hz－21）、河南省科学技术协会2017年度河南科技智库一般课题“河南省农村电子商务人才培训服务体系建设研究”（HNKJZK－11B）阶段性成果。

** 徐贵宏，河南财经政法大学公共管理学院副教授，博士后，硕士生导师，现代服务业河南省协同创新中心办公室秘书，社会治理河南省协同创新中心研究员，河南财经政法大学农村基层治理研究中心主任。

工返乡创业的工作着力点：一是规范农民工返乡创业技能培训；二是加大对基础设施建设的财政支持力度；三是加大金融制度和金融工具的创新力度；四是健全农民工创业法律法规。

关键词： 河南　农民工　返乡创业　众创　众筹　众包　众扶

2016 年，河南省人民政府出台了关于支持农民工返乡创业的实施意见；2017 年，制定了农民工返乡创业示范县、示范园区、示范项目三大评审认定办法，支持农民工返乡创业的政策措施更加规范、完善。要求到 2020 年创建一批农民工返乡创业示范县，重点实施一批农民工返乡创业示范项目，形成多层次、多样化的农民工返乡创业格局。河南省 2017 年新增返乡创业 22.65 万人，带动就业 251.08 万人，农民工返乡创业已成为促进农村劳动力就近就地转移就业的重要渠道。截至 2017 年底，河南农民工返乡创业累计达 98.9 万人，带动就业 590.6 万人，带动贫困劳动力就业人数达 44.39 万人；全省农民工返乡创办企业 50.5 万家，为县域经济发展注入了新动能。2018 年河南农民工返乡创业工作目标是：扶持返乡创业 20 万人，力争带动就业 200 万人，创业培训和创业辅导 15 万人。[①] 在河南，中青年成为农民工返乡创业的中坚力量，“输出一人、致富一家”的打工效应加快向“一人创业、带富一方”的创业效应转变。按照省政府要求，全省外出务工人员返乡下乡创业工作目标为：到 2020 年，返乡创业人数累计达到 100 万人，带动就业 1000 万人，平均每年的任务是返乡创业 20 万人，带动就业 200 万人。2017 年 3 月，河南省政府出台了《财政支持农民工返乡创业 20 条政策措施》，计划设立农民工返乡创业投

① 王林园：《河南：2017 年新增返乡创业 23 万人》，新华网，http：//www.xinhuanet.com/2018－02/25/c_ 1122450863.htm，2018 年 2 月 25 日。

资基金，力争 2018 年规模达到 100 亿元①。随着河南省支持创业的政策效应日益显现，创业带动就业的作用凸显。为了更好地了解农民工返乡创业的实际情况，课题组于 2017 年 7 月对河南省农民工返乡创业人员进行了问卷调查和深度访谈，基于调查数据，对河南省农民工返乡创业情况进行研究分析。

一　调查样本描述分析

本文以课题组“2017 年河南省农民工返乡创业调查”数据为基础。围绕农民工返乡创业的原因、条件、行业、方式、四众市场、绩效、障碍、政策、支持与建议等方面展开问卷调查和深度访谈。调查队由河南财经政法大学公共管理学院 15 名本科生和 2 名指导教师组成，调查范围涵盖了河南省 7 个市、10 个县、20 个行政村，采取随机抽样的方式，选取返乡创业农民工作为调查对象，为增强样本代表性，每个行政村限定抽查 10 个样本，调研地点包括：郑州、洛阳、周口、商丘、汝州、南阳、驻马店 7 市，于 2017 年 7 月完成问卷调查。同时，调查也采取了面对面的现场访谈形式，调查队成员从村民、村干部处了解当地返乡创业人员信息，分散前往当地返乡创业农民工处面对面、一对一访谈，并进行问卷调查。此次调查共发出 182 份问卷，回收有效问卷 170 份，有效率为 93.41%。

如表 1 所示，受访返乡农民工的年龄大多在 20～50 岁，58.1% 为男性，55.8% 的受访者接受了中等教育，78.5% 的受访者已婚，82.3% 的受访者创业前家庭年收入不高于两万元；44.8% 的受访者返乡创业前在华北地区就业；37.6% 的受访者返乡创业前从事工商业。

① 据了解，为破解农民工返乡创业的资金瓶颈问题，河南设立了省级农民工返乡创业投资基金，总规模 100 亿元，首期规模 50 亿元，省财政出资 5 亿元已到位，募集社会资本 45 亿元，目前，已完成基金注册登记。部分市县（区）也设立了返乡创业投资子基金，如新蔡县、长垣县分别设立 1 亿元、5000 万元投资基金。

表1　调查样本描述分析

单位：个，%

变量	指标	人数	比例	变量	指标	人数	比例
性别	男	104	58.1	创业前家庭年收入	5000元以下	31	17.1
	女	75	41.9		5000~10000元	54	29.8
年龄	20岁以下	6	3.3		10001~20000元	64	35.4
	20~30岁	48	26.5		20000元以上	32	17.7
	31~40岁	59	32.6	返乡创业前就业所在地	长三角	18	9.9
	41~50岁	51	28.2		珠三角	23	12.7
	50岁以上	17	9.4		华北	81	44.8
民族	汉族	178	98.3		东北	5	2.8
	少数民族	3	1.7		中西部	30	16.6
学历	小学及以下	28	15.5		华南	24	13.3
	中等教育	101	55.8	返乡创业前从事工作类型	农业	19	10.5
	高等教育	52	28.7		工业（制造业）	43	23.8
婚姻	已婚有子	121	66.9		商业（服装）	25	13.8
	已婚无子	21	11.6		建筑业	17	9.4
	未婚	38	21.0		服务业（餐饮、快递等）	18	9.9
	离异有子	1	0.6		交通运输	5	2.8
					其他	54	29.8

二　农民工返乡创业现状

（一）政策扶持是农民工返乡创业的最重要外部因素

从“众扶”的角度，农民工在创业过程中得到的帮助包括“政府税收减免”“学校技能培训”“企业合作”“社会信息共享”，占比分别为35.16%、26.37%、31.32%、35.16%。由图1可以看出，“政府税收减免”和“社会信息共享”一样促进了农民工返乡创业。

农民工返乡创业是“大众创业、万众创新”的重要力量，全国各地都在轰轰烈烈地上演。为了引导这种趋势，国家积极投入资金和政策支持，

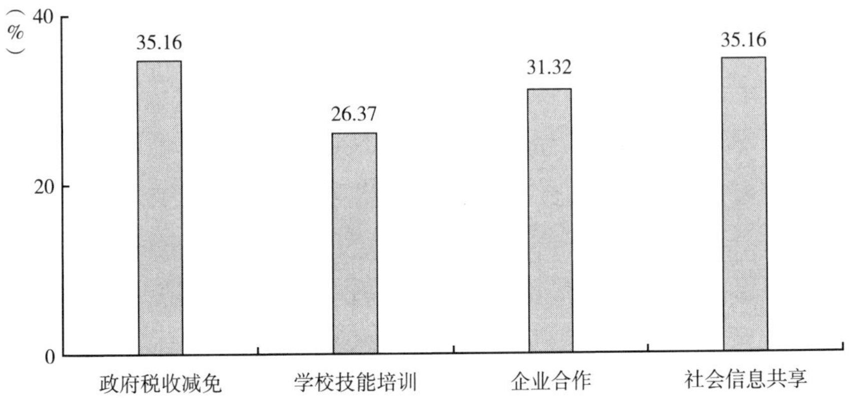

图1　农民工返乡创业的“众扶”表现

河南省为了支持农民工返乡创业也出台了一系列相关政策，包括审批开通绿色通道、推出贷款贴息制度、可用集体建设用地等六大内容，其中，被调查者表示在创业过程中受到的主要帮助就是“政府税收减免”“社会信息共享”。随着后期工作的开展，政府认识到资金对于创业者的重要作用，紧接着省财政厅和省人社厅共同发布《财政支持农民工返乡创业20条政策措施》，从各个方面做了规定，给予农民工返乡创业更多的政策支持。基于此，再通过开展“全国工会就业创业援助月”活动、农村青年创业致富“领头雁”计划、农村青年电商培育工程、“创业创新巾帼行动”等推进农民工返乡创业，从而实现“雁归来”，促使更多农民工走向返乡创业这条道路。

（二）个人理想追求是农民工返乡创业的最重要内在因素

调查数据显示，在影响农民工返乡创业的因素中，主观因素是关键因素，其中，个人理想追求占57.14%，是农民工返乡创业的首要原因；其次是对在外务工的状况不满，占比47.25%；而其他客观因素仅占29.67%。农民工在外务工经历对于自身特征的形成以及创业资金和创业技能等方面都有着非常重要的影响。很多务工者在多年的打工历程中，经过摸爬滚打，锻炼了意志，开阔了视野，积累了一定的资金，掌握了一定的技术或管理经验，也逐渐积累起一定的社会网络和固定的客户资源，包括人力资源以及忠实的顾客群体，这些都是创业起步阶段非常重要的资源，对于创业活动的开展起着积极的推动作用。另外，生于“乡土中国”的农民工具有根深蒂固的“乡土情结”，长久在外对家庭的思念之情，加之对家乡的资源、市场、商机比较熟悉，其更愿意把家乡作为自己的事业平台。这样务工者不仅满足了自己和家人的精神需求，同时也带着一颗感恩的心，带领乡亲走致富路，改变家乡贫苦的面貌。

（三）经济实力是农民工返乡创业的最重要创业条件

在回答“您觉得创业需要什么条件”时，面对“个人能力（个人工作经验、掌握的技能等）”“经济资源（资金积累、实物资产、厂房设备等）”“家庭支持”“社会资源（人脉、声誉等）”这几个选项，被访者更多地选择“经济资源”，有64.6%的被访者认为“经济资源”是返乡创业的首要条件。

如图2所示，返乡创业最重要的条件之一是经济实力，即自有资金。创业需要初始资金、土地、厂房设备等，开业后也需要流动资金，资金作为一个现实性问题，不仅影响着创业初期，更影响着企业再投资、影响着企业扩大生产的规模。因此，“众筹”创业是在返乡农民工创业能力低、抗风险能力差、农村要素资源调动困难的情况下其可以选择的一种现实模式①。然而，调查显示，返乡创业者创业初期使用的资金大多数（85.16%）都是“自有资金”，其次是“向亲友借贷”（40.11%），如图2所示。深度访谈获取的大量案例表明，政府政策对于农民工返乡创业具有吸引、推动作用。以汝州市政府投建的汝绣产业孵化园为例：该园区厂房

① 据了解，国务院办公厅2015年印发《关于支持农民工等人员返乡创业的意见》，推动农民工等人员返乡创业，强化返乡创业金融服务。在返乡创业较为集中、产业特色突出的地区，探索发行专项中小微企业集合债券、公司债券，开展股权众筹融资试点，扩大直接融资规模。广东省人民政府2016年发布《关于进一步支持异地务工人员等人员返乡创业的通知》，推出股权众筹融资、加大涉农资金投放力度等措施，鼓励扶持外出务工人员返乡创业，开发乡村、乡土、乡韵的价值。

前三年免费使用；园区生产所用的水电收费优惠；园区和专科学校成功对接，对企业员工进行技能培训；另外，当地政府还建设了小学，解决了返创农民工子女的入学问题。截至 2017 年 8 月，园区以优惠政策吸引了汕头、柯桥等 60 余家农民工创办的机绣企业返乡。

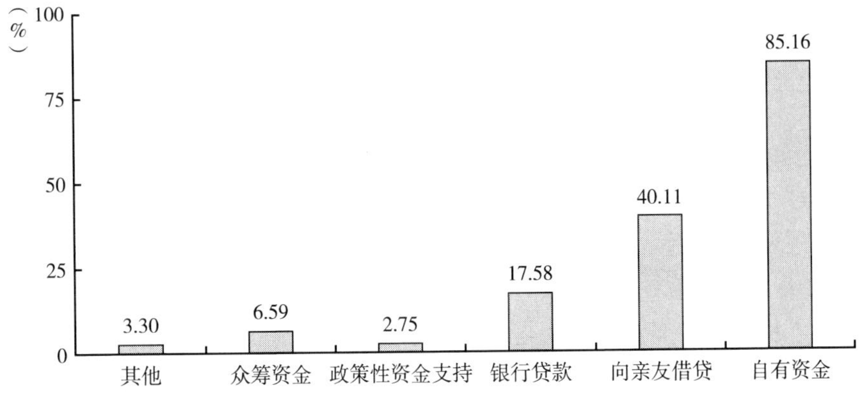

图 2　农民工返乡创业的“众筹”表现

（四）服务业是农民工返乡创业的最主要创业领域

从所选创业行业上看，返乡创业农民工样本来自加工业、电子商务业、建筑建材业、运输业、新型农业、服务业等不同行业。其中，服务业比例最高，为 19.78%；其次是新型农业，为 17.3%；13.14% 来自加工业；11.54% 来自电子商务业；7.14% 来自建筑建材业；3.85% 来自运输业；另有 27.25% 为其他行业。

在政策扶持下，农民工在创业项目的选择上也表现出新特点。调查显示，在关于创业项目的选择上，服务业为主的第三产业成为农民工创业的主要领域，占 35.17%。加工制造和建筑建材业等都只是 20% 左右的比例，在其他行业的选择上占比也相对较高，达到 27.47% 的比例。创业者主要集中在特色种植养殖业、小型加工业、交通运输业、批发零售业、餐饮住宿服务业、农村旅游业、其他领域等。说明目前形势下，农民工返乡创业中创业项目的选择多样化，以新型农业和服务业等为主呈现百花齐放的趋势和特点。

（五）农民工返乡创业创办的企业形式多为个体和私营

农民工返乡创业创办的企业形式多为个体和私营。被调查的182位返乡创业者中，创办个体和私营企业的创业者有155位，占比85.16%。深度访谈内容显示，返乡农民工创业的项目有一部分是农业集中经营，但这种集中经营是收购土地，自己连片规模化生产，并没有和其他农业生产者合作，只是自己经营；还有一部分是开办超市或者发展养殖业，同样也没有和其他人合作，往往是自己雇人完成销售。返乡创业所创办的企业形式以个体和私营为主，也进一步证明了农民工返乡创业局限性的存在。这种状况下，风险承受能力、行业信息识别能力、创业团队建设问题都可能成为农民工返乡创业无法绕开的难题，进而制约着农民工返乡创业的可持续性。

（六）个人收入增长是农民工返乡创业的最主要成果

在被调查的182个调查对象中，有95.6%的人认为，创业后产生的绩效是“个人收入的增长”；有34.3%的人认为，创业后产生的绩效是“带动本地就业”；有19.3%的人认为，创业后产生的绩效是“当地经济的发展”。通过采访7市返乡创业农民工及行政村相关负责人发现：返乡开店的小商小户型创业农民工，大多能产生服务乡邻、提高居民生活水平的效益；返乡创办企业则能为周边提供大量就业岗位，实现本地就业，促进周边村民收入增长。但是，农民工返乡创业最直接、最显著也是最主要的成果则是创业者及其家庭经济状况的改善，其次才是带动乡邻发展。商丘虞城县稍岗村是远近闻名的“钢卷尺城”，村内有大大小小近百家钢卷尺厂；孟津县送庄镇朱寨村草莓园带动了周围鲜果采摘和园区种植的发展；孟津县农村电商服务站带动周边村民加盟农村淘宝、开办网店。这些案例表明，农民工返乡创业最直接的结果首先是带来了创业者自身经济收益的大幅度提高，其次才是带动了当地经济发展。

三　农民工返乡创业的障碍与原因

（一）资金不足、经验不足是农民工返乡创业的最主要问题

农民工返乡创业是解决“三农”问题的有效途径。农民工返乡创业，不仅实现了自己的价值，还带动了当地的就业，然而，农民工返乡创业的成功率并不高，返乡创业面临着诸多困难。“资金不足”是最主要的问题，“经验不足”是很重要的障碍，“风险承担能力不足”和“市场信息闭塞”也是重要的难题。如图 3 所示，被调查者选择“资金不足”的比例占到 65.38%，这表明，影响农民工返乡创业的第一障碍是资金的困难。而选择“经验不足”的则达到 30.77%，这表明，农民工返乡创业急需资深导师的专业指导。

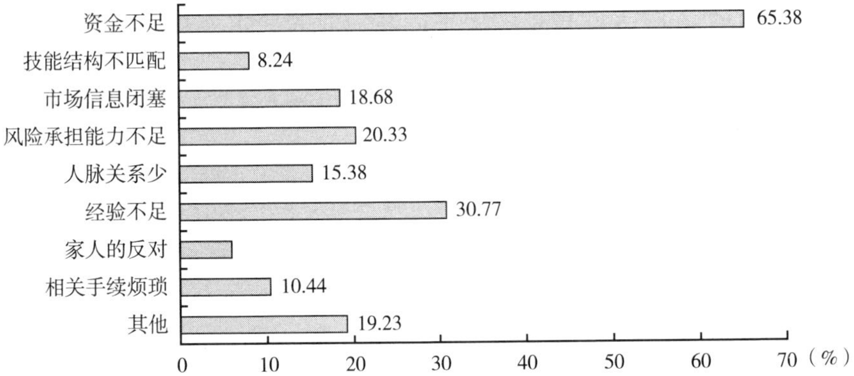

图 3　农民工返乡创业的困难

在返乡创业农民工中对创业困难反映最多的是资金困难，资金不足成了农民工返乡创业面临的突出短板。自有资金基本上都用于租地建厂和设备投资，企业投入生产时流动资金缺乏。即使企业在创办的过程中，市场前景很好，但融资困难制约着规模扩大。解决资金不足问题的办法基本是依靠民间借贷，到银行贷款的不多，近八成农民工返乡创办的企业得不到金融机构的

支持，近七成的返乡创业者反映资金不足是制约企业发展的首要因素。可见，为了实现乡村振兴战略，促进农民工返乡创业健康发展，首先需要解决农村金融问题。同时，调查显示，“经验不足”是农民工返乡创业面临的一个难题。洛阳鑫沃牧业科技有限公司董事长莫新阁在最初的创业过程中对养殖业一窍不通，“技能经验不足”，由于缺乏技术，第一批羊的产子率低、抗病能力不强，导致市场竞争力的丧失。同时，农民工返乡创业也存在“管理经验不足”的问题，无法带领企业走向成熟。这表明，农民工需要政府加大培训力度，需要企业家的传帮带。另外，调查显示，有 20.33% 的农民工表示自身风险承担能力不足。在返乡创业失败之时，各种风险如何抵御，减少损失的计划是否完备，都成为创业者创业过程中亟须处理的问题。合计有 44.5% 的返乡创业者表示有“市场信息闭塞”“人脉关系少”“相关手续烦琐”等方面的问题。这表明，政府需要设法助力返乡创业农民工，使其增强抗风险的能力，具备“识别风险、管理风险、利用风险、降低风险、抵御风险”的能力。另外，还需要政府做好政策宣传、执行、落地工作，使得政策扶持有效发挥作用。

（二）农民工文化水平偏低是影响其返乡创业的主要因素

如图 4 所示，通过数据分析可以看出，返乡创业农民工多为高中及以下

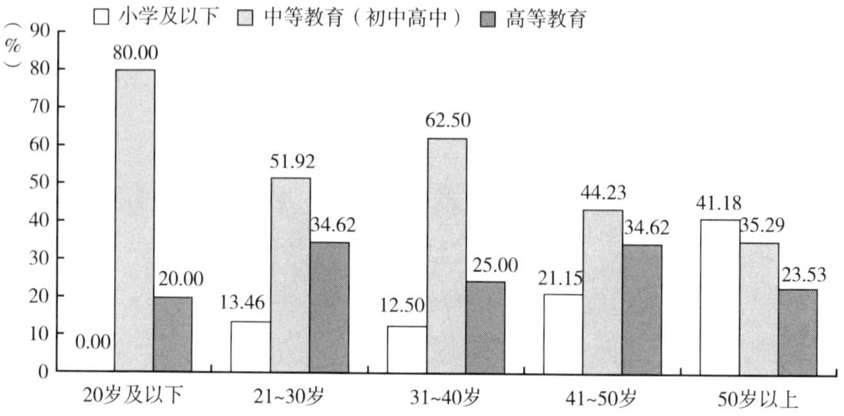

图 4　返乡创业农民工的学历水平

学历水平，文化水平普遍不高。尽管在外打工积累了不少经验与技能，并且创业热情高涨，但是大部分农民工文化水平较低，接受新事物的能力较弱。由于返乡创业的农民工文化素质偏低，大大降低了返乡农民工的人力资本，成为制约农民工返乡创业的重要因素，其根本原因在于他们没有接受正规的创业指导与培训，作为一个企业的管理者，管理能力不足，企业失败风险偏高。

（三）地方政府政策落实不够是返乡创业难的重要因素

调查表明：31.87%的返乡农民工希望出台创业者风险补偿政策，希望出台财税优惠政策的占34.07%，建立创业基金的占36.81%，土地使用优惠政策的占39.01%，无息贷款政策的占53.85%，其他占12.09%。在他们创业的过程中，还未完全享受这些政策，希望相关部门能在财政、金融等方面出台一些优惠政策，转变政府职能，促使一些优惠政策完全落实到位。

一些返乡创业者反映，在其创业的过程中，难以真正享受到政府的相关优惠政策。其中，一部分人是因为优惠政策相关申请手续烦琐，经常得花费大量时间；还有部分返乡创业者是因为不了解优惠政策的具体内容以及不知道该如何去申请这些优惠政策，因而常常出现放弃申请的情况。同时，不少创业者反映，虽然有关部门极其重视创业优惠政策，但是在执行过程中，由于政策执行偏差，出现“踢皮球”现象，服务意识不到位，不利于企业更好的发展。

（四）金融服务不足影响返乡创业

融资难是农民工返乡创业遇到的头号难题，据调查，农民工创业资金来自亲友的占40.11%，来自有资金的占85.16%，来自银行贷款的占17.58%。目前，农村金融市场门槛较高，农民申请资金的程序相当烦琐，且周期长，尤其是创办个体工商户困难重重，必须注册登记。据有关数据统计，地方农村信用社的贷款利率月息为9.9厘，加上贷款申请过程中发生的交易费用，月息实际超过了1分，年利率超过了12%，而3~5年的商业银行基准月利息仅5.5厘（年利率6.48%），信用社年利率比商业银行基准利率高出了85%以上，这就使得很多农民工不愿意向信用社贷款。

除此之外，金融机构对农民工的“惜贷”也非常普遍。借贷资金困难重重，要求有抵押或者担保，而农民除了土地、住宅外，无其他可用于抵押的财产，同时手续烦琐，担保条件较高，耗费时间长。虽然有的地方建立了民间担保，但是中小企业根本无力承担其高利率。而政府补贴需要前期自己投入，后续补贴能否如期、如数到手也存在很大的变数。这些情况叠加，使得农民工返乡创业遇到瓶颈。

四　推进农民工返乡创业的对策建议

针对调查中发现的问题和原因分析，为进一步推进农民工返乡创业，可以从技能培训、基础设施建设、金融创新、法制健全等几方面着手。

（一）规范农民工返乡创业技能培训

由政府出面牵头，建立返乡创业农民工指导中心。对返乡创业农民工免费开展创业培训，比如，一些基本的创业知识、市场金融知识、人力资源管理知识等，从而提高创业人员的经营管理水平。同时，让优秀的返乡创业农民工到一些大型企业挂职锻炼和到高院校科研机构等旁听，从而补足根基，拓宽视野，把创办的企业发展得更好更有活力。国家可以加大财政拨款支持力度，设立农民工返乡创业培训专项经费等，进一步保障培训的效果，提高农民工返乡创业的成功率，真正做到授之以鱼且授之以渔。在此基础上，注意相关培训消息的宣传，利用网络、媒体、报纸等方式，让更多想要创业的农民工了解培训信息，提升自身创业技能，增强创业的自信心，提高创业的成功率。

（二）加大对基础设施建设的财政支持力度

农民工返乡创业的发展离不开良好的外部环境，地方政府应该把农民工返乡创业纳入城镇建设规划，改善基础设施。从改善水、电、交通等这些基础设施做起，切实改善创业的外部环境。如汝州市产业集聚区汝绣农民工返乡创业产业园区，该园区是以打造机绣纺织产品为主导，集服装、鞋帽、旅游、轻纺、创业培训、创业孵化、综合服务于一体的综合性园区。该园区的一期工程占地 360 亩，总建筑面积 25 万平方米，目前，已有浙江绍兴返乡的百家企业的千余台设备入驻园区并投入生产。实现就业 2000 余人，并对 800 余名贫困人员进行免费的技能培训，实现上岗就业。园区二期占地 430 亩，总建筑面积 15 万平方米，预计实现产值 12 亿元，带动就业 8000 人。园区三期正在建设中。据了解，目前园区向返乡农民工创业者降低入驻创业园的条件，厂房前三年免费使用，生产所用的水电只收取少额费用，并且致力于对接专科学校，对员工进行技能培训。另外，当地政府还将解决创业子女的入学问题，让因父母创业而无暇被照顾的孩子能够接受更好的教育。这些基础设施的完善减轻了创业者投资的压力，并且地方财政对于园区的各种政策优惠及补助能够吸引小中型企业入驻，带动就业，促进当地的经济发展。

（三）加大金融制度和金融工具的创新力度

农民工返乡创业所遇到的最大问题即资金不足，因此，帮助想要创业的农民工解决资金问题是刻不容缓的。其主要的融资渠道仍是银行贷款，根据我国农村现状，农村家庭拥有的最大价值的财产是“房屋和土地”。可是，我国农村土地由于其特殊性质并不能作为抵押物进行贷款，而农民的房屋往往没有产权，因此，有必要放宽贷款抵押物的条件。同时，应该加快乡镇金融机构的发展，鼓励和引导一些商业性银行在农村地区设立服务中心和营业网点，将返乡创业的农民工作为主要的目标客户及发展对象，提供更为完善的信贷办理服务。同时，地方政府应发挥其管理职能，对返乡农民工创办的企业进行信用综合考评，并根据评价等级，实施不同的优惠政策。

（四）健全农民工创业法律法规

首先，完善农民工返乡创业的法规和条例，明确界定中央政府与地方政府之间的不同职责。当前形势下，部分地方政府及其工作人员对于创业的认识仍比较模糊，难以对创业农民工进行有效引导和扶持。在财税支持上，可以将本应减免的费用转化成用来支持创业的培训费用，使资金得到最大化最优利用，并通过法律形式将这一政策合法化。其次，我国是法治社会，要想切实维护创业农民工的权益，必须通过法律来实现。完善法律法规，使得创业农民工在受到法律保护的同时也接受法律的监督，合法创业，维护市场秩序的稳定和谐。

社会治理评价篇

Evaluation of Social Governance

河南省居民价值观调查报告

杨 曦 刘晓龙*

摘 要： 本报告以社会治理河南省协同创新中心2017年夏开展的“河南省居民价值观调查”为数据来源，从社会主义核心价值观、社会秩序观念、家庭代际观念、反腐倡廉意识四个方面对全省居民的价值观状况进行衡量。调查数据显示，河南省居民对社会主义核心价值观的了解程度较高；超过八成的居民认为当前社会贫富分化严重，低收入群体的社会安全感相对较低；近九成居民认为孝观念并不过时，传统孝道的赡养观在当前社会仍然被民众广泛认同；多数居民对当地政府的反腐工作表示一般。网络媒体受到民众的关注，影响力日渐增强，家庭、社会风气仍然是影响居民价值观的主要因素。针对河南省居民价值坐标系统表现出来的特点，为了整合全社会的

* 杨曦，郑州大学公共管理学院讲师，社会学博士；刘晓龙，郑州大学公共管理学院2017级硕士研究生。

价值观，凝聚中华精神，可从改善民生提升价值认同、创新传播渠道、弘扬传统文化、加强基层政府建设、净化网络环境等方面着力。

关键词： 河南　居民价值观　核心价值观　传统文化　反腐倡廉意识

一　居民价值观的研究背景

党的十九大报告深刻阐述了社会主义核心价值观的丰富内涵和实践要求，对培育和践行社会主义核心价值观做出新的重大部署，党和国家政府把价值理念和价值实践提到了一个新的高度，价值观建设在社会主义现代化建设和构建社会主义和谐社会的过程中具有极其重要的位置。当前我国正处于社会转型的关键时期，社会结构的转换、机制体制的变革，也引起社会价值观念产生广泛而深远的变化。新时代我国综合国力增强，国际影响力扩大，人民的收入水平大幅提高，生活层次和品位提升，幸福感自豪感增加。但是，随着国家经济的发展、物质的极大丰富，思想观念变得越来越多元，部分人的思想观念出现了滑坡，精神建设和物质发展出现了脱节，群体性的意识差异、各种思想的交流与碰撞、外来文化的冲击，使得社会各阶层充斥着不同的价值观和道德判别标准，造成不同人群的不解和迷惘，从而引发各种社会问题。因此，党和政府不遗余力地推动精神文化和物质文化共同发展、共同进步，促使价值观建设更加积极向上，培育理性平和的社会心态，提升全民族的道德素质和心理品质，这是新时期重要的历史任务。同时，这也需要研究者对当前的社会价值观念进行深入的研究与探讨。

对价值观的研究可以追溯到 20 世纪二三十年代。1926 年，Perry 就对价值观进行了分类。1931 年，Allport & Vernon 出版了《一项价值观的研究》一书。但价值观是什么、如何测量，曾一度众说纷纭、莫衷一是。而直到20世纪50年代，研究者在区分了“值得的”（the desirable）和“想要的”（the desired）这两个概念之后，将价值观定位于与“以人为中心的”和“值得的”有关的东西，才使得学界在价值观的基本定义上达成共识，这一共识的经典表达就是Kluckhohn（1951）的价值观定义：价值是一种外显的或内隐的，有关什么是“值得的”的看法，它是个人或群体的特征，它影响人们对行为方式、手段和目的的选择。

时至今日，学者大多认为，价值观是社会心理学一个独特的研究领域，它是比态度更抽象、更一般的具有评价性、选择性、规范性的深层心理建构，是文化成员合理的信念体系。价值观是人们对某类事物的价值的基本看法、总的观念，是人们对该类事物的价值取舍模式和指导主体行为的价值追求模式。价值观的内容，一方面表现为价值取向、价值追求，凝结为一定的价值目标；另一方面表现为价值尺度、评价标准，成为主体判断客体有无价值及价值大小的观念模式和框架，是主体进行价值判断、价值选择的思想根据以及决策的思想动机和出发点。

在价值观具体操作化方面，学者们的观点各有侧重，有观点认为价值观主要由义利观、理欲观和德力观构成，这几个组成部分主要是中国传统哲学的范畴。也有一种观点认为，价值观念包括目标系统、手段系统、规则系统和制约系统，四个系统紧密关联而又互相规定或制约。还有一种观点认为，价值观主要是由主体个人的历史方位感、社会规范意识、社会秩序信念、价值本位意识、价值实践意识构成的。结合上述几种观点和实地调查情况以及具体研究需要，本报告主要从社会主义核心价值观、社会秩序观念、家庭代际观念、反腐倡廉意识这几个方面，探讨居民价值观体系，分析河南省居民价值观念的结构和特点，呈现不同社会背景和生活方式的居民在价值观念方面的差异性，为政府和学界提供居民思想价值状况变化的有益信息。

二　研究方法

（一）研究对象与工具

本次研究主要以河南省 18～70 岁的居民为主要研究对象，以社会治理河南省协同创新中心 2017 年开展的“河南省居民价值观调查”数据为支撑，于 2017 年夏季开展大规模抽样问卷调查收集资料，采用变量统计分析技术对数据资料进行综合处理。问卷调查覆盖了河南省 17 个地市，采用 PPS 分层抽样的方法，共收回有效问卷 1076 份。

调查问卷共分为七个部分，第一部分是个人资料，包括年龄、性别、职业、受教育程度、收入等；第二部分是社会主义核心价值观的内容，测量指标包括“居民对社会主义核心价值观的了解”“社会主义核心价值观与我密切相关”“中国传统文化对我自身有较大影响”等；第三部分是社会秩序观念，包括社会公平感、社会安全感；第四部分是家庭代际观念，包括赡养父母、父母财产观、传统孝文化是否过时等；第六部分是反腐倡廉意识，主要测量民众对腐败的感知、对政府反腐工作的态度；第七部分是居民信息获取途径，包括居民了解核心价值观的主要渠道、网络媒体和传统媒体的使用程度等。

（二）样本概况

在调查样本中，男性占比 47.2%，女性占比 52.8%，女性受访者数量略高于男性。在年龄阶段上，30 岁及以下的受访者占总人数的 42%，31～45 岁受访者占总人数的 30.7%，46～60 岁的占 21.4%，60 岁以上的占 5.9%。在文化程度方面，小学及以下占比 12.3%，初中占 21.7%，高中或中专占比 16.8%，大专占 12.4%，本科占 31%，硕士及以上占 5.8%。在政治面貌上，中共党员、民主党派、共青团员、群众分别占样本总量的 19.3%、1.3%、30.2%、49.2%。在年收入方面，年收入 1 万元以下、1

万~3万元、3万~5万元、5万~10万元、10万元以上分别占比32.9%、21.5%、20.4%、21.5%、3.6%，具体参见表1。

表1　调查样本描述分析

单位：%

变量	指标	比例	变量	指标	比例
性别	男	47.2	文化程度	小学及以下	12.3
	女	52.8		初中	21.7
年龄	30岁及以下	42.0		高中或中专	16.8
	31~45岁	30.7		大专	12.4
	46~60岁	21.4		本科	31.0
	60岁以上	5.9		硕士及以上	5.8
政治面貌	中共党员	19.3	职业*	党政机关	3.9
	民主党派	1.3		事业单位人员	13.2
	共青团员	30.2		企业管理或专业技术人员	6.4
	群众	49.2		企业一般工作人员	9.6
收入	1万元以下	32.9		商业、服务业人员	8.3
	1万~3万元	21.5		个体经营者	11.0
	3万~5万元	20.4		在家务农	11.9
	5万~10万元	21.5		农民(外出务工)	6.1
	10万元以上	3.6		无工作	14.8

注：*该变量的有效样本量少于总样本量。

三　河南省居民的价值观体系

（一）社会主义核心价值观

党的十八大提出了“富强、民主、文明、和谐、自由、平等、公正、法治、爱国、敬业、诚信、友善”的24字社会主义核心价值观体系；十九大更进一步强调培育和践行社会主义核心价值观，把社会主义核心价值观融入社会发展各方面，转化为人们的情感认同和行为习惯。本次调查从居民对核心价值观的认知状况、情感认同、理性认同和行为认同几个方面来进行衡量。

1. 居民对社会主义核心价值观的了解程度较高，了解程度与年龄呈负相关

数据显示，居民对社会主义核心价值观普遍有所了解。其中，有19.2%的受访者表示对核心价值观非常了解，有35.8%的居民比较了解核心价值观；有28.4%的居民对核心价值观的了解程度一般；不太了解的受访者占14.9%，完全不了解的仅为1.7%（见图1）。其中，中共党员和共青团员对核心价值观的了解程度较高，分别为83.74%和73.44%；普通群众对核心价值观的了解程度最低，为32.59%。所以应该加强基层群众对社会主义核心价值观的宣传培育，让核心价值观贴近生活、贴近大众。

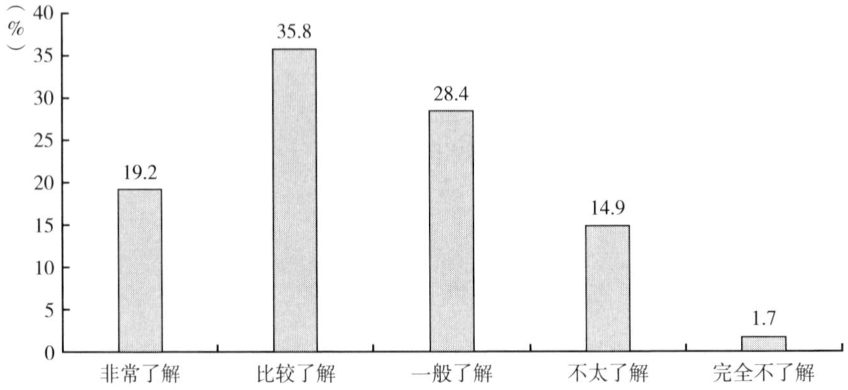

图1　居民对社会主义核心价值观的了解程度

数据显示，年龄在30岁及以下的居民对核心价值观的了解程度最高，占比71.16%，完全不了解的仅为0.75%；年龄在31~45岁的居民对核心价值观的了解程度低于30岁及以下的居民，为45.64%，完全不了解的仅为0.51%；年龄在60岁以上的居民对核心价值观的了解程度最低，为39.47%，完全不了解的为7.89%。总体来看，年龄和居民对核心价值观的了解程度呈负相关，即年龄越大，对核心价值观的了解程度越低，未来应加强对中老年人的核心价值观教育和宣传，提升这一年龄段群体对核心价值观

的认知度，中老年人对新事物的接受速度较慢，需要在社区层面进行广泛宣传，同时也可借助老年大学等途径开展核心价值观的学习。当然，这也有可能是因为不同年龄段受教育程度的差异引起的，出于历史原因，年龄较大的居民，学历层次相对较低。

2. 居民对核心价值观和本土文化的认同度远高于西方文化，且并未发现不同年龄、受教育程度和收入间有显著差异

对居民文化认同的测量分为本土文化认同和西方文化认同，本文引入了四个变量，即中国政治文化认同度、中国传统文化认同度、美国政治文化认同度、美国价值观认同度。数据显示，有65.9%的居民认为社会主义核心价值观与自身密切相关；有78.1%的居民认为中国传统文化对自身有影响。居民对美国文化的认同度相对较低，仅有24.5%的居民认为美国价值观具有普世性，有38.1%的居民认为美国是一个自由民主的国家（见表2）。整体来看，居民对本土文化的认同度远高于对西方文化的认同度，但西方文化的影响也不容小觑，西方普世价值的文化渗透也应该引起我们的重视。

表2　居民文化认同状况

单位：%

态　度	社会主义核心价值观和我密切相关	中国传统文化对我自身有较大影响	美国价值观具有普世性	美国是一个自由民主的国家
赞同	65.9	78.1	24.5	38.1
介于两者之间	26.4	13.4	35.8	38.4
不赞同	7.7	8.5	39.6	23.5

3. 大多数居民对中国传统文化的认同度很高，并认为传统文化的道德规范在现代社会仍然有很大用处

通过调查发现，有82.6%的居民赞同中国传统文化未来在世界上会产生更大的影响；不赞同的居民仅有3.4%（见图2）。整体来看，河南

省居民对中国传统文化的未来有较强的信心。有65.7%的居民认为传统文化中的道德规范在现代社会仍然有很大用处，有4.7%的居民认为传统文化中的道德规范不太有用，仅有0.2%的居民认为传统文化中的道德规范完全没有用。整体来看，居民仍然比较认可传统文化中道德规范的作用。

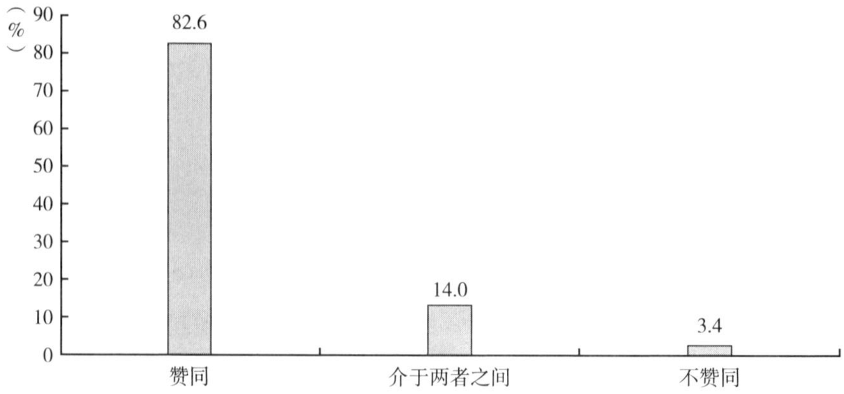

图2　居民对传统文化未来在世界上产生更大影响的态度

（二）社会秩序观念

良好的社会秩序是构建和谐社会的一部分，社会秩序的意义在于保证社会的健康发展，提高人民的幸福指数。构建良好的社会秩序观念有助于提升居民对社会制度的认知。本报告引入两个变量即社会公平、社会安全，其中社会公平通过“当前社会贫富分化严重与否”来衡量；社会安全通过“当前社会个人权益是否能够得到很好的保护”来衡量。

1. 社会公平：超八成居民认为社会贫富分化严重，其中非体制内的居民对社会贫富分化严重的赞同度最高

数据显示，整体来看，超过八成的居民认为当前社会贫富分化严重，认为贫富分化不严重的受访者仅占4.4%（见图3）。在党政机关工作的受访者对贫富分化严重的认同度相较其他职业稍低，为68%，但也超过了2/3；

赞同社会贫富分化严重比例最高的是商业、服务业人员和企业管理或专业技术人员，分别为86.79%和85.37%。可见居民普遍认为社会贫富分化严重，尤其是非体制内的居民更多地持有这种观点。此外，从收入来看，年收入10万元以上的居民赞同社会贫富分化严重的比例最低，中低收入人群更倾向于认为当前社会贫富分化严重。

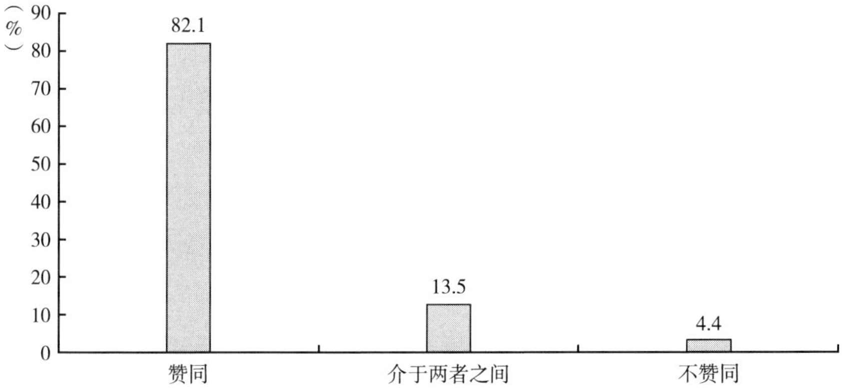

图3　居民对社会贫富分化严重的看法

2. 社会安全：多数居民认为在当前社会自身的权益能够得到较好的保障，但低收入群体的社会安全感相对较低

数据显示，有41.04%的居民认为在当前社会自身权益能够得到很好的保护；有39.62%的居民对自身权益能否得到保护态度不清晰，值得注意的是有16.35%的受访者不太赞同自身权益能得到较好的保护（见表3）。可以看出，居民对当前社会的安全状况评价不算太高，有相当一部分居民态度不明朗，也有小部分居民对社会安全的评价较低，社会安全是政府需要加强的领域。此外，不同收入的居民对社会安全状况的态度存在差异。其中，年收入3万~5万元和5万~10万元的居民对社会安全状况的评价最好，年收入1万~3万元和1万元以下的居民则对自身权益能够得到保护的认同度最低。可见，中等收入群体的社会安全感较高，而低收入群体的安全感较低，未来政府应加强对低收入居民的权益保护。

表 3　不同收入群体对自身权益保护的态度

单位：%

收入	当前社会个人权益能够得到很好的保护			
	赞同	介于两者之间	不太赞同	完全不赞同
1 万元以下	36.84	41.15	19.14	2.87
1 万～3 万元	36.50	43.80	18.98	0.73
3 万～5 万元	47.69	35.38	14.62	2.31
5 万～10 万元	45.99	36.50	12.41	5.11
10 万元以上	39.13	43.48	8.70	8.70
合　计	41.04	39.62	16.35	2.99

（三）家庭代际观念

家庭代际关系是具有血缘关系（或收养关系）的成员的纵向关系体现，核心是亲子关系，主要体现在三个方面：经济支持、生活照料、情感交流。在转型期的中国社会中，传统家庭代际观念和代际支持关系受到冲击。因此对居民家庭代际观念的研究，有助于我们了解河南省成年子女和父母之间的代际关系变化。本文引入三个因素即赡养观、父母责任、孝观念的认同。其中赡养观通过“父母养我长大，我就应该在父母年老的时候赡养父母”和“父母对子女的付出，子女无论怎样都报答不尽”来衡量；父母责任通过“父母财产留给子女或自己使用及父母没有责任带孙子女”来衡量；孝观念的认同通过“中国传统文化中孝道已经过时了，已经不被人们认同”来衡量。

1. 赡养观：超过九成五的居民认为子女应赡养父母，超过八成的居民认为父母对子女的付出，子女无论怎样都报答不尽

数据显示，有 95.3% 的居民认为在父母年老时，子女应该赡养父母；有 85.4% 的居民认为父母对子女的付出，子女无论怎样都报答不尽（见图 4）。由此可见，河南省居民普遍认为应该赡养父母，报答父母的养育之恩，传统孝道的赡养观在现代社会仍然是主流，被人们广泛认可。

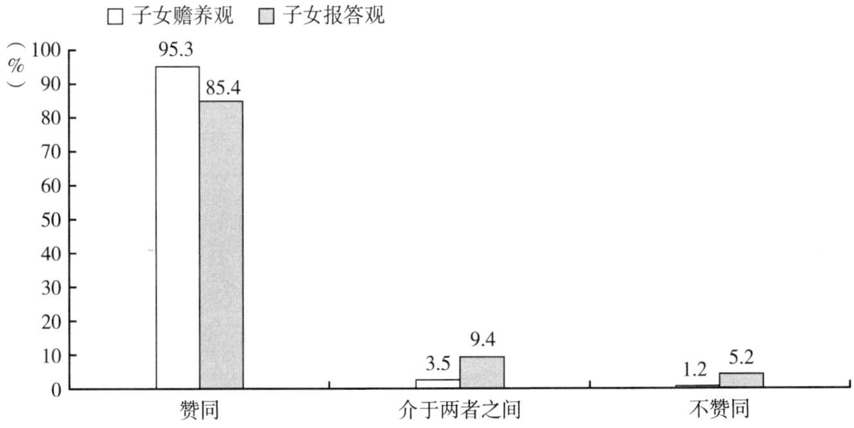

图4 居民的赡养观

2. 年龄越大的居民越倾向于将财产留给子女，学历越高越倾向于财产自己使用

通过调查发现，多数居民在家庭财产观方面保持中立态度，并没有立场鲜明地认为应该留给子女或自己使用。其中。有 31.3% 的居民认为父母财产应该留给子女；31.8% 的居民不赞同财产留给子女。有 26.4% 的居民认为子女成年后财产应该留给自己享用；有 28.2% 的居民认为不应该给自己享用，有 45.4% 的居民保持中立态度（见图 5）。

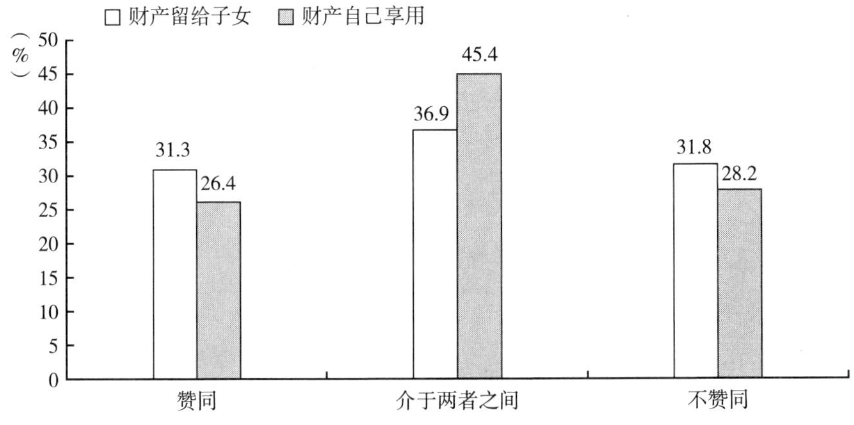

图5 父母财产观

数据显示，年龄为45岁以上的居民赞同父母过世财产应该留给子女的比例最高，为52.94%；年龄为31～45岁的居民对父母过世财产应该留给子女的认同度最低，为24.10%；总体而言，年龄越大越倾向于赞同父母过世后财产应留给子女，而不是自己享用。从受教育程度方面来看，受教育程度为小学及以下的居民更倾向于赞同父母过世财产应该留给子女，比例最高；学历为硕士及以上的居民最不赞同父母过世财产应该留给子女；受教育程度越高，越不认同父母过世后财产应留给子女，二者呈负相关。

3. 近九成居民认为孝观念并不过时

数据显示，有87.2%的居民对"传统孝道文化已经过时，不被人们认同"这个描述表示不赞同，选择赞同的居民仅有5%，由此可见，传统孝道在居民心中仍有重要地位。在以往部分学者的研究中，受教育程度越高，对孝道观念的认同度越低，但在本次调查中并未得出这样的结论。此外，孝道观念的认同与年龄、收入、职业都无显著关系，可见，总体来说，孝道观念仍然被人们普遍接受。

（四）反腐倡廉意识

反腐倡廉是党和国家的一项重要任务，是加强党的执政能力建设的重要手段。但反腐倡廉工作不能只靠党和政府的相关部门，而是要发动广大人民群众的力量，在社会民众中大力宣传反腐倡廉的重要性，形成一种反腐倡廉的意识，并上升到价值观念层次。我们需要掌握广大民众反腐倡廉意识的基本状况，考察普通居民对腐败的观念和态度。

1. 多数居民认为当地政府廉洁程度一般，其中党政机关和事业单位人员对政府廉洁认同度最高

数据显示，有46.4%的居民认为当地政府廉洁程度一般，有35.5%的居民认为当地政府比较廉洁，仅有18.1%的居民认为当地政府不够廉洁（见图6），整体来看，居民对当地政府的廉洁程度评价较低。河南地方政府部门在廉政建设和廉政宣传方面需要加强。具体来看，党政机关和事业单位人员更倾向于认为当地政府比较廉洁，比例分别为56%和50%；对当地政府廉洁认

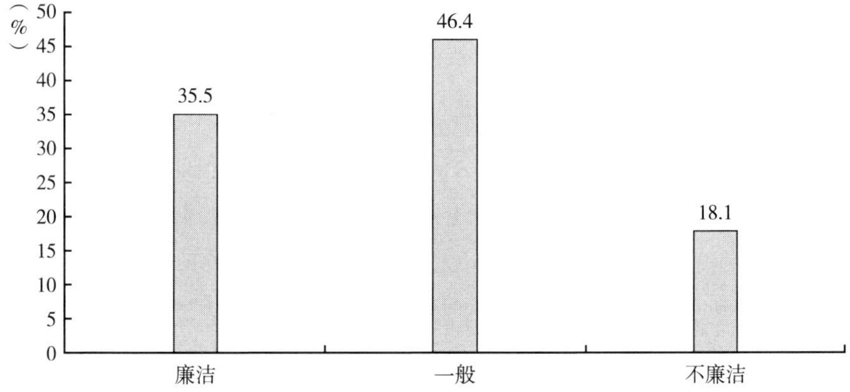

图6　居民认为当地政府的廉洁程度

同度较低的是农民和商业、服务业人员，分别为23.68%和25.53%。

2. 多数居民对当地政府的反腐工作表示一般，接近半数居民对反腐工作信心较高

通过调查发现，有50.5%的居民对当地政府反腐工作表示一般，有29.8%的居民对当地政府反腐工作表示满意，仅有19.7%的居民对当地政府反腐工作工作表示不满意（见图7）。对反腐工作的信心调查发现，有48.5%的居民对反腐工作有信心，有37.4%的居民对反腐工作表示信心一般，仅有14.1%的居民对反腐工作没有信心。整体来看，居民对反腐工作信心较高，但仍有非常大的提升空间。地方政府未来应加大反腐力度，加强反腐工作的宣传，从而提升居民对反腐败工作的满意度。

3. 居民对官员贪腐行为可能会选择不举报，其中，中低收入居民选择不举报的可能性更高

数据显示，有33.8%的居民在知道官员有腐败行为，掌握一定证据的时候，选择不举报，有33.3%的居民选择会举报，有32.9%的居民态度中立。从不同收入阶层来看，年收入10万元以上的居民中有47.83%的人会在官员有贪腐行为并掌握一定证据时选择举报，比例最高；其次是年收入在5万~10万元的居民，选择举报的比例为42.34%；而仅有28.23%的年收入在1万元以下的居民选择举报，比例最低。在完全不可能举报的选项中，

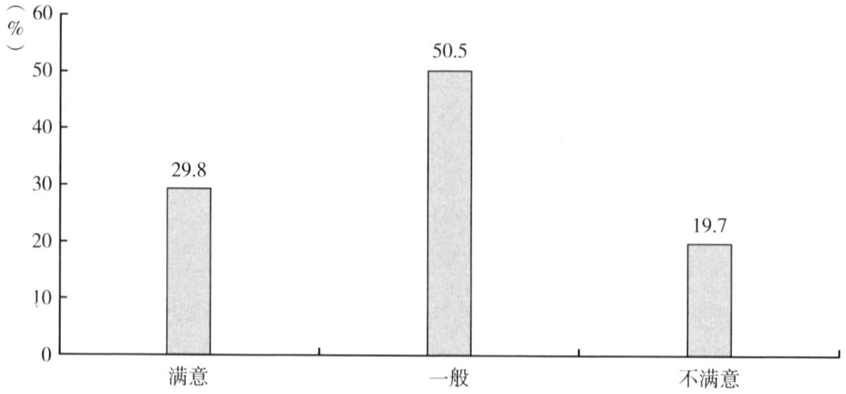

图7　居民对当地政府反腐工作的满意度

比例最高的是年收入1万元以下的居民，为8.13%。整体来看，收入和选择举报贪腐官员的可能性呈正相关，即收入越高，举报的可能性越大，而收入越低，越倾向于不举报贪腐行为。因此，政府有关部门应拓宽监督举报途径，建立健全腐败举报的保护制度，加强反腐廉政建设宣传，并落实到基层，提升基层居民参与反腐行动的积极性。

四　河南省居民价值观的影响因素

（一）社会主义核心价值观的教育与传播

社会主义核心价值观是中华民族认同和国家认同的基础，大力培育和践行社会主义核心价值观，是提升我国软实力的关键、建设文化强国的基础、构建和谐社会的保障，通过树立社会主义核心价值观，重铸具有强大凝聚力、向心力的民族性格。因此，对社会主义核心价值观的教育和传播就显得格外重要，必须掌握影响居民确立核心价值观的途径和主要因素。

1. 多数居民支持开展核心价值观教育，传统新闻媒体、新媒体和街道标语是居民了解核心价值观的主要途径

有50.4%的居民表示核心价值观教育有一定必要，有38.4%的居民认

为很有必要，仅有2%的居民认为没有必要，总体来看，居民对开展核心价值观教育的认同度很高，说明核心价值观的宣传教育取得了良好的效果，绝大多数居民已经意识到社会主义核心价值观的重要性。居民了解核心价值观的途径主要是报纸、电视、广播、杂志等传统新闻媒体，网络、手机等新媒体以及街道标语，占比分别为72.8%、56.9%和34.9%，新媒体在现代社会中的传播作用越来越大，应该加大核心价值观在新媒体中的传播力度。

2. 网络媒体的负面信息和西方价值观的渗透是影响居民确立社会主义核心价值观的主要因素

居民在社会主义核心价值观的建立过程中会受到各种因素影响，通过调查发现，影响最大的一项是“网络信息时代各种媒体的负面信息”，25.9%的受访者认为媒体的负面信息最为影响核心价值观的建立；22.6%的受访者认为“全球化背景下西方价值观念的渗透和冲击”对核心价值观的影响最大；也有18.9%的受访者认为“腐败现象、不正之风”的负面影响最大。这项调查反映了河南省居民对社会主义核心价值观的理解是比较有深度的，也反映出居民在价值观念形成方面的思考。

（二）居民信息接收途径与偏好

1. 在对各类传播媒介的信任度方面，居民对《人民日报》的信任度最高，对手机新媒体例如新闻客户端和微信的信任度较低

数据显示，在媒介传播渠道中，有82.7%的居民信任《人民日报》，有66.8%的居民信任电视节目，有58.6%的居民信任单位传达，对境内广播表示信任的有44.3%，但受访居民对手机端媒介的信任度较低，新浪、网易等新闻客户端的信任度仅为26.8%，对微信的信任度最低，仅有17.8%，而对微信不信任的居民占比达41.9%。整体来看，居民对官方主流媒体的信任度最高，对传统媒体例如电视和广播的信任度比较高，对手机新媒体的信任度较低。

2. 对于官方媒体，以《新闻联播》为例，多数居民只是偶尔观看，年龄越小，看《新闻联播》的频率越低

尽管居民对官方媒介的信任度较高，但居民对官方媒介的接触程度如何

呢？以《新闻联播》为例，数据显示，有62.4%的居民偶尔看《新闻联播》，有29.4%的居民经常看《新闻联播》，仅有8.2%的居民从不收看《新闻联播》。从年龄上来说，年龄越小，就越不经常观看《新闻联播》，60岁以上的老人中有73.68%经常看《新闻联播》，46~60岁居民经常观看的占47.9%，而31~45岁居民中则只有不足三成的人经常观看，30岁及以下的居民中仅仅只有14.61%的受访者经常看《新闻联播》。这说明官方媒介需要更加灵活的传播方式，提升在年轻人群体中的影响力。

（三）家庭、社会风气是影响居民价值观的主要因素

在问及受访者"哪些因素对您的价值观影响最大"时，数据显示，居民认为自己的价值观主要受家庭和社会风气的影响，所占比例分别为49.8%和46.7%。除此之外，约三成居民也认为学校对居民价值观的形成有重要影响，而网络等媒体在受访者看来并不是对价值观影响最大的因素（见表4）。

表4　居民价值观影响因素

单位：%

对您的价值观影响最大的因素	比例
家　　庭	49.8
社会风气	46.7
学　　校	29.7
周围朋友	23.3
工作单位	15.7
网络等传媒	14.6
其　　他	0.2

从年龄方面看，年龄在30岁及以下的居民认为影响价值观的因素主要是家庭和学校，比例分别为53.18%和44.57%；年龄在31~45岁的居民认为影响价值观的因素主要是家庭和社会风气，比例分别为42.56%和55.95%，其中社会风气要比家庭的影响更重要；年龄在46~60岁的居民认

为影响价值观的因素主要也是家庭和社会风气，比例分别为 50.74% 和 54.41%，同样其认为社会风气对价值观的影响更大；而年龄在 60 岁以上的居民则认为家庭的影响更加重要，排在第一位。整体来看，家庭对不同年龄的居民影响都较大，中年人更倾向于认为社会风气对价值观的形成有着重要影响，年轻人相比之下更加看重家庭和学校的作用。从职业方面来看，农民、个体经营者和企业一般工作人员更看重社会风气的影响，认为家庭的影响稍弱，而党政机关和事业单位人员则认为家庭和单位的影响比较大。

五 河南省居民价值观研究的启示

党的十九大报告指出："必须坚持社会主义核心价值体系。文化自信是一个国家、一个民族发展中更基本、更深沉、更持久的力量。必须坚持马克思主义，牢固树立共产主义远大理想和中国特色社会主义共同理想，培育和践行社会主义核心价值观，不断增强意识形态领域主导权和话语权，推动中华优秀传统文化创造性转化、创新性发展，继承革命文化，发展社会主义先进文化，不忘本来、吸收外来、面向未来，更好构筑中国精神、中国价值、中国力量，为人民提供精神指引。"

习近平指出，要坚持"两手抓、两手都要硬"，以辩证的、全面的、平衡的观点正确处理物质文明和精神文明的关系，把精神文明建设贯穿改革开放和现代化全过程、渗透社会生活各方面，紧密结合培育和践行社会主义核心价值观，大力倡导共产党人的世界观、人生观、价值观，坚守共产党人的精神家园；大力加强社会公德、职业道德、家庭美德、个人品德建设，营造全社会崇德向善的浓厚氛围；大力弘扬中华民族优秀传统文化，大力加强党风政风、社风家风建设，特别是要让中华民族文化基因在广大青少年心中生根发芽。要充分发挥榜样的作用，领导干部、公众人物、先进模范都要为全社会做好表率、起到示范作用，引导和推动全体人民树立文明观念、争当文明公民、展示文明形象。

通过本次调查我们认为，要整合全社会的价值观，凝聚中华精神，可针对河南省居民价值坐标系统表现出来的特点，从改善民生提升价值认同、创新传播渠道、弘扬传统文化、加强基层政府建设、净化网络环境等方面着力。

（一）改善民生，提升居民价值认同

仓廪足而知礼仪，经济基础决定上层建筑，居民对社会主义核心价值观的认同与收入等民生议题息息相关，民生问题得到改善，居民才会对社会主义观念和制度更加认同，精神生活才会更加丰富。因此，政府需要通过改善民生，来提升居民的价值认同。第一，建立完善社保政策，加大对低收入家庭的社保补贴力度，为低收入居民提供如小额贷款、减免税收、就业培训等政策支持。第二，通过探索创业成果利益分配机制，加强政策扶持，提供良好的创业环境，切实提高居民的收入水平，稳定物价，保障居民经济安全。第三，调整产业布局，发展城镇经济，方便居民就近解决就业安置问题，便于居民兼顾工作和照顾家庭，提升居民整体生活水准的同时，也可以降低居民流动率，维护社会稳定。

（二）创新传播渠道，扩大核心价值观覆盖群体

在社会主义核心价值观的传播过程中，应通过多种途径，不断创新核心价值观的传播途径，因此，可以从以下几个方面入手：第一，将核心价值观融入大众文化，通过大家喜闻乐见的形式，兼顾老中青不同年代的喜好，比如利用动漫、戏曲、音乐、影视等多元方式来培育社会主义核心价值观。同时，可以借鉴“宪法日”的成功经验，设立价值观宣传日，加大对低学历、低收入以及高收入居民的宣传力度。第二，利用网络媒体传播核心价值观，加强正面的舆论引导，如利用网站、微信、微博、QQ 等网络媒体平台，最终实现社会主义核心价值观的传播日常化、具体化、生活化。第三，发挥家庭在价值观方面的教育作用。家庭教育是价值观教育的重要组成部分，必须提升家长的综合素质，端正家长的教育理念，让家长成为孩子做模范榜样，促使孩子在积极健康的家庭氛围中形成正确的价值观。

（三）将弘扬传统文化与核心价值观教育相结合

中国优秀的传统文化是价值观的重要基础和来源，调查结果显示，也有很多被访者认为应将“仁义礼智信”等传统价值观作为当今的主流价值观。因此，可以从以下几个方面入手：第一，结合地方文化特色，把核心价值观与地方文化特色相结合，推出相关的书籍、戏曲、影视等作品。第二，组织开展以传统文化和社会主义核心价值观为主题的志愿服务、公益活动等社会实践活动，让活动进社区、校园，吸引居民参与活动，让居民更直观地感受传统文化的魅力，产生对优秀传统文化的兴趣和认同感。第三，利用网络媒体，积极宣传优秀传统文化和核心价值观。如开设价值观公众号、红色微博等，并在其中融入知识、教育、服务等多元化内容，为扩大传统文化和社会主义核心价值观话语权提供广阔的舆论平台。

（四）加强基层政府建设，转变政府职能，提高政府公信力

根据问卷调查可知，居民对基层政府的满意度低于中央政府，总体来说，居民对中央政府的政策制度比较认同，但对于基层政府的政策执行和服务满意度较低，这就需要加强基层政府建设，提升基层政府的服务能力，转变管理方式。因此，可以从以下几个方面入手：第一，提高基层政府办公人员的服务素质和整体能力，加强对基层公职人员的职业素养培训和党性修养培训，改变工作态度，定期对基层公职人员进行岗位培训，改进服务态度。第二，大力推进互联网和政府服务相结合的方式，使政府服务和公共决策网上互动、网上办理，畅通网上沟通渠道，切实提高便民服务的质量和效率。拉近居民与政府的心理距离，提高居民对政府工作的认知度和认同度。第三，加大监管力度，推动政务公开，保障居民的知情权，提高政府工作透明度，建立政府与居民互动机制，提高政府对居民诉求的回应能力。

（五）净化网络环境，发挥网络媒体的“正能量”

研究表明，影响居民确立社会主义核心价值观的主要因素是网络媒体的

负面信息和西方价值观的渗透。当前互联网技术飞速发展，网络世界开始形成，居民无时无刻不受到网络影响，净化网络环境，有助于居民构建正确的价值观念。因此，应从以下几点入手：第一，不断完善网络政策监督体系，坚持依法治网是监管网络媒体的根本之道，加强网络立法建设，为网络监管提供有法可依、违法必罚的法律依据。第二，加大对官方新闻网站等主流媒体的扶持力度，鼓励其提升内容水平和舆论引导能力，全面扩散主流舆论的影响力，使其在网络空间占据主导力量，充分发挥网络媒体服务党和国家工作大局、传播社会主义核心价值观、开展网上宣传、建设良好舆论环境的重要作用。第三，加大对各种类型的网络不端行为的打击力度，营造更加清朗的网络环境，灵活运用各种手段及时对网络媒体乱象进行“拨乱反正”。第四，通过政府门户网站平台，加强与网民的互动，增强互动的趣味性、丰富性，引导居民确立正确的价值观。

河南省城市居民获得感调查分析

樊红敏　郭志会　陈诗轩*

摘　要： 基于社会治理河南省协同创新中心的“2017 年河南省宜居城市调查”数据，对比 2015 年、2016 年、2017 年三年来河南省居民的获得感情况，本文从安全感、尊严感以及满足感三个维度来测量居民获得感，调查发现：三年来，河南省社会治安指数逐年提高，社会治安状况持续向好；居民收入满意度指数较低，居民对个人收入满意度近三年持续下降；居民对生态环境的满意度三年来不断提高；机关事业单位人员获得感最高，低收入群体获得感最低，30 岁以下群体尊严感最低。建议从以下几方面着力：一要聚焦民生工程，增加居民收入，提高居民经济安全感；二要完善农民及农民工群体社会保障体系，增加低收入群体获得感；三要着力政府治理能力建设，提升居民政府信任；四要围绕降低城市生活压力，多措并举提升居民获得感。

关键词： 河南　居民获得感　安全感　尊严感　满足感

一　获得感评价指标体系

党的十九大报告提出要深入贯彻以人民为中心的发展思想，形成有效

---

* 樊红敏，郑州大学公共管理学院教授，博士生导师；郭志会，郑州大学公共管理学院 2016 级硕士研究生；陈诗轩，郑州大学公共管理学院 2017 级硕士研究生。

的社会治理、良好的社会秩序，使人民获得感、幸福感、安全感更加充实、更有保障、更可持续。保证全体人民在共建共享发展中有更多获得感，不断促进人的全面发展、全体人民共同富裕，不断满足人民日益增长的美好生活需要，不断促进社会公平正义，使人民生活不断改善，人民获得感显著增强。

“获得感”是指在经济社会发展过程中，居民在个人收入、社会安全、公共服务、权利保护以及社会参与等方面，通过实实在在的“得到”，而产生的安全感、尊严感和满足感。从本质上来看，获得感是指“居民对美好生活的向往”。2018 年获得感评价指标体系基本沿用 2017 年的指标体系，但稍有补充完善。居民获得感由居民安全感、尊严感与满足感三个二级指标构成。在安全感方面，分别从个人收入变化情况，本地教育、医疗、养老满意度，本地社会治安状况评价和本地城市生态环境满意度四个方面观测；尊严感方面，分别从参与本地公共事务的状况、本地政府在执行公务时遵守法律的情况、本地法院判决的公正程度和本地的社会公平状况四个方面来观测；满足感方面，分别从收入状况的满意程度、生活现状的满意程度和对未来的信心程度三个方面来观测，并以此对河南省居民获得感进行评价分析（见表 1）。

表 1　城市居民获得感评价指标体系

一级指标	二级指标	权重	三级指标	观测点	权重
城市居民获得感	安全感	0.5	经济安全	收入变化情况	0.15
			社会保障安全	本地教育、医疗、养老满意度	0.15
			社会治安	本地社会治安状况评价	0.1
			环境安全	本地城市生态环境满意度	0.1
	尊严感	0.4	社会参与	参与本地公共事务的状况	0.1
			依法行政	本地政府在执行公务时遵守法律的情况	0.1
			司法公正	本地法院判决的公正程度	0.1
			社会公平	本地的社会公平状况	0.1
	满足感	0.1	生活满意度	收入满意度	0.04
			幸福感	生活现状的满意程度	0.04
			信心感	对未来的信心程度	0.02

二　数据选取与评价方法

本文以社会治理河南省协同创新中心于2017年12月20～25日开展的“2017年河南省宜居城市调查”为数据支撑。为了更准确了解河南省居民获得感状况，本报告剔除了河南省宜居城市调查中学生受访者问卷，有效问卷为3906份。

本报告把全省及18个地市的安全感指数、尊严感指数、满足感指数按照5级量表划分为“非常满意、比较满意、一般、比较不满意、非常不满意”5个等级。获得感的感知度按照5级量表形式进行赋值，1.00分表示“非常不满意”，5.00分表示“非常满意”，分数越高则意味着满意度越高。依此得出全省及18个地市的各项三级指标得分，然后通过加权计算，得出二级指标安全感指数、尊严感指数及获得感指数。将指数转换为百分制后，居民获得感指数、安全感指数、尊严感指数和满足感指数评定标准为：20～40分为“低”；40.01～60分为“比较低”；60.01～70分为“中”；70.01～80分为“比较高”；80.01～100分为“高”。

三　河南省居民获得感状况分析

（一）2017年河南省居民获得感仍处于中等水平

通过对全省的安全感指数、尊严感指数及满足感指数加权计算，转换得分后，2017年全省获得感指数得分为66.5分，仍处于中等水平，居民获得感指数整体不高。在18个地市中，许昌和漯河的得分最高，分别为72.2分和71.0分，许昌和漯河人民获得感程度相对较高，居民获得感较强；许昌市继上年获得感在全省排名第一后，2017年仍稳居首位，其获得感指数连续两年全省第一，充分表明许昌市经济社会保持了良好的发展态势，民生得到了持续改善，赢得了广大人民群众的充分认可。安阳得分为62.9分，居民获得感指数得分最低，其余15市的得分为63.3～68.9分，居民获得感指数为“中”（见表2）。可见，2017年河南省居民的获得感指数不高，整体上中等水平。

表2 河南省及其18个地市的居民获得感指数

单位：分

序号	城市	获得感二级指标			获得感指数
		安全感指数	尊严感指数	满足感指数	
1	许昌	74.9	68.2	74.8	72.2
2	漯河	71.6	69.6	74.3	71.0
3	濮阳	70.3	66.7	70.8	68.9
4	驻马店	70.2	66.2	68.6	68.5
5	郑州	69.3	65.4	70.8	67.9
6	济源	68.5	65.9	67.5	67.4
7	鹤壁	69.3	63.5	72.8	67.4
8	焦作	68.2	64.6	71.0	67.0
9	南阳	67.1	64.8	71.6	66.6
10	新乡	67.3	62.6	72.3	65.9
11	信阳	67.6	62.1	67.7	65.4
12	三门峡	65.0	64.6	66.0	65.0
13	周口	65.2	63.2	67.4	64.6
14	开封	65.2	62.4	67.7	64.4
15	商丘	65.1	62.4	67.8	64.3
16	洛阳	64.6	60.9	67.2	63.4
17	平顶山	64.7	60.6	67.1	63.3
18	安阳	63.7	61.2	65.9	62.9
全省平均		67.7	64.2	69.5	66.5

（二）三年来河南省城市社会治安状况持续向好

河南省城市2017年度社会治安指数得分为74分，社会治安评价为

“比较高”，与2015年、2016年相比，全省社会治安指数三年保持持续增长，从“一般”上升为“较高”，表明河南省城市总体社会治安状况好中有升。从地市社会治安指数来看，许昌市的社会治安指数在全省处于较高位置，其社会治安指数为84.2分，指数为“高”，表明许昌市的社会治安状况良好。从近三年各地市的治安指数对比来看，许昌、驻马店、濮阳、漯河、信阳、焦作、洛阳、郑州8市的社会治安指数三年连续增长（见表3）。

表3　2015年、2016年、2017年社会治安指数对比

单位：分

地　市	2017年社会治安指数	2016年社会治安指数	2015年社会治安指数
许　昌	84.2	77.4	75.4
驻马店	78.7	77.1	64.6
濮　阳	78.6	70.9	64.8
漯　河	76.4	74.9	70.8
信　阳	76.3	73.3	65.4
焦　作	75.9	71.4	69.6
洛　阳	73.9	70.7	68.8
郑　州	72.3	69.3	66.0
全省平均	74.0	71.5	68.4

（三）居民对个人收入满意度近三年持续下降

在收入满意度方面，我们选取了“您对自己收入的满意度”来测量。2017年全省居民对收入的满意度得分为55.7分，与2015年、2016年两年的得分情况相比，居民收入满意度指数三年连续下降。总体上来看，居民收入满意度指数“比较低”，说明居民对自己的收入满意度不高。从18地市三年的经济安全指数对比来看，郑州、濮阳、周口、焦作、商丘、开封、济源、驻马店、洛阳9市经济安全指数连续三年有所下降（见表4）。

表4　2015年、2016年、2017年收入满意度指数对比

单位：分

地　　市	2017年收入满意度	2016年收入满意度	2015年收入满意度
郑　　州	58.1	58.4	62.2
周　　口	57.2	62.6	65.4
濮　　阳	56.6	59.7	61.0
焦　　作	55.7	59.1	63.6
商　　丘	54.0	57.5	59.8
济　　源	53.4	56.2	61.8
驻 马 店	53.0	60.7	62.0
开　　封	52.8	57.3	63.8
洛　　阳	52.1	54.6	60.2
全省平均	55.7	58.4	60.0

（四）居民对生态环境的满意度评价近三年持续提高

在生态环境安全满意度评价方面，我们选取了“您对当地生态环境的满意度”来测量。2017年全省居民对收入的满意度得分为67.5分，与2015年、2016年两年的得分情况相比，生态环境满意度指数三年连续增长。总体上来看，生态环境满意度指数“比较低”，说明提升河南省的环境安全还有较大的上升空间。从18地市三年的生态环境满意度对比来看，许昌、驻马店、焦作、安阳4市连续三年保持增长（见表5）。

表5　2015年、2016年、2017年环境安全指数对比

单位：分

地　　市	2017年环境安全指数	2016年环境安全指数	2015年环境安全指数
许　　昌	82.4	80.9	78.6
鹤　　壁	76.0	64.1	70.6
漯　　河	74.9	71.0	72.8
济　　源	71.2	72.9	73.4
信　　阳	70.6	76.4	68.8
驻 马 店	69.7	67.5	61.0
濮　　阳	68.2	72.1	56.0

续表

地　　市	2017 年环境安全指数	2016 年环境安全指数	2015 年环境安全指数
南　　阳	68.0	73.6	67.6
焦　　作	67.9	67.0	61.0
新　　乡	67.8	63.2	66.6
三 门 峡	65.8	73.2	72.2
郑　　州	65.1	56.5	59.0
开　　封	65.0	67.4	65.2
洛　　阳	64.4	68.2	66.8
周　　口	61.7	61.0	63.6
平 顶 山	61.3	61.2	67.0
商　　丘	61.1	63.1	60.6
安　　阳	58.8	53.9	53.8
全省平均	67.5	66.6	65.8

（五）城市社区服务指数为“中”，与上年相比，城市居民对社区服务的满意度下降

在社区服务满意度评价方面，我们选取了“您对所在社区提供的社区服务的满意度”来测量。2017 年全省居民对社区服务的满意度得分为 68.4 分，相较于 2016 年的 69.8 分，2017 年社区服务满意度指数下降了 2%，商丘、许昌、南阳、洛阳、漯河、焦作的下降幅度较大（见表 6）。

表 6　2016 年、2017 年社区服务满意度指数对比

单位：分，%

地　　市	2017 年社区服务指数	2016 年社区服务指数	变化幅度
许　　昌	72.8	76.5	-4.9
驻 马 店	72.3	74.0	-2.2
漯　　河	72.0	75.2	-4.3
济　　源	71.8	72.0	-0.3
焦　　作	69.7	72.7	-4.1
南　　阳	67.9	72.2	-5.9
三 门 峡	67.8	70.2	-3.4
安　　阳	66.7	67.3	-0.8

续表

地　　市	2017 年社区服务指数	2016 年社区服务指数	变化幅度
开　　封	65.1	65.7	-0.8
洛　　阳	63.2	68.3	-7.5
商　　丘	62.9	70.0	-10.2
全省平均	68.4	69.8	-2.0

（六）机关事业单位人员获得感最高，低收入群体获得感最低，30岁以下群体尊严感最低

首先，机关事业单位人员获得感指数最高。按照受访者职业的不同，将社会群体划分为机关事业单位人员、个体工商户、私营企业主、专业技术人员或高级管理人员、普通工人、农民工及农民6类。群体比较发现，机关事业单位人员的获得感指数最高，为69.3分；其他依次为专业技术人员或高级管理人员、私营企业主、普通工人、个体工商户、农民工及农民；农民工及农民获得感指数最低，为63.9分。二级指标对比，机关事业单位人员尊严感、满足感指数均为最高，说明公职人员仍然是社会优势阶层，其社会地位仍处于较高层次（见表7）。农民工及农民群体的获得感指数最低，相对于上年有较大下降，说明提高农民工及农民群体的获得感仍是我们下一阶段的重点任务。

表7　河南省不同职业群体获得感指数

单位：分

职　业	二级指标			获得感指数
	安全感指数	尊严感指数	满足感指数	
机关事业单位人员	70.1	67.5	72.7	69.3
私营企业主	67.7	64.9	70.7	66.9
农民工及农民	65.5	61.2	66.8	63.9
专业技术人员或高级管理人员	70.9	64.1	70.4	68.1
普通工人	68.3	63.6	69.3	66.5
个体工商户	66.2	63.0	69.4	65.2

其次，低收入群体获得感最低。将个人年收入3万元以下界定为低收入群体，3万~8万元为中等收入群体，8万元以上为高收入群体。调查数据显示，低收入群体获得感指数为66.3分；中等收入群体获得感指数为67.0分；高收入群体获得感指数为67.1分（见表8）。从收入群体看，低收入人群获得感最低，这与低收入群体的安全感指数很低有关，并直接导致该群体获得感指数较低。高收入群体的获得感指数最高，这与其尊严感指数和满足感指数在三个群体中为最高有较大关联。中等收入人群的获得感处于中间地位，并且安全感指数处于最高，下一步提升居民整体获得感的重点还是要依靠这些社会的中间力量，扩大中等收入群体的规模，增强其尊严感。低收入群体对于经济安全、社会保障、社会治安等要求更高，对个人收入、教育医疗养老等民生问题更加关注，要不断提高基本公共服务供给水平，满足这类低收入群体的需求。

表8　河南省不同收入居民获得感指数

单位：分

收入群体	二级指标			获得感指数
	安全感指数	尊严感指数	满足感指数	
低收入群体(年收入0~30000元)	67.4	64.3	68.6	66.3
中等收入群体(年收入30000~80000元)	68.5	64.2	70.7	67.0
高收入群体(年收入80000元以上)	68.0	64.6	72.1	67.1

最后，30岁以下群体的尊严感指数最低。按照受访者年龄，本报告将社会群体划分为30岁以下、30~45岁和45岁以上三个群体。调查数据显示，30岁以下群体的获得感指数为66.1分；30~45岁群体的获得感指数为67.8分；45岁以上群体的获得感指数为68.1分。从年龄群体来看，30岁以下群体的获得感最低。在三个二级指标中，30岁以下群体的尊严感最低，其中尊严感指数为63.4分，属于“中”（见表9），河南省30岁以下的城市居民在社会参与、法治建设和社会公平方面满意度较低。当前90后已经作为30岁以下年轻人的中坚力量，如何保障其尊严

感，促使其社会参与的增多和民主法治意识的增强，进而推动社会治理现代化，值得思考。

表 9　河南省不同年龄组居民获得感指数

单位：分

年龄群体	二级指标			获得感指数
	安全感指数	尊严感指数	满足感指数	
30 岁以下	67.9	63.4	67.7	66.1
30～45 岁	69.9	64.4	70.8	67.8
45 岁以上	70.3	64.9	69.8	68.1

四　居民获得感影响因素分析

居民获得感包含了多个层次，居民安全感、尊严感和满足感也会受到不同因素的影响，本报告运用路径分析和多元回归模型，从生活压力、政府状况、社会服务三个维度，分别用居民生活压力、政府廉洁与效率以及社会建设状况三个方面的指标建立居民获得感影响因素模型，分析影响居民获得感的因素及作用路径。

（一）“政府状况”对居民获得感影响显著

在路径分析模型（见图 1）中，单箭头（如本地政府满意度→政府信任系数 0.25）上的路径系数代表着箭头起端变量变化对末端变量的影响程度，系数越大代表着起端变量的变化引起末端变量的变化越大；双箭头（如本地政府满意度←→本地政府廉洁度系数 0.55）上的路径系数代表着箭头两端变量间的共变关系，系数越大相关性越强。

根据居民获得感影响因素路径分析结果，生活压力、政府状况和社会服务三个方面包含的七个变量中对居民获得感影响程度从大到小依次为：生活压力、本地政府廉洁度、本地政府满意度、社区服务、办事效率、志愿服务

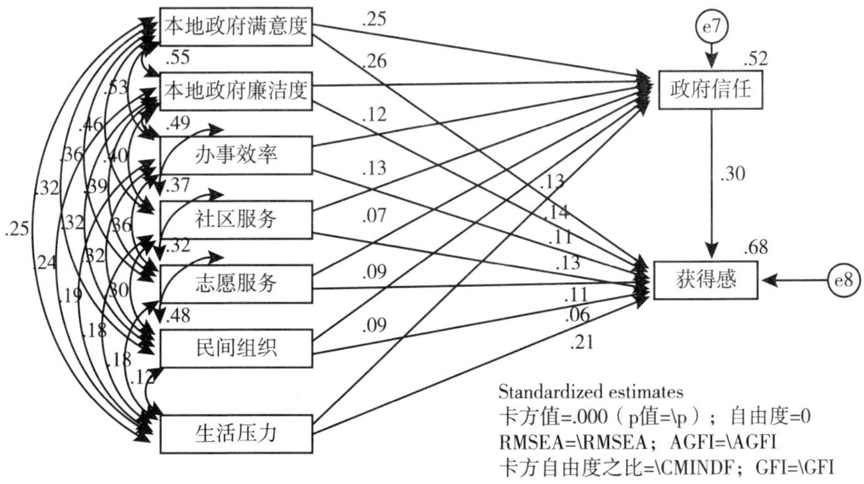

图 1　居民获得感影响因素路径分析

和民间组织。首先，生活压力对居民的获得感影响最为显著，居民生活压力越大，获得感越低。其次，本地政府廉洁度和本地政府满意度对居民获得感也产生了显著影响，相对于“社会服务”，“政府状况”对居民获得感的影响作用更大。

（二）“政府状况”等通过“政府信任”对居民获得感产生影响

研究“政府状况”通过影响居民对当地政府的信任，进而影响居民的获得感，其路径分析结果如图 1 所示，政府信任影响获得感的路径系数为 0.30，大于生活压力、本地政府廉洁度等与获得感的路径系数，表明政府信任的提升会引起居民获得感更多地增加。通过其他变量与政府信任间的路径系数判断，在生存压力、政府状况和社会服务的诸变量中，政府廉洁度和政府满意度显著影响居民的政府信任，进而影响居民获得感。

（三）“政府信任”“生活压力”对居民获得感产生的影响较大

两个因素间若存在多条路径（如本地政府满意度直接影响获得感，也通过政府信任间接影响获得感），则可以通过路径系数的乘积加和得到一个因素对另一因素的总计效果值，衡量一个因素对另一个因素总计产生影响的大小。标准化的总计效果值如表 10 所示，表示民间组织、志愿服务、社区服务等变量每变化一个单位对政府信任和获得感产生的影响情况。从表中可以看到政府信任对获得感产生的总计效果值最大，总计效果值为 0. 297，即其他条件不变，政府信任度每增加一个单位，居民获得感上升 0. 297 个单位；其次为生活压力，总计效果值为 0. 233，即其他条件不变，生活压力减轻一个单位，居民获得感上升 0. 233 个单位。之后各总计效果值从大到小依次为本地政府廉洁度、本地政府满意度、社区服务、办事效率、志愿服务和民间组织。

表 10　标准化的总计效果值

类别	政府信任	生活压力	本地政府廉洁度	本地政府满意度	社区服务	办事效率	志愿服务	民间组织
政府信任	0. 000	0. 087	0. 261	0. 253	0. 131	0. 124	0. 074	0. 090
获得感	0. 297	0. 233	0. 222	0. 210	0. 167	0. 144	0. 136	0. 087

（四）文化程度越高居民满意度越低，居住时间短的居民尊严感强

通过构建多元回归模型，分别将居民的获得感、安全感、尊严感和满足感作为因变量，将上述生存状况、政府状况和社会服务三个维度下的生活压力、本地政府廉洁度等七个变量作为解释变量，加入中介变量政府信任和控制变量性别、文化程度、户籍和本地居住时间，研究各自变量对因变量产生的影响。多元回归分析的结果发现居民的文化程度和居住时间均对居民的满意度和尊严感有显著影响。伴随着文化程度提高居民的满足感降低（文化程度标准化回归系数 beta = −0. 053，$p < 0.01$）；居住时间与居民的尊严感呈现负相关（居住时间标准化回归系数 beta = −0. 034，$p < 0.01$），即相对于居住超过三年的居民，居住时间较短的居民尊严感较强，对社会公平、公共事务参与的态度更加积极。

五 对策建议

河南省居民获得感评价指数仅为“中”，仍有很大提升空间。基于以上调查发现，应从以下几个方面着力，提升居民获得感。

（一）改善民生，增加居民收入，提高居民经济安全感

经济安全感是居民最基本的需求，也是影响居民获得感的根本性因素。调查发现，全省居民对个人收入状况较不满意，河南省居民对个人收入的满意度近三年持续下降，根据“木桶效应”，经济安全、收入水平制约了居民安全感以及获得感的提升，要提高河南省居民的获得感，关键要从改善民生、增加居民收入着手，通过实施积极就业政策，坚持就业优先战略，促使居民实现更高质量和更充分就业；通过鼓励更多社会主体投身创新创业，积极响应“大众创业、万众创新”政策，实现创业带动就业的新局面；通过完善收入分配制度，缩小居民收入差距等措施，确保经济稳定增长，增强居民的经济安全感。调查发现，30 岁以下群体的获得感指数最低，说明年轻群体相对于其他社会群体而言，生活压力相对较大，因此，要特别重视年轻群体的物质需求和价值需求，在增加就业培训、共享就业信息、改善就业服务、完善失业保障等方面采取措施，增加 30 岁以下群体的工资收入，进而提高该群体的物质需求；在增加社会参与、保障合法权益、注重社会公平等方面，满足该群体的价值需求。

（二）进一步加强社会保障，提高农民工及农民群体的获得感

避免“短板”现象是提高整体居民获得感的重要环节。调查显示，农民工及农民群体的获得感指数在受调查人员各职业对比中排名最后，其安全感指数、尊严感指数、满足感指数也是最低的，表明农民工及农民群体的安全保障、尊严需要以及满足需求均未得到有效实现，迫切需要采取有针对性的措施，提高农民工及农民群体的获得感。在安全感方面，通过为农民工

及农民群体提供就业技能培训、给予创业指导及政策咨询服务等措施，优化其就业或创业环境，提高该群体的经济收入；在尊严感方面，要特别的对农民工及农民群体的权益维护给予高度重视，通过法律援助、社会救助以及城市融入等措施，使他们在城市里有尊严的生活；针对农民工及农民群体满足感低的情况，要建立和完善相关的社会保障制度，提升农民工自身的竞争力，提升他们的思想文化素质和劳动技能水平，使他们有信心生活得更好。

（三）加强政府治理能力建设，提升居民政府认同感

研究发现，政府信任对居民获得感影响最大，应从加强政府治理能力建设入手，增强政府公信力。一是提升政府依法行政能力，加快法治政府建设，通过完善法律法规制度，发挥法律和制度对公权力的规范和制约作用，以法治思维和法治方式解决问题，提高行政人员依法行政的水平，规范行政执法的程序，切实提高政府法治化能力，提升群众的信任感；二是建立透明公开的诚信政府，完善舆论媒体等社会监督体系，让政务在阳光下运行，全面应用现代信息技术、网络技术拓展信息公开的渠道，建立多层次信息公开体系，加大政府透明度，增强群众的认同感；三是着力于体制改革，通过行政审批制度改革、行政服务中心建设，打通行政服务的最后一公里，以便捷高效的行政服务赢得居民信任。

（四）多措并举，降低城市生活压力，提升居民获得感

“生活压力”对居民获得感的影响仅次于政府信任，不同程度的经济压力、工作压力以及生活压力严重影响着居民获得感。政府应着重从以下方面来缓解居民城市生活压力，提升居民获得感：一是着力于技术创新，大力推动智慧城市建设，完善城市交通等相关基础设施建设，提升居民城市生活便捷度；二是优化基本公共服务供给结构，提升公共服务质量，加大教育、医疗、就业、社会保障等基本公共服务投入，通过多种渠道提高居民安全感；三是制定完善的法律法规，引导房地产商合理开发、居民理性消费，改善房

地产市场供应结构，完善住房保障机制来缓解居民住房压力；四是完善社会心理服务体系，培育专业性的心理机构，开展心理咨询志愿服务，为居民进行心理疏导，帮助其运用正确的方式释放压力，培育其健康积极的生活心态，提升居民获得感。

河南省城市居民幸福感及其影响因素分析*

丁辉侠　梁思源　张玉贞　冯浩原**

摘　要： 依据2017年河南省宜居城市调研数据，运用Pearson相关系数，从非感知性和感知性两个方面，对影响城市居民幸福感的因素进行分析。结果表明，2017年河南省城市居民幸福感总体较高且有所提升。影响城市居民幸福感的因素十分复杂，城市常住人口、中高收入及女性居民的幸福感相对较高；高学历、中年群体及外来居民幸福感相对较低；在感知性影响因素中，公共服务持续改进、政府自身的良性建设、城市社会环境向好有助于提升城市居民幸福感。应从推进人才强省建设，提高公共服务的供给水平，尤其是重视城市生态环境治理，加强政府自身建设，特别是信用体系建设，构建和谐幸福的社会环境等方面提升居民幸福感。

关键词： 河南　城市居民　幸福感

* 基金项目：本研究是国家社科基金项目“政府购买公共服务绩效改进的机制与提升路径研究”（项目编号：15BZZ054）和河南省青年教师骨干项目“政府购买公共服务绩效评估研究”（项目编号：2016GGJS－011）的阶段性成果。

** 丁辉侠，郑州大学公共管理学院副教授，博士生导师，社会治理河南省协同创新中心研究员，研究方向为公共经济、区域治理和政府绩效管理；梁思源，郑州大学公共管理学院讲师，社会治理河南省协同创新中心研究员，研究方向为社会治理与发展、土地资源管理；张玉贞，郑州大学公共管理学院2017级行政管理专业硕士研究生；冯浩原，郑州大学公共管理学院2017级行政管理专业硕士研究生。

新福利经济学认为，民众主观幸福感是评价社会政策成功与否的关键指标①，政府任何社会政策的根本目标都在于提升民众福祉和让人民生活得更加幸福。幸福感是个体对现实生活的主观反映，是由客观生活条件和主观价值需求共同作用产生的一种积极的心理体验②，因此，具有主观性（subjectivity）、积极性（positivity）、整体性（integration）③ 等特点，包括了情感因素和认知因素两个部分④，其中前者是对生活总体感觉的评价，分为积极与消极两种主观体验，后者是对生活总体水平满意度的评价⑤，包括了积极情绪体验与消极情绪体验以及生活满意度等⑥。随着物质生活的丰富，居民的幸福感问题也越来越受到关注。习近平总书记在不同场合从生活、人民、团结、和平、平安、健康、蓝天、精神、劳动、共享等方面对幸福做了不同角度的阐释；十九大提出“使人民获得感、幸福感、安全感更加充实、更有保障、更可持续”的目标。同时，提升居民幸福感也日益成为各地方政府所追求的重要目标之一。2018 年，河南省政府工作报告提出了“创业之都、宜居之城、幸福之家”的城市发展目标。基于此，本报告主要利用 2017 年 12 月社会治理河南省协同创新中心“2017 年河南省宜居城市调查”的调查数据，在对各地市居民幸福现状进行评价的基础上，分析影响河南省各地市居民幸福感的主要因素，从而为进一步提升居民幸福感提供切实可行的政策建议。

一　评价方法及影响因子指标体系

本报告将城市居民幸福感按照 5 分量表进行分类，划分为“非常幸福”

---

① Veenhoven，R. *Happiness in Nations*：*Subjective Appreciation of Life in 56 Nations 1946 - 1992*. Roterdam：Erasmus University Press，1993.

② 邢占军：《测量幸福：主观幸福感测量研究》，人民出版社，2005。

③ Diener E. Subjective Well - being. *Psychological Bulletin*. 1984（3）：542 - 575.

④ 程灶火、高北陵、彭健等：《儿少主观生活质量问卷的编制和信效度分析》，《中国临床心理学杂志》1998 年第 1 期。

⑤ 吴若冰：《地方政府质量对居民幸福感的影响研究》，中央财经大学博士学位论文，2015。

⑥ 郑雪、王玲、邱林：《大学生主观幸福感及其与人格特征的关系》，《中国临床心理学杂志》2003 年第 2 期。

“比较幸福”“一般”“比较不幸福”“非常不幸福”5个等级，并按照5分量表进行赋值，5.00表示非常幸福，4.00表示比较幸福，3.00表示一般，2.00表示比较不幸福，1.00表示非常不幸福，分数越高意味着幸福感越高。

报告将可能影响居民幸福感的因素分为感知性因素和非感知性因素，并对其进行相关性检验。其中，非感知性因素包括居民的性别、年龄、文化程度、户籍、居住时间、家庭年收入等；感知性因素包括公共服务满意度、当地政府建设满意度和社会环境满意度等（见表1）。对于满意度的评价，同样划分为“非常满意”“比较满意”“一般”“不太满意”“非常不满意”5个等级，也对其分别进行1.00~5.00赋值。

表1　城市居民幸福感影响因子指标体系

一级影响指标	二级影响指标	三级影响指标
非感知性因素	性别	
	年龄	
	文化程度	
	户籍	
	居住时间	
	家庭年收入	
感知性因素	公共服务满意度	市政建设和市政服务满意度
		交通服务满意度
		教育服务满意度
		医疗服务满意度
		就业服务满意度
		养老服务满意度
		社会保障满意度
		生态环境满意度
	当地政府建设满意度	政务公开
		廉洁程度
		对政府的信任水平
	社会环境满意度	社会公正和公平评价
		社会和谐评价
		社会诚信评价
		人文环境满意度

其中，在生态环境的满意度方面，选取“对当地城市的空气质量满意度”“对当地城市的绿化满意度”两项来测量；在政府信任水平方面，选取“对所在地街道办事处的信任程度”“对所在区政府的信任程度”“对所在地市政府的信任程度”三项来测量；在社会公正和公平评价方面，选取“本地法院判决的公正程度”“本地的社会公平状况”两项来测量。其他影响因子指标都采用单一的满意度进行测量。

二　河南省城市居民幸福感总体分析

（一）河南省城市居民幸福感总体较高且有所提升

通过对有关幸福感调查的结果进行统计计算，发现河南省18地市城市居民幸福感总体较高，其中“比较幸福”所占比重最大，为41.6%；“非常幸福”的比重次之，为30.3%；“非常不幸福”的比重最小，为1.6%；“比较幸福”和“非常幸福”的占比之和为70%左右，而“不太幸福”和“非常不幸福”的占比不足10%，还有21.7%的调查者表示幸福感“一般”。另外，对幸福感进行赋值计算，河南省18地市城市居民总体幸福感得分为3.94分，介于“比较幸福”和“一般幸福”之间，处于中上水平，城市居民总体幸福感较高。

同时，和2015年河南省城市居民幸福感的调查结果相比较，“非常幸福”的人数比例由16.21%①增长到30.3%，“不太幸福”和“非常不幸福”的比重则分别由8.87%、1.86%②降到4.8%和1.6%，感到幸福的人数比例大大增加，而幸福感不强的人群比例也在不断减小，幸福感的平均得分由

① 梁思源、周勇振：《河南省城市居民幸福感调查》，《河南社会治理发展报告（2016）》，社会科学文献出版社，2016，第194～210页。

② 梁思源、周勇振：《河南省城市居民幸福感调查》，《河南社会治理发展报告（2016）》，社会科学文献出版社，2016，第194～210页。

2015 年的 3.64 分[①]、2016 年的 3.87 分[②]增加到 2017 年的 3.94 分，近年来，河南省城市居民幸福感不断增强。

（二）河南省各地市城市居民幸福感有所差异

调查还发现，河南省 18 个地市中，许昌幸福感得分最高，为 4.19 分，其次是鹤壁和漯河，分别是 4.17 分和 4.10 分，此外南阳、新乡、焦作和濮阳的幸福感得分均高于全省幸福感得分的平均水平；幸福感排名比较靠后的三个地市为安阳、周口和三门峡，分别为 3.80 分、3.78 分和 3.71 分。居民幸福感最高的城市与居民幸福感最低的城市之间相差 0.48 分。省会郑州市的居民幸福感得分是 3.93 分，接近全省幸福感平均得分，属于“比较幸福”，在 18 地市排名中处于中等水平（见图 1）。

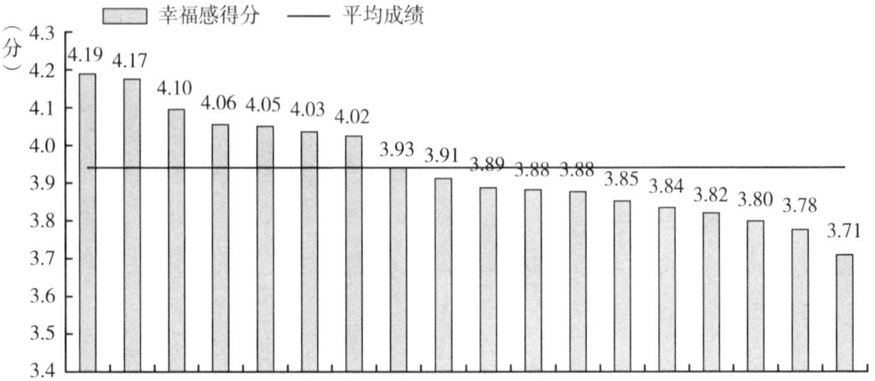

图 1　河南省 2017 年 18 地市城市居民幸福感得分

---

① 梁思源、周勇振：《河南省城市居民幸福感调查》，《河南社会治理发展报告（2016）》，社会科学文献出版社，2016，第 194～210 页。

② 樊红敏、王艺、杜鹏辉：《河南省城市居民获得感调查分析》，《河南社会治理发展报告（2017）》，社会科学文献出版社，2017，第 236～252 页。

三　河南省城市居民幸福感的影响因素分析

在城市居民幸福感影响因子指标体系的假设基础上，本部分利用Pearson相关系数检验各影响因子与城市居民幸福感之间的相关性程度。Pearson相关系数介于 -1 到1之间，正值代表正相关，负值代表负相关，相关性系数绝对值越大，相关性越强。

（一）非感知性因素对城市居民幸福感的影响

通过对非感知性因素与城市居民幸福感之间的相关性检验，得出各个非感知性因素与城市居民幸福感之间有相对较弱的相关性。其中，城市常住、中高收入及女性居民的幸福感相对较高，而高学历、中年群体及外来居民幸福感相对较低。具体分析如下。

1. 城市常住人口、中高收入及女性居民的幸福感相对较高

相关性检验结果显示，居住时间、家庭年收入以及性别与居民幸福感之间呈正相关关系，并且相较于居住时间和家庭收入，性别对幸福感的影响相对较为明显。

具体来讲，在居住时间方面，随着在本地居住时间的延长，居民幸福感会越高（见图2）。在家庭年收入方面，家庭年收入高的居民要比家庭年收

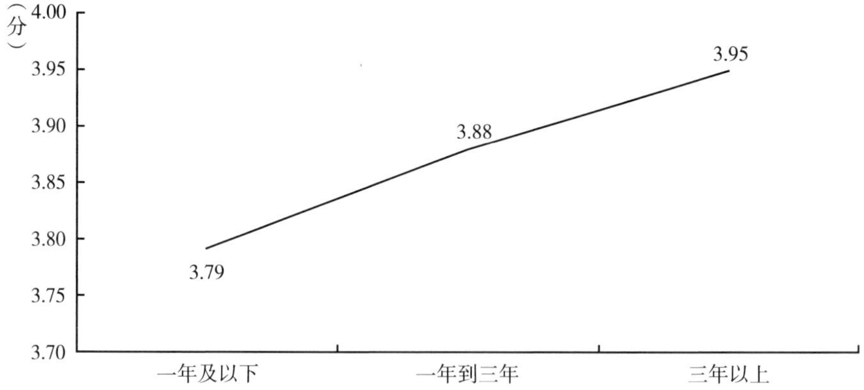

图2　居住时间与城市居民幸福感

入低的居民幸福感要高（见图 3），这在一定程度上表明物质生活的相对充足是提升居民幸福感的一个重要途径。这与国内学者邢占军[①]，国外学者 Bardburn[②]、Campbell[③] 等对收入与幸福感的研究结果相吻合。在性别差异方面，受社会期待和社会压力影响，男性幸福感（3. 86 分）普遍比女性幸福感（4. 00 分）低。

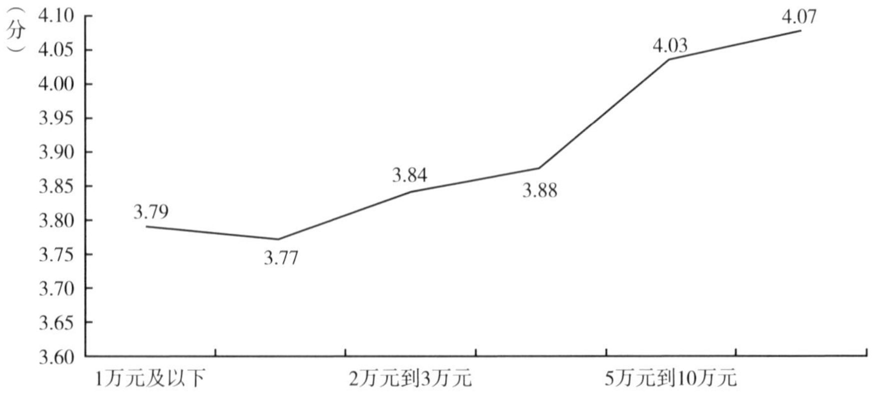

图 3　收入与城市居民幸福感

2. 高学历、中年群体及外来居民幸福感相对较低

运用 Pearson 相关系数检验户籍、年龄和文化程度与城市居民幸福感的相关性，得出年龄、文化程度与幸福感之间呈负相关关系，而文化程度的高低对城市居民幸福感的影响较为显著。

具体来讲，在户籍方面，由于非本地户籍居民的归属感不强，此外在中国，户籍制度除了承担人口管理职能外，还与能够享受到的福利密切相关[④]，因此本地户籍居民幸福感（3. 96 分）要比非本地户籍居民幸福感

① 邢占军：《城市居民的主观幸福感影响因素》，《新东方》2004 年第 11 期。

② Bradburn N. M. , *The Structure of Psychological Well-being*. Chicago：Aldine Publishing Company，1969.

③ Canlpbell. A Subjective Measures of Well-being. *American Psychologist*，1976，31：117 –124.

④ 陆益龙：《户口还起作用吗——户籍制度与社会分层和流动》，《中国社会科学》2008 年第 1 期。

（3.84 分）高；在文化程度方面，高学历者自我期望比较高，压力大①，幸福感相对比较低（见图 4）；在年龄方面，以 30～45 岁为转折点（见图 5），30～45 岁的人群，角色发生重大变化，“上有老下有小”，生活压力急剧增加，所以，幸福感下降，而其他年龄阶段幸福感随生活压力的减小相对较高。

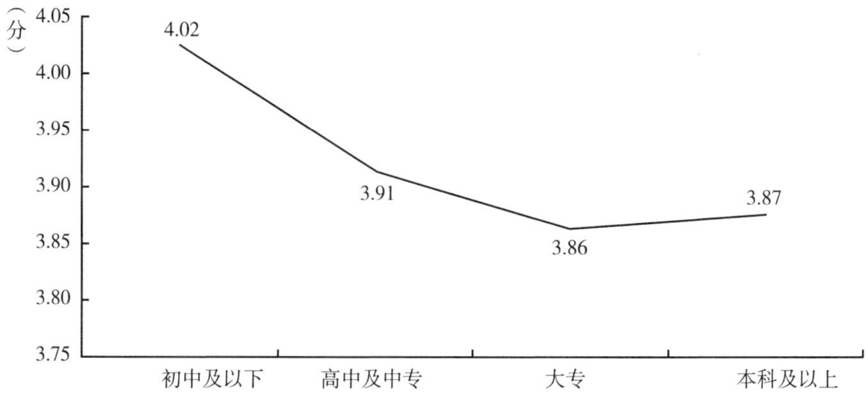

图 4　文化程度与城市居民幸福感

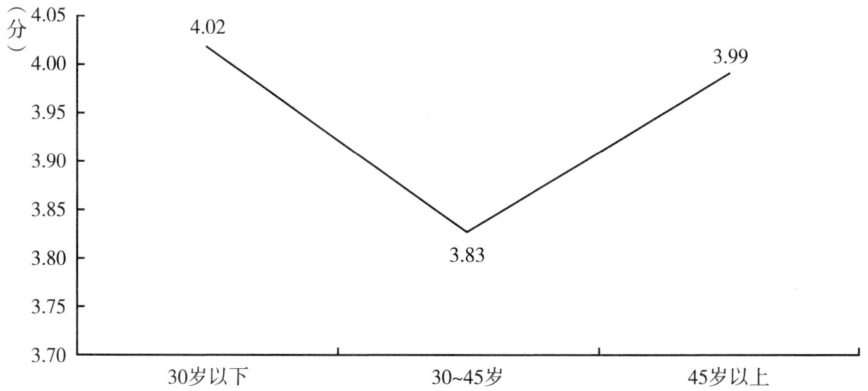

图 5　年龄与城市居民幸福感

① 王真真、张开晃、苏时鹏：《公共服务满意度与城市居民幸福感》，《决策与信息》2016 年第 9 期。

（二）感知性因素对城市居民幸福感的影响

运用 Pearson 系数对公共服务满意度、当地政府建设满意度、社会环境满意度三个层面的感知性因素进行相关性检验，得出三者对城市居民幸福感都有促进效应。具体结果如下。

1. 公共服务持续改进有助于增强城市居民幸福感

居民生活品质与政府公共服务质量紧密相关。政府提供公共产品和服务是对社会资源的重新配置，为公众提供了一定保障，使主观幸福感得到提升。①

运用 Pearson 系数考察不同公共服务类型与居民幸福感的相关性，结果表明不同类别公共服务均与城市居民幸福感之间有正相关关系（见表 2），并且环境满意度对城市居民幸福感的积极作用较为显著。

表 2 公共服务满意度与城市居民幸福感的相关性分析

类别		居民幸福感
您对本地公共交通服务的满意度为:	皮尔逊相关性	0.177**
	显著性(双尾)	0.000
您对本地市政设施和市政服务(城市道路轨道交通、供水排水燃气热力等)的满意度为:	皮尔逊相关性	0.222**
	显著性(双尾)	0.000
您对本地养老服务的满意度为:	皮尔逊相关性	0.226**
	显著性(双尾)	0.000
您对本地教育服务的满意度为:	皮尔逊相关性	0.236**
	显著性(双尾)	0.000
您对本地社会保障(社会保险、社会救助等)的满意度为:	皮尔逊相关性	0.243**
	显著性(双尾)	0.000
您对本地就业服务的满意度为:	皮尔逊相关性	0.248**
	显著性(双尾)	0.000

① Ng, Y. K., Happiness Studies: Ways to Improve Comparability and Some Public Policy Implications, *The Economic Record*, 2008, 84 (265): 253－266.

续表

类　别		居民幸福感
您对本地医疗服务的满意度为:	皮尔逊相关性	0.255**
	显著性(双尾)	0.000
您对当地城市的空气质量满意度为:	皮尔逊相关性	0.273**
	显著性(双尾)	0.000
您对当地城市绿化满意度为:	皮尔逊相关性	0.283**
	显著性(双尾)	0.000

注：** 在0.01级别（双尾）相关性显著。

首先，在基础建设投资方面，2017年河南省共计投资8831.39亿元，占全年固定资产投资的20.1%，较2016年增长30.4%。在公共交通服务方面，2017年末全省铁路通车里程5470.26公里，其中高铁1307.91公里，高速公路通车里程6522.63公里；交通运输、仓储和邮政业2017年共计投资2487.54亿元，比上年增长27.9%。①

其次，在社会保障及教育、医疗、养老、就业服务方面，各项投资加大，服务覆盖面和受众群体也不断扩大。比如，河南省2017年教育投资763.43亿元，比上年增长43.0%；卫生和社会工作共投资594.2亿元，比上年增长7.0%；在社会保障方面，2017年末参加城镇职工基本养老保险人数1897.49万人，较2016年增长8.4%，参加失业保险人数805.57万人，增长2.2%，参加工伤保险人数900.88万人，增长2.7%，参加生育保险人数692.73万人，增长6.7%。②

最后，在生态环境方面，河南省环境污染治理投资从2005年的823431万元增长到2016年的4550848万元③，投资增长约4.5倍；2017年全年18个省辖市PM10平均浓度为106微克/立方米（剔除沙尘后），同比降低22微克/立方米，下降17.2%；PM2.5平均浓度为62微克/立方米（剔除沙尘

① 《2017年河南省国民经济和社会发展统计公报》。

② 《2017年河南省国民经济和社会发展统计公报》。

③ 《河南省统计年鉴（2017）》。

后），同比降低 11 微克/立方米，下降 15.1%；二氧化硫平均浓度为 22 微克/立方米，同比降低 11 微克/立方米，下降 33.3%；全年共营造林 481.67 千公顷，增长 7.2%，其中人工造林 126.28 千公顷，增长 22.6%；森林覆盖率由 2016 年的 23.62% 增长为 24.53%。① 除此之外，有关生态环境方面的新举措还包括媒体的大力宣传、私家车单双号限行等，老百姓对于有关生态环境的投入与改善较之以往感受更加直接，因此生态环境的改善也更为显著地促进了城市居民幸福感的提升。

河南省对各项公共服务的持续改进带来的是城市居民对公共服务满意度的提升。对各项公共服务满意度进行 1.00～5.00 分赋值计算，结果如图 6 所示，可以看出，各项公共服务满意度得分都介于“一般”和“比较满意”之间，公共服务满意度总体处于满意水平。相较于 2015 年，各项公共服务满意度得分都有所提升，比如，2017 年在养老、医疗、教育方面的满意度

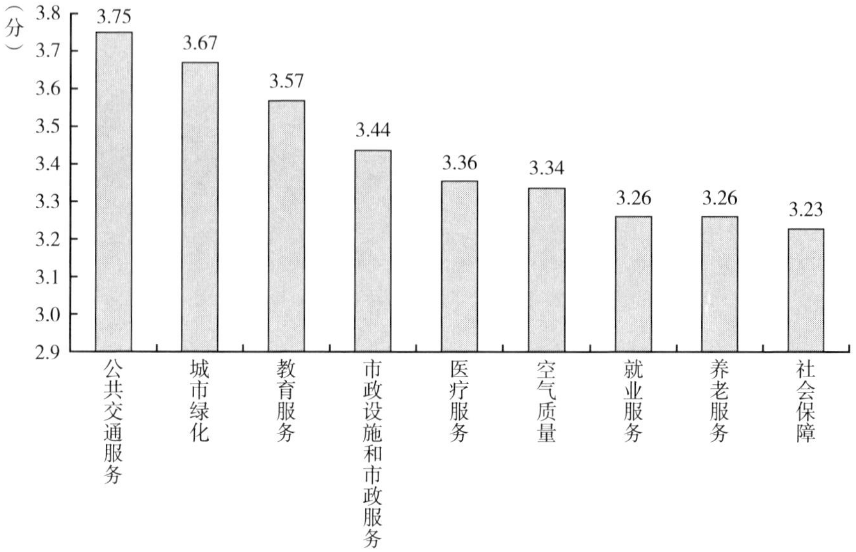

图 6　2017 年河南省各项公共服务满意度得分

① 《2017 年河南省国民经济和社会发展统计公报》。

得分相较于 2015 年的 3.15 分、3.21 分、3.44 分①分别提升了 0.11 分、0.15 分、0.13 分，而公共服务满意度的提高显然有利于城市居民幸福感的提升。除此之外，通过对比河南省 18 地市各项公共服务满意度得分（见表 3），可以发现，许昌、漯河在多项公共服务排名中比较靠前，而洛阳、周口及三门峡在多项公共服务类别排名中比较靠后，这与各地市居民的幸福感排名结果较为吻合，也进一步验证了公共服务满意度对城市居民幸福感的正向积极作用。

表 3　河南省 2017 年各项公共服务满意度得分与排名

单位：分

地市	教育		就业		医疗		养老		交通		市政服务和市政设施		社会保障		绿化		城市空气质量	
	得分	排名	得分	排名	得分	排名	得分	排名	得分	排名	得分	排名	得分	排名	得分	排名	得分	排名
安阳	3.38	16	3.13	13	3.12	17	3.15	13	3.73	11	3.30	12	3.12	14	3.34	16	2.82	18
鹤壁	3.57	9	2.88	18	3.17	16	3.14	16	3.83	8	3.65	5	3.13	13	3.92	4	3.84	2
济源	3.88	2	3.45	4	3.39	7	3.30	8	3.90	6	3.70	2	3.44	4	4.03	2	3.34	10
焦作	3.58	7	3.23	9	3.44	6	3.35	5	3.96	3	3.45	9	3.29	6	3.62	10	3.38	6
开封	3.48	12	3.16	11	3.29	11	3.18	11	3.74	9	3.32	11	3.09	15	3.50	14	3.19	14
洛阳	3.33	17	2.94	17	3.12	17	3.04	18	3.38	17	3.24	14	2.87	18	3.62	10	3.35	9
漯河	3.79	4	3.66	1	3.66	3	3.63	1	3.90	6	3.67	4	3.63	1	4.01	3	3.63	3
南阳	3.52	11	3.28	8	3.30	9	3.32	6	3.68	12	3.41	10	3.16	12	3.70	8	3.42	5
平顶山	3.57	9	3.09	15	3.24	12	3.15	13	3.55	15	3.08	18	3.24	8	3.25	17	3.00	17
濮阳	3.85	3	3.53	3	3.68	2	3.42	4	3.74	9	3.68	3	3.50	3	3.84	5	3.34	10
三门峡	3.48	12	3.14	12	3.18	15	3.16	12	3.56	14	3.18	15	3.26	7	3.59	12	3.28	12
商丘	3.61	5	3.30	7	3.30	9	3.27	9	3.57	13	3.18	15	3.02	17	3.40	15	3.17	15
新乡	3.46	15	3.12	14	3.20	14	3.09	17	3.91	5	3.63	6	3.07	16	3.67	9	3.36	8
信阳	3.26	18	3.00	16	3.35	8	3.31	7	3.31	18	3.26	13	3.22	9	3.71	7	3.51	4
许昌	3.97	1	3.65	2	3.73	1	3.56	2	4.18	1	3.88	1	3.52	2	4.52	1	4.04	1
郑州	3.58	7	3.45	4	3.48	5	3.15	13	3.92	4	3.56	7	3.21	10	3.56	13	3.10	16
周口	3.48	12	3.19	10	3.22	13	3.21	10	3.48	16	3.16	17	3.20	11	3.13	18	3.23	13
驻马店	3.59	6	3.38	6	3.55	4	3.48	3	4.14	2	3.53	8	3.43	5	3.75	6	3.37	7
平均分	3.57		3.26		3.36		3.26		3.75		3.44		3.23		3.67		3.34	

① 梁思源、周勇振：《河南省城市居民幸福感调查》，《河南社会治理发展报告（2016）》，社会科学文献出版社，2016，第 194～210 页。

2. 政府自身的良性建设有助于改善城市居民幸福感

十九大报告提出“转变政府职能，深化简政放权，创新监管方式，增强政府公信力和执行力，建设人民满意的服务型政府”。在目前政府主导型的社会发展模式下，政府自身建设直接关乎城市居民幸福感高低。本研究运用 Pearson 系数对政府政务公开、廉政建设、信任建设等政府自身建设内容与居民幸福感进行相关性分析。分析结果显示，政府各项自身建设与居民幸福感呈显著正相关关系（见表4）。也就是说，政府自身建设水平越高，居民幸福感也就相对越高。其中，各级政府的信任建设对城市居民幸福感的提升作用更为显著。

表4　政府自身建设满意度与城市居民幸福感的相关性分析

类　别		居民幸福感
您对本地政府政务公开（通过政府网站、办事大厅、公共媒体等）的满意度：	皮尔逊相关性	0.155 **
	显著性（双尾）	0.000
您对本地政府的廉洁状况的满意度：	皮尔逊相关性	0.191 **
	显著性（双尾）	0.000
您对所在地街道办事处的信任程度：	皮尔逊相关性	0.291 **
	显著性（双尾）	0.000
您对所在地区政府的信任程度：	皮尔逊相关性	0.334 **
	显著性（双尾）	0.000
您对所在地市政府的信任程度：	皮尔逊相关性	0.337 **
	显著性（双尾）	0.000

注：** 在 0.01 级别（双尾）相关性显著。

第一，政务公开对居民幸福感的提升有一定的积极影响。主要原因是政务的公开化和透明化提高了老百姓办事的效率，提升了老百姓对于政务的知晓程度，同时使得老百姓被尊重的获得感更加强烈。

第二，当地政府的廉洁程度与居民幸福感之间是正相关关系，与之相反，政府的腐败水平显著拉低了居民的主观幸福感①，主要原因在于腐败加

① Margit Tavits, Representation, Corruption and Subjective Well-Being. *Comparative Political Studies*, 2008 (41): 1607 - 1630.

大了交易成本，加剧了社会的不公平程度，恶化了社会信用水平①，通过干扰居民的程序效用和政治参与影响居民的主观幸福感②。

第三，不同级别政府信任体系的建设对居民幸福感的提升有显著性影响。政府的公信质量是再造社会信任的关键性因素③，居民对政府的信任能够有效解决外部不经济问题，减少交易费用，同时也能够改善居民的组织归属感和社会认同度，居民对政府的信任程度无形中影响到居民生活的各项选择，因此居民的社会信任越强烈，其主观幸福水平也越高。

另外，同样对各个地市政府自身建设的评价得分进行排名，具体结果见表5。相较于2015年政府建设评价得分而言有一定程度的增加，比如2017年对街道办事处、所在区政府以及所在市政府的信任度得分都高于2015年的3.23分④；并且，许昌、漯河对政府自身建设的各项评价排名都较为靠前，与城市居民幸福感的排名吻合，也在一定程度上证明了政府自身建设有利于城市居民幸福感的改善。

表5　河南省2017年政府自身建设满意度得分及其排名

单位：分

地　市	政务公开		对政府廉洁程度		对街道办事处的信任度		对区政府信任度		对市政府信任度	
	得分	排名	得分	排名	得分	排名	得分	排名	得分	排名
安　阳	3.18	9	2.92	13	3.15	17	3.22	14	3.22	15
鹤　壁	2.4	17	2.59	17	3.43	7	3.48	5	3.52	3
济　源	3.41	4	3.35	2	3.38	10	3.39	7	3.49	5
焦　作	3.16	11	2.98	11	3.54	5	3.41	6	3.43	7

① 何凌云、鲁元平：《所属领域：制度经济学腐败、社会信任与居民主观幸福感》，《第十一届中国制度经济学年会论文汇编（下）》，2011。

② Warren Mark. What Does Corruption Mean in a Democracy. *American Journal of Political Science*, 2004（48）：328－343.

③ 朱虹：《转型时期社会信任的状况与特征——一项实证研究》，《贵州社会科学》2011年第10期。

④ 梁思源、周勇振：《河南省城市居民幸福感调查》，《河南社会治理发展报告（2016）》，社会科学文献出版社，2016，第194～210页。

续表

地市	政务公开		对政府廉洁程度		对街道办事处的信任度		对区政府信任度		对市政府信任度	
	得分	排名	得分	排名	得分	排名	得分	排名	得分	排名
开封	2.94	13	3.04	10	3.2	16	3.17	15	3.26	13
洛阳	2.77	15	2.7	16	3.22	14	3.28	12	3.4	8
漯河	3.58	1	3.45	1	3.57	3	3.59	1	3.62	1
南阳	3.33	6	3.19	7	3.42	8	3.39	7	3.4	8
平顶山	3.14	12	2.84	14	3.36	11	3.17	15	3.18	16
濮阳	3.56	2	3.33	4	3.55	4	3.56	3	3.5	4
三门峡	3.26	7	3.25	5	3.42	8	3.29	11	3.37	11
商丘	2.86	14	3.11	8	3.07	18	3.12	18	3.17	17
新乡	2.55	16	2.51	18	3.21	15	3.32	9	3.34	12
信阳	2.26	18	2.72	15	3.44	6	3.23	13	3.23	14
许昌	3.46	3	3.35	2	3.62	1	3.59	1	3.62	1
郑州	3.2	8	2.95	12	3.33	12	3.31	10	3.39	10
周口	3.18	9	3.09	9	3.23	13	3.13	17	3.08	18
驻马店	3.34	5	3.2	6	3.62	1	3.5	4	3.49	5
平均分	3.09		3.03		3.38		3.34		3.37	

3. 城市社会环境向好有助于提升城市居民幸福感

人是社会人，其生活必定受到周围环境的影响。因此，同样运用Pearson系数研究本地社会法治环境、人文环境、社会公平等社会环境因素与城市居民幸福感的相关关系，得出不同的社会环境因素均与居民幸福感呈显著正相关关系（见表6）。也就是说，营造良好的社会环境对居民幸福感的提升有一定的正向影响。

表6　社会环境满意度与城市居民幸福感的相关性分析

类别		居民幸福感
您认为本地法院判决的公正程度：	皮尔逊相关性	0.107**
	显著性(双尾)	0.000
您对当地城市的人文环境(古建筑保护、城市特色、文化包容)满意度为：	皮尔逊相关性	0.255**
	显著性(双尾)	0.000

续表

类　别		居民幸福感
您对本地社会和谐的总体评价是:	皮尔逊相关性	0.338**
	显著性(双尾)	0.000
您认为本地的社会公平状况是:	皮尔逊相关性	0.352**
	显著性(双尾)	0.000
您认为本地的社会诚信状况是:	皮尔逊相关性	0.354**
	显著性(双尾)	0.000

注：** 在0.01级别（双尾）相关性显著。

其中，法院判决的公正程度关系当事人自身合法权益的有效维护程度，进而影响到居民幸福感的高低；社会公平关系到贫富差距，影响居民工作积极性，否则人们会由于自己收入相对过少，而个体幸福度下降；[①] 另外，社会和谐以及社会诚信程度对居民幸福感的影响更加显著，主要原因在于这些影响因子对于居民的各个层面都有着潜在的、深远的影响，这也与十九大以来倡导的“富强、民主、文明、和谐、自由、平等、公正、法治、爱国、敬业、诚信、友善”的社会主义核心价值观的部分内容相契合。

此外，同样对各个地市社会环境满意度得分进行排名，具体结果见表7。2017年的社会环境评价结果和2015年相比整体向好，比如，社会和谐的评价得分由3.55分[②]增长到3.77分。同时许昌和漯河在社会环境评价的指标中仍有多项排名靠前，三门峡、周口仍在多项排名中靠后，进一步证实了城市社会环境向好有助于提升城市居民幸福感。

总之，对各因素与居民幸福感的相关性检验，证实了相关假设。可以看出，影响城市居民幸福感的因素十分复杂，其受非感知性和感知性双重因素的影响。在非感知性因素中，城市常住、中高收入及女性居民的幸福感相对

① 田国强、杨立：《对“幸福—收入之谜”的一个解答》，《经济研究》2006年第11期。

② 梁思源、周勇振：《河南省城市居民幸福感调查》，《河南社会治理发展报告（2016）》，社会科学文献出版社，2016，第194～210页。

表 7 河南省 2017 年社会环境满意度得分及其排名

单位：分

地市	法院判决公正程度		城市人文环境		社会和谐		社会公平		社会诚信	
	得分	排名	得分	排名	得分	排名	得分	排名	得分	排名
安阳	3.36	4	3.48	11	3.62	16	3.19	16	3.28	17
鹤壁	2.59	16	3.55	9	3.87	6	3.38	9	3.62	5
济源	3.54	1	3.72	4	3.90	3	3.46	5	3.59	7
焦作	3.33	8	3.49	10	3.85	7	3.43	6	3.62	6
开封	3.32	9	3.75	3	3.65	14	3.24	15	3.47	11
洛阳	2.34	18	3.76	2	3.74	12	3.07	18	3.38	14
漯河	3.35	6	3.69	6	3.97	2	3.70	1	3.69	3
南阳	3.19	12	3.70	5	3.75	11	3.40	7	3.49	10
平顶山	2.89	13	3.29	16	3.63	15	3.17	17	3.28	18
濮阳	3.51	2	3.69	7	3.89	5	3.55	4	3.64	4
三门峡	3.38	3	3.57	8	3.65	13	3.34	12	3.38	15
商丘	3.35	5	3.36	13	3.48	17	3.27	14	3.41	12
新乡	2.55	17	3.23	17	3.80	9	3.35	11	3.58	8
信阳	2.77	15	2.98	18	3.81	8	3.36	10	3.51	9
许昌	3.28	10	4.11	1	4.15	1	3.63	2	3.88	1
郑州	2.84	14	3.30	15	3.80	10	3.40	8	3.35	16
周口	3.21	11	3.32	14	3.48	18	3.28	13	3.41	12
驻马店	3.33	7	3.43	12	3.90	4	3.60	3	3.75	2
平均分	3.12		3.52		3.77		3.38		3.52	

较高，高学历、中年群体及外来居民幸福感相对较低；在感知性影响因素中，公共服务持续改进有助于增强城市居民幸福感，政府自身的良性建设有助于改善城市居民幸福感，城市社会环境向好有助于提升城市居民幸福感。

（三）河南省代表性城市居民幸福感影响因素分析

选取 2017 年河南省城市居民幸福感得分最高、最低的许昌、三门峡以及处于中等水平的省会城市郑州三个代表性城市，分析造成城市居民幸福感差异和影响城市居民幸福感的主要因素。

分析发现，公共服务满意度、当地政府建设满意度和社会环境满意度是造成许昌和三门峡两市居民幸福感差异的主要因素。整体来看感知性影响因素，许昌除了在“法院判决的公平程度”排名较为靠后外，在其他各项感知性影响因子的得分均排在了全省前三名；而三门峡在市政和医疗服务方面排名较为靠后，并且在市政、绿化和空气质量满意度方面与许昌的满意度得分之间差距较大，分别相差0.7分、0.93分和0.76分，在“对区政府信任度”“对市政府信任度”排名上比较靠后，在社会和谐、诚信以及人文环境方面分别与许昌相差0.5分、0.5分和0.54分。相关统计数据也进一步证实了分析结果，比如，许昌和三门峡全年固定废弃物排放量分别是330.99万吨和1695.65万吨[①]，三门峡在环境整治方面有待进一步提高。此外，在非感知性影响因素中，两市在城镇居民家庭平均每人全年可支配收入方面有一定差距，许昌是27016元，三门峡则是25254元[②]；城市常住人口中15~64岁的人群占全省城市常住人口的68.8%，而许昌为67.1%，低于全省平均水平，而三门峡面临生活压力的人群比例相对较高，为73.4%[③]，高于全省平均水平。这些都造成了两个城市居民幸福感的差异。省会郑州市在全省18地市幸福感得分排名中位列第8。虽然郑州市城镇居民家庭平均每人全年可支配收入为33214元[④]，位于全省第一，但郑州市绿化、空气质量满意度、对各级地方政府的信任度评价、社会诚信、法院判决、人文环境方面排名相对靠后，这些都是制约郑州市城市居民幸福感水平提升的重要影响因素。

四　提升河南省城市居民幸福感的政策建议

（一）推进人才强省，不断为人才发展提供条件

研究发现，文化程度对城市居民的幸福感影响较为显著，两者呈现负向

① 《河南省统计年鉴（2017）》。
② 《河南省统计年鉴（2017）》。
③ 《河南省统计年鉴（2017）》。
④ 《河南省统计年鉴（2017）》。

的相关关系，该研究结论与国内部分学者[①]得出的正相关关系结论相悖，这与河南省人才发展政策和人才发展的空间有很大关系。在河南省大力建设“国家中心城市”的过程中，必须重视人才问题，必须聚天下英才而用之。首先，河南省需要进一步扩大开放格局，鼓励和发展新兴产业，打造国内和世界优秀企业，为优秀人才发展提供物质保障和工作保障；其次，通过加大对大中小学的教育经费投入和教学质量评估、适时改革教育培养方案，着力培养河南省本地优秀人才，同时想方设法留住河南省本地优秀人才，避免人才大量外流；最后，在各大城市先后开启“抢人大战”模式下，在引进外来优秀人才的过程中河南省除了提供住房、补助等物质优惠条件外，更重要的是为优秀人才的引进搭建优越的发展条件，明晰产权制度，建立规则意识，减少寻租，降低交易费用，为人才发展创造高效、通畅的制度空间。

（二）提高公共服务的供给水平，尤其重视城市生态环境治理

公共服务作为感知性因素对于居民幸福感的影响巨大，并且与居民生活息息相关。河南省在提供公共服务方面，首先要落实中央层面在医疗卫生、养老、社会保障等领域的改革措施；其次要加大公共服务支出占财政支出比例，提倡公共服务均等化；最后要创新公共服务提供方式，通过政府购买社会组织公共服务、PPP 等多种方式提高公共服务供给的数量和质量等。

另外，在众多的公共服务领域中，居民对城市生态环境的满意程度与居民幸福感的相关性最强。改变当下生态环境污染问题，首先，河南省需要进一步优化升级相关产业结构，转变经济发展方式，关闭污染严重的重工业企业，利用征收污染税等手段引导企业向环境友好型方向发展，始终贯彻落实“绿水青山就是金山银山”的理念；其次，在现有的单双号限行等政策下，通过更加科学地规划进一步降低汽车尾气排放对环境造成的污染，大力倡导

---

① 黄嘉文：《教育程度、收入水平与中国城市居民幸福感——一项基于 CGSS 2005 的实证分析》，《社会》2011 年第 5 期。

城市居民绿色出行；除此之外，城市绿化、污染整治、“脏、乱、差”的处理等，也是河南省城市生态环境治理的重要内容。

（三）加强政府自身建设，特别强调政府的信用体系建设

政府自身建设的良善与否，深刻影响着一方百姓的福祉。因此，河南省各级政府应继续深化改革，由经济建设型向公共服务导向型转变。特别地，应加强政府自身建设，要避免各级政府陷入“塔西佗陷阱”①，提升各级政府的公信力，建立政府信用体系。其优化路径主要包括：政府内部要继续加强反腐败斗争，加强廉政建设；切实保障居民的合法知情权益，并对居民的正当利益诉求做出公平、合理和及时的回应；完善政务公开体制，提高政府行政行为的透明度，减少地方政府与居民间的信息不对称；建立与公众的良性互动机制，为居民提供政治参与的平台，给予居民更多规范、监督政府的权力，提高居民的政治功效感；构建对地区居民负责的诚信责任机制，树立对地区居民的诚信服务理念；等等②。

（四）弘扬、培育和践行社会主义核心价值观，构建和谐、幸福的社会环境

良好的社会环境对于社会的进步发展有着基础性作用。在社会实践中，河南省可以通过建立健全舆论引导机制、道德约束机制、实践养成机制、监督评价机制、典型示范机制、法律约束机制、奖惩激励机制以及政策调控机制等，使社会主义核心价值观在社会实践中赢得广大人民群众的认可与接受，由观念变成人们的自觉行为选择，从而为河南省创造一个和谐、安定、幸福的社会环境，进而使得居民的幸福感得到进一步提升。

---

① “塔西佗陷阱”普遍被认为是当政府失去公信力时，不论说真话还是假话，做好事还是坏事，都会被认为是说假话、做坏事而引起人们的厌恶。

② 吴若冰：《地方政府质量对居民幸福感的影响研究》，中央财经大学博士学位论文，2015。

2017年河南省社会治理舆情报告

张彦帆　刘乐英*

摘　要： 本报告依托互联网舆情监测系统，对2017年河南省社会治理舆情信息进行梳理和分析。2017年，河南社会治理舆情事件同2016年相比呈现明显增多趋势，相关部门的舆情应对压力变大。从时间分布上来看，河南社会治理舆情事件在2017年上半年要多于下半年，2月、5月、7月是河南社会治理舆情事件高发的三个月份，舆情走势波动较为明显；从事件涉及地域来看，省级社会治理舆情占比较大，在地市方面，郑州、南阳、洛阳较为突出；从类型分布来看，交通、公共政策、教育、社会治安等领域舆情事件多发。2017年，河南省社会治理舆情特点主要表现为：跨地域舆情事件增多，影响力更加广泛；政策法规类舆情争议多，凸显社会焦虑情绪；舆情传播形式日趋多样，不确定因素增多等。基于以上各项特点，本报告认为河南各级部门应完善舆情预警机制，提升危机应对水平；增强部门联动协同能力，确保回应口径统一；积极联合第三方进行发声，消除公众疑虑；加强政务新媒体运营管理，避免激化网民情绪；建立公共决策舆情风险评估机制，增强预判能力等。

关键词： 河南　社会治理　舆情传播　舆情处置

---

* 张彦帆，河南广播电视台舆情分析师，在网络舆情分析和研判预警方面具有一定经验；刘乐英，郑州大学公共管理学院2017级硕士研究生。

2017 年 10 月 18 日，习近平总书记在党的十九大报告中多处提到互联网，既指出了过去五年的历史性成就中包括互联网建设管理运用的不断完善，也强调了互联网在未来我国经济建设、文化建设、社会建设等各个方面将要发挥的重要作用。习近平总书记要求，要高度重视传播手段建设和创新，提高新闻舆论传播力、引导力、影响力、公信力。加强互联网内容建设，建立网络综合治理体系，营造清朗的网络空间。① 在信息化时代，互联网创造了百姓生活的新空间，拓展了社会治理的新领域，引领了国家治理的新变革。任何人、任何组织都可以不受时间和地点的限制，在网上随时向政府部门表达利益诉求。而社会管理部门可以通过互联网及时回应社会关切，调节利益关系，化解社会矛盾。对于河南各级政府部门而言，如何进一步提升社会治理舆情应对能力，及时化解社会治理舆情风险，获取公众的持续信任和支持，是在新的舆论环境下的一个重要考验。本报告对 2017 年河南省社会治理舆情特征以及舆情处置效度进行分析，并针对舆情处置不足之处提出相应的改进建议，以供相关职能部门参考。

一　2017年河南社会治理舆情关注度排行榜

笔者结合互联网舆情监测系统，对 2017 年河南省社会治理舆情进行回顾梳理，共提取出 154 起河南省社会治理舆情事件，通过对相关舆情信息量进行加权计算，得出每起事件的舆情关注度值。在此展示关注度排名前 30 的社会治理舆情事件。

二　2017年河南社会治理舆情分布特征

综观 2017 年，河南省社会治理舆情整体热度较高，部分事件发生后，

---

① 《习近平作十九大报告　八次提到互联网》，人民网，http：//media. people. com. cn/n1/2017/1018/. html。

引发了舆论长时间的关注与热议。通过对 2017 年河南省社会治理舆情事件进行梳理，其分布特点表现如下。

表 1　2017 年河南省社会治理舆情事件关注度排名前 30

序号	涉及地区	报道时间	事　　件	舆情关注度
1	濮　阳	3 月 22 日	濮阳一小学学生上厕所时发生踩踏事故	35490.1
2	周　口	7 月 5 日	网曝周口小学生被副校长强奸警察不立案　官方辟谣	30269.7
3	河　南	12 月 6 日	河南 18 个省辖市全部出台“限行令”	28711.9
4	滑　县	8 月 15 日	河南滑县民政局介入调查南京猥亵女童案	26540.2
5	平顶山	5 月 2 日	全国多地出现“脚臭盐”产地为河南平顶山	23016.5
6	河　南	1 月 18 日	河南发布“最严烟花禁放令”3 天后撤回	20475.8
7	驻马店	6 月 8 日	驻马店女子被撞飞遭二次碾压身亡	19218.0
8	三门峡	4 月 20 日	三门峡农民采三株兰草　被判刑 3 年罚金 3000 元	17024.3
9	三门峡	3 月 25 日	灵宝秦岭金矿发生事故　18 人涉险 9 人遇难	16551.9
10	郑　州	6 月 20 日	郑州一 13 岁男孩骑共享单车摔倒后身亡	16348.1
11	郑　州	2 月 25 日	郑州一面包车闯红灯撞向行人　致 1 死 9 伤	13279.5
12	郑　州	1 月 4 日	登封煤矿发生冒顶事故致 12 人遇难	12415.0
13	焦　作	3 月 15 日	湖北男子在温县审讯时死亡　四名民警被立案侦查	11891.7
14	郑　州	1 月 12 日	郑州一高架桥在施工中桥面坍塌致 1 死 8 伤	11062.4
15	焦　作	4 月 5 日	河南沁阳交警收“黑钱”　涉事辅警被开除公职	9837.4
16	洛　阳	1 月 13 日	洛阳两名上访女命丧派出所　涉事民警被立案侦查	9650.0
17	开　封	4 月 1 日	开封警方侦破一起强奸未成年人恶性案件　11 人被抓获	8731.2
18	焦　作	1 月 11 日	江西农民工河南焦作讨薪被打断肋骨	8410.6
19	商　丘	8 月 6 日	河南商丘“大妈涉黑团”讨债生意引热议	8115.2
20	周　口	3 月 22 日	项城市交通局开私车执法酿车祸　9 人被停职	7923.5
21	新　乡	3 月 17 日	新乡“烧欠条”村医被叫停精神病诊治:不具备资质	7547.3
22	商　丘	11 月 22 日	网传宁陵一妇女因为彩礼高跳河自杀　官方辟谣	7501.6
23	永　城	5 月 6 日	女儿被自家狗咬伤无法报销　永城一男子酒后杀班主任	7362.0
24	新　乡	9 月 27 日	京港澳高速河南新乡段发生重大车祸致 12 死 11 伤	7244.8
25	河　南	8 月 1 日	河南立法禁止“临时工”执法	6854.3
26	濮　阳	1 月 6 日	濮阳台前县提出农村彩礼不得超过 6 万	6705.1
27	信　阳	3 月 18 日	信阳一镇政府公职人员酒后驾驶　致 2 死 1 伤	6523.8
28	新　乡	11 月 13 日	新乡患者家属在医院设灵堂闹事　警方处理医闹 31 人	6217.4
29	驻马店	7 月 3 日	驻马店同性恋男子被精神病院强制治疗 19 天　获赔 5 千	5906.2
30	平顶山	6 月 6 日	河南宝丰县一小学教师猥亵 9 名女学生被批捕	5735.9

注：①舆情关注度，通过对新闻网站、新闻客户端、报刊（电子版）、微博、微信、博客、论坛等各平台相关的舆情信息量进行加权计算得出，代表着舆情事件在网上受到的整体关注情况；②舆情信息来源于新浪微舆情系统，采集时间为 2017 年 1 月 1 日至 12 月 31 日。

（一）同2016年相比明显增多，上半年多于下半年

对比 2017 年和 2016 年相关数据可以看出，2017 年河南省社会治理舆情事件明显多于 2016 年，相关部门的舆情应对压力变大。其中，2 月、5 月、7 月成为社会治理舆情事件高发的三个月份；3 月、8 月、10 月的社会治理舆情事件数量次之。整体来看，2017 年上半年的社会治理舆情事件要多于下半年，舆情走势波动较为明显。

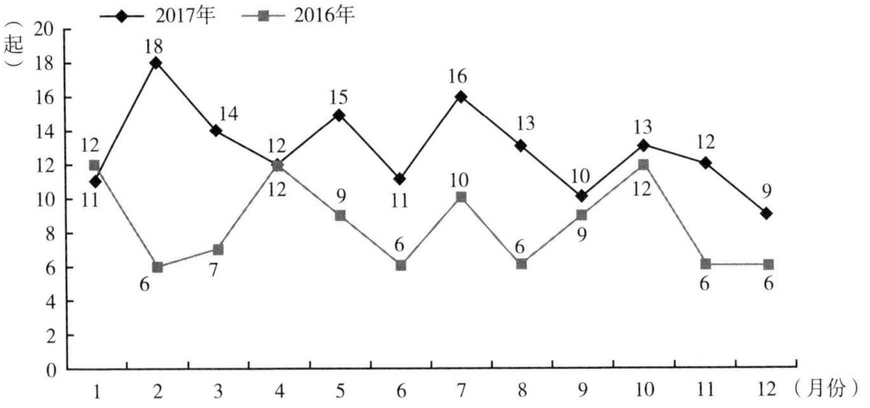

图 1　2017 年和 2016 年河南社会治理舆情事件走势对比

2017 年 2 月，河南社会治理舆情事件最多，共有 18 起。相关事件既涉及交通监管领域，例如，“郑州一面包车闯红灯撞向行人　致 1 死 9 伤”“郑州一交警正处理交通事故　被一女司机驾车撞飞”“开封市警方回应局长醉驾　将依法秉公办案”等；也涉及社会治安领域，例如，“河南油画院遭百人持械打砸　院名被涂‘道士下山’”“平顶山被曝百人聚众斗殴　警方通报 17 人被拘”等；同时还涉及环境治理、食品安全等领域。

7 月，河南社会治理舆情事件次之，共有 16 起。除了引发全国舆论广泛关注的“网曝周口小学生被副校长强奸警察不立案　官方辟谣”“驻马店同性恋男子被精神病院强制治疗 19 天　获赔 5 千”等事件外，还有“南阳

退休干部驾车冲撞学生致1死多伤　一审获死刑”“安阳一幼儿园多名幼儿感染手足口病”等事件也引发了较多关注。

5月也是河南社会治理舆情事件多发月份，共有15起。“全国多地出现‘脚臭盐’产地为河南平顶山”“女儿被自家狗咬伤无法报销　永城一男子酒后杀班主任”“南阳一幼儿园黑校车核载7人实载38人　司机被刑拘”“南召一老人乡政府坠亡　坠落楼层无监控”等事件在网上曝出后，引起了舆论的广泛关注。

（二）省级社会治理舆情多发，郑州、南阳多于其他地市

从图2可以看出，2017年河南省社会治理舆情事件以省级居多，共有31起，其中引发广泛关注的舆情事件如“河南发布‘最严烟花禁放令’3天后撤回”“河南18个省辖市全部出台‘限行令’”“河南立法禁止‘临时工’执法”等。在地市和省直管县分布方面，郑州最多，共有29起；南阳次之，共有14起；洛阳、周口、驻马店、开封、平顶山等地市社会治理舆情事件的数量位居其后。在省直管县方面，永城有2起，新蔡、邓州、固始、滑县、鹿邑各有1起。

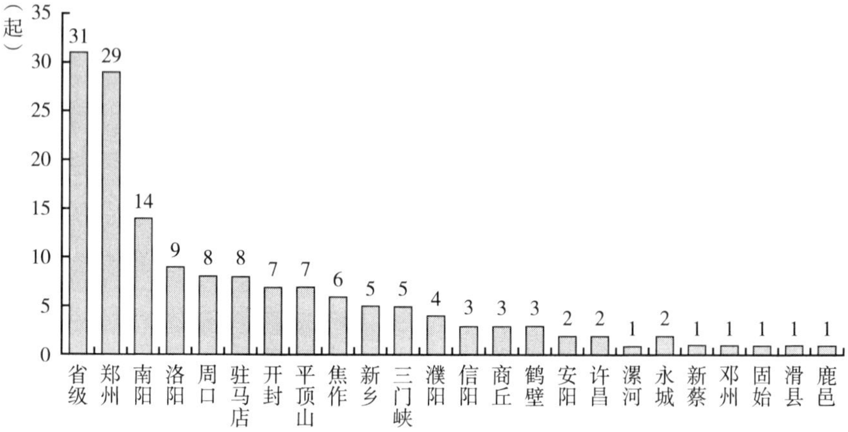

图2　2017年河南社会治理舆情事件分布地域

（三）舆情事件分布于众多领域，交通等领域较为突出

通过对舆情监测系统采集到的相关数据进行统计得知，2017 年河南社会治理舆情事件分布领域如图 3 所示。

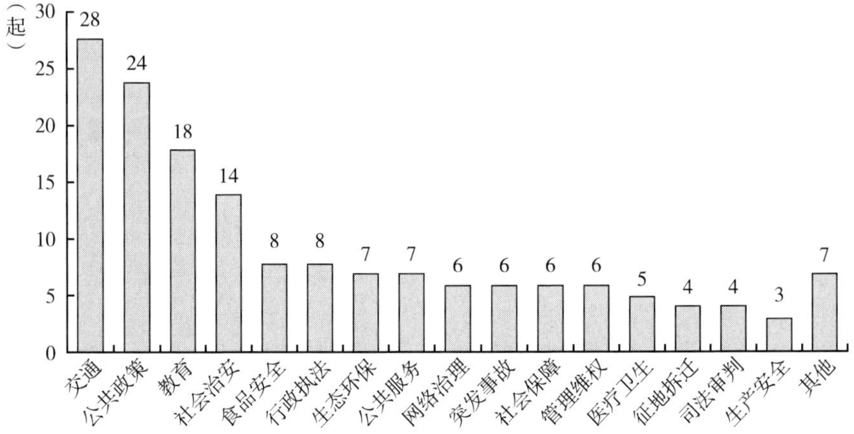

图 3　2017 年河南社会治理舆情事件分布领域

表 2　2017 年河南社会治理舆情事件分布领域占比

单位：%

领域分布	占比	领域分布	占比
交　　通	17.4	网络治理	3.7
公共政策	14.9	突发事故	3.7
教　　育	11.2	社会保障	3.7
社会治安	8.7	管理维权	3.7
食品安全	5.0	医疗卫生	3.1
行政执法	5.0	征地拆迁	2.5
生态环保	4.3	司法审判	2.5
公共服务	4.3	生产安全	1.9
其　　他	4.3		

梳理来看，2017 年河南社会治理舆情事件中，分布在交通领域的最多，共有 28 起，占比为 17.4%，主要包含特大交通事故、交通监管事件等，例

如“郑州一面包车闯红灯撞向行人　致1死9伤”“河南信阳一高速40余辆车相撞　致7死4伤”等。公共政策相关舆情事件共有24起，占14.9%，相关舆情事件如“河南发布‘最严烟花禁放令’3天后撤回”“河南18个省辖市全部出台‘限行令’”“河南公立医院取消药品加成　患者看病负担减轻”等。教育领域舆情事件共有18起，占11.2%，主要舆情事件如“濮阳一小学学生上厕所时发生踩踏事故”“网曝周口小学生被副校长强奸警察不立案　官方辟谣”等。此外，社会治安、食品安全、行政执法、生态环保、公共服务、网络治理等众多领域的舆情事件也引发了公众的广泛关注，折射出现实社会矛盾复杂的一面。

三　2017年河南社会治理舆情基本特点

（一）跨地域舆情事件增多，影响力更加广泛

梳理相关信息来看，2017年，与河南省相关的跨地域舆情事件呈现增多趋势，一些热点舆情事件涉及两个或两个以上的省份，例如“全国多地出现‘脚臭盐’产地为河南平顶山”“河南滑县民政局介入调查南京猥亵女童案”“洛阳两游客在日照被卷入海遇难　洛阳旅发委：正在核实”“湖北男子在温县审讯时死亡　四名民警被立案侦查”“江西农民工河南焦作讨薪被打断肋骨”等，不同省份的媒体和网民聚焦关注此类舆情事件，进一步提升了舆情事件的影响力和破坏力。

以“河南滑县民政局介入调查南京猥亵女童案”为例，该事件发展情况如下。

2017年8月12日，有网友通过微博举报，在南京南站候车室，看到一名年轻男子把一个十二三岁的幼女“一把拽过去”坐在他腿上。该男子伸手到小女孩裙子里，直接抠摸着孩子的胸部。而女孩低头玩着手机，没有丝毫异样或抵抗。更让旁观者震惊的是，坐在男子身边一对年纪约50岁的男女，“看起来是他们的爸妈”，竟无动于衷，丝毫没有制止。男子涉

嫌猥亵的行为持续了至少5分钟。该微博发布后，迅速吸引了众多网民的关注，在网民群体的推动下，舆情热度不断升温，各大媒体纷纷介入报道。

8月14日上午，有媒体从南京铁路警方获悉，犯罪嫌疑人段某某（男，18岁）在河南滑县被抓获，南京铁路警方以涉嫌“猥亵儿童罪”对段某某依法刑事拘留，对段某某父母依法进行调查处理。警方证实，同行的两名成年人为段某某父母，女童为段某某父母的养女，段某某父亲曾任滑县某乡镇财政所所长。

8月15日，针对网友质疑段某某父母是否具备收养女童资格等问题，河南滑县工作人员称，目前相关部门已成立联合调查组，进一步的举证还有待进一步调查。北京京师律师事务所律师称，男子父母或不具备收养资格，涉事男子是否构成犯罪，与被猥亵女童的养女身份无关。

8月21日，媒体就女童后续的收养安置问题联系河南滑县政府外宣办时，一位秦姓主任说，小女孩身心已受到伤害，未成年人需要全方位的保护，包括她的家庭、家庭环境，这些都属于她的生活细节，对外不方便透露。关于其养父母收养是否合法等问题，秦主任回应称，养父母情况需要相关调查，有结论以后会对外公布。

8月28日，南京铁路运输检察院依法以涉嫌猥亵儿童罪，对8月12日在南京南火车站候车室实施猥亵儿童行为的犯罪嫌疑人段某某批准逮捕。

综观来看，这起涉及江苏和河南两个省份的舆情事件一经微博平台曝出，短时间内迅速引爆全国舆论，把地区性、局部性和带有某种偶然性的问题，变成全民“围观”的公共话题，并由此曝出一系列其他地区同时期发生的猥亵性侵儿童案件。针对此事件，舆论围绕“犯罪嫌疑人段某某会受到哪些法律处罚?”“段某某父母的收养行为是否符合法律规定?”“段某某的父母需要承担什么责任?”等问题进行了长时间的讨论。

媒体观点指出，除了办好案件，更要规范法律，努力做到有法可依。收养法颁布于1991年，修订于1998年，该法的颁布，规范了收养，解决了疑难，起到了应有的作用。但将近二十年过去，大量的现实案件也暴露出法律固有的缺陷，不能适应时代发展的短板越来越明显。因此，主流舆论希望这个案件能成为一个契机，由此开启完善收养制度立法的阀门。

（二）公共政策相关舆情热议度高，凸显社会焦虑情绪

2017年，在河南省社会治理舆情中，公共政策相关的热点舆情事件占比较大，贯穿全年。由于相关部门在发布一些公共政策时，未充分征集民意或对政策存在的风险预判不足，部分民众对一些政策产生抵触情绪，在微博、微信、论坛等自媒体平台发泄对政府的不满情绪。

以“河南发布‘最严烟花禁放令’3天后撤回”事件为例，2017年1月13日，刚成立仅4天的河南省环境污染防治攻坚战领导小组办公室发出紧急通知，要求全省包括乡镇、农村在春节期间全面禁止燃放烟花爆竹。由于这份通知发布时春节已临近，舆论对此一片哗然，该通知更是震惊了河南省的烟花爆竹销售行业，引发线下抗议行动。1月16日上午，河南省近100名烟花爆竹经销商聚集在郑州商城饭店门口，要向河南省政府反映情况。在舆论的强烈质疑下，1月16日，河南省环境污染防治攻坚战领导小组办公室再次发出文件，将上述紧急通知“收回并停止实施”。

该事件发生后，舆论对此事呈现出两种截然不同的看法：一是认为知错就改，体现了公权力的谨慎和谦抑；二是认为“朝令夕改”，只能损害政府的公信力和权威，也无形中增加了今后推行相关政策的难度。张家界在线评论认为，作为一级政府，政策“朝令夕改”确实不好，它给政府的公信力、权威性等都会带来伤害，但地方政府能够顶住压力，顶住来自方方面面的批评指责，及时地收回不那么严谨的政策，这也是需要勇气的，这样的勇气值得大众点赞。《法制日报》则刊发评论认为，仅收回“最严禁炮令”是远远不够的，应该向公众和烟花爆竹经销商公开道歉，对造成的不良影响认错。此外，应对有关责任人问责。

梳理来看，除了“河南发布‘最严烟花禁放令’3天后撤回”一事外，2017年，“濮阳台前县提出农村彩礼不得超过6万”“河南18个省辖市全部出台‘限行令’”等涉及公共政策方面的舆情事件也引发了较多关注和讨

论，背后实则是代表着不同利益群体的诉求和博弈，由此引发的焦虑情绪在社会上持续蔓延，助推相关舆情不断发酵升级。

（三）舆情传播形式日趋多样，不确定因素增多

当前，国内互联网舆论越来越多元化，这表现为参与舆论传播的主体愈发多样、具有媒体传播属性的平台愈发丰富、传播形式不断推陈出新等，例如，2017 年，短视频成为河南一些公共舆情事件的传播新形式，相关舆情事件如“网传宁陵一妇女因为彩礼高跳河自杀　官方辟谣”“驻马店女子被撞飞遭二次碾压身亡”“郑州一女教师脱高跟鞋打小学生被解聘”，这些舆情事件以短视频为载体，在社交媒体平台上“病毒式”传播，导致舆情热度迅速升温。

但由于短视频能呈现的内容很有限，或短视频已被故意地加工、截取，这样就可能对广大网民判断舆情事件的属性造成一定困扰，甚至会在舆情传播过程中滋生谣言，使舆论的方向偏离，增加了一些不确定的因素，给政府部门舆情应对和处置工作带来了较大的难度。

四　2017年河南社会治理舆情处置效度分析

（一）舆情处置效度 TOP10

表 3　2017 年河南社会治理舆情处置效度 TOP10

单位：分

序号	事件	应对力	行动力	修复力	总分
1	湖北男子在温县审讯时死亡　四名民警被立案侦查	30	29	39	98
2	河南沁阳交警收“黑钱”涉事辅警被开除公职	29	29	35	93
3	郑州一女教师脱高跟鞋打小学生被解聘	29	29	34	92
4	女儿被自家狗咬伤无法报销　永城一男子酒后杀班主任	27	28	32	87
5	郑州一面包车闯红灯撞向行人　致 1 死 9 伤	29	28	29	86
6	河南 18 个省辖市全部出台“限行令”	27	25	32	84

续表

序号	事件	应对力	行动力	修复力	总分
7	项城城管队员高考送水点索要矿泉水被开除	28	26	27	81
8	登封煤矿冒顶事故致12人遇难	29	26	25	80
9	平顶山被曝百人聚众斗殴　警方通报17人被拘	26	25	28	79
10	濮阳一小学学生上厕所时发生踩踏事故	27	29	23	79

注：

①应对力：主要考察舆情责任主体新闻应急传播的专业化程度，主要包括应急响应、权威表态、信息公开、动态发布、专业程度等，指标得分范围为0～30分；②行动力：主要考察舆情责任主体对舆情所反映问题进行依法处置的专业化程度，主要包括调查开展、人员问责、矛盾调处、秩序恢复、制度改进等，指标得分范围为0～30分；③修复力：主要考察舆情责任主体处置舆情受到社会公众认可的程度，主要包括误传澄清、次生舆情控制、形象修复、价值彰显、平息周期等，指标得分范围为0～40分；④评分说明：运用德尔菲法和内容分析法，邀请人民网舆情监测室、新华网舆情监测中心、新浪微舆情、千龙网舆情监测中心等单位20余名舆情研究领域专家和资深舆情分析师，结合相关舆情信息对每一项指标进行赋分，得分越高意味着舆情处置效果越好。

（二）舆情处置和反馈情况分析

1. 舆情应对态度整体积极，善用新媒体平台进行发声

从2017年河南社会治理舆情应对情况来看，无论是省级部门，还是地市、区县部门，在舆情事件发生后，普遍能以更加积极的态度进行应对、及时回应舆论的关切，部分敏感舆情因此快速平息，有效避免了舆情“次生灾害”的出现。例如在“湖北男子在温县审讯时死亡　四名民警被立案侦查”一事中，3月13日，焦作市温县公安局官方微博“@平安温县”发布一则“警情通报”，称“3月12日，我局刑侦大队在办理一起电信诈骗团伙案件中，一名嫌犯死亡”。通报指出，经焦作市公安局督察支队初步调查，办案民警涉嫌刑讯逼供取证，温县检察院已立案调查。公安机关积极配合，坚决依法惩处违规违法办案人员，进展情况将及时发布。温县警方主动公布内部“刑讯逼供”违法现象，并积极配合温县检察院进行立案调查的行为，在全国罕见，受到了舆论的高度关注，主流媒体、高校专家、微博大V、普通网民纷纷对此进行点赞。整体来看，温县公安局、温县检察院先后通过官方微博、政府网站发布案件信息及进展，表态将及时通报案件调查结果，无

论是信息公开渠道的选择，还是通报内容的质量，都符合舆情处置的基本原则和要求，因此赢得舆论较高赞誉。

近年来，河南各级政府部门对于政务新媒体的利用率越来越高，根据河南省通信管理局2017年5月16日发布的《2016河南省互联网发展报告》，河南省网络政务发展较快，网络政务应用渗透率高于全国平均水平4.9个百分点；政府机构微博拥有量和开通政务头条号的数量分别达到9630个和5345个，均居全国首位。[①] 据笔者统计，在2017年河南154起社会治理舆情事件中，有将近七成是通过政务微博、政务微信等新媒体进行回应，政务新媒体在舆情应对和处置工作中发挥着越来越重要的作用。

2. 官方信息屡受质疑，折射地方政府公信力亟待提升

2017年，河南一些社会治理舆情事件发生后，虽然政府部门应对速度有明显提升，但在复杂的舆论场中，官方发布的信息经常遭到网民的质疑，导致舆情绵延反复。例如，2017年3月22日上午，河南省濮阳县第三实验小学的学生，在上厕所时发生踩踏事故。事件发生后，一些媒体最初报道死亡人数为2名，但随后官方通报的死亡人数为1名，这也让不少网民质疑官方有意隐瞒死亡人数，对当地政府部门的公信力造成了伤害。2017年7月4日，一则内容为“周口小学生被副校长强奸警察不立案”的微博引爆舆论场，西华县警方虽然快速进行了辟谣通报，但由于通报中除了严厉的定性、简略的结论外，网民对案情的关切在通报里未找到任何回应，此外，通报中“组成专案组重新调查”的表述，无形中让网民更加相信“案件一定没那么简单，不然为什么要重新调查”这一预设立场，遭到部分网民质疑和追问。

相关部门针对热点舆情事件的回应屡受质疑，这也折射出地方政府的公信力式微。2015年9月，习近平总书记在兰考县委常委扩大会上的讲话曾援引古罗马历史学家塔西佗提出的一个理论，说“当公权力失去公信力时，无论发表什么言论、无论做什么事，社会都会给以负面评价。这就是‘塔

① 《河南政务自媒体数量全国第一》，网易新闻，http://news.163.com/17/0517/00/CKJLK1D800018AOP.html。

西佗陷阱'。我们当然没有走到这一步，但存在的问题也不谓不严重，必须下大气力加以解决”。[①] 因此，对于地方政府部门而言，如何在当前复杂多变的舆论环境下维护自身的公信力，已成为地方政府亟待解决的重要问题。

3. 公众对于政府更加苛刻，要求提前做好防范工作

2017 年以来，河南社会治理舆情事件呈现多发、高发态势，公众对于一些舆情事件反映的社会问题容忍度持续下降，尤其是在一些突发伤亡事故发生后，公众的“零容忍”态度给政府部门舆情应对带来了较大压力。整体来看，政府部门在突发事件发生后的舆情处置工作和采取的补救措施很难满足公众的要求，人们希望政府能完善日常预防机制，提前做好防范工作，减少突发伤亡事故的发生。

例如，“濮阳小学踩踏事故”发生后，相关责任人被当地警方迅速控制，濮阳县相关部门领导第一时间赶赴现场组织救援工作，并发布相关通报。校长被免职。濮阳县委书记表示将严查到底。此外，对于此番事故，濮阳县政府下发通知，要求对全县各学校、医院、敬老院等人员密集的公共场所进行排查，消除安全隐患。但舆论认为，这一切虽然都在有条不紊地进行，却再也不能挽回那已经逝去的稚嫩生命。对于安全的缺课，校园要赶快补上，更应该让它成为能够让学生们受益终生的真本领。这比事后“某某责任人被控制”“全面开展大检查”此类的后续报道，要来得更加实在。

五　社会治理舆情应对建议

（一）完善舆情预警机制，提升危机应对水平

网络舆情预警是指从危机事件的征兆出现到危机造成可感知的损失这段时间内，对网络舆情尤其是负面舆情的及时妥善应对，达到有效化解网络舆

① 《习近平在兰考县委常委扩大会上的讲话》，新华网，http：//www. xinhuanet. com/politics. htm。

论危机的目的。当前，随着互联网和新媒体平台的迅速发展，网络信息呈现爆炸式增长，舆情的生成、发展和演进过程表现出快速、复杂、多变等不确定性特征，这给政府部门常规舆情处置带来困难。

对于河南各级政府部门而言，需要进一步完善舆情预警和危机处置机制，未雨绸缪。首先，可以采用分级预警方法，对可能出现的舆情危机事件的范围、影响程度等方面进行科学分级，日常加强监测和识别，发现苗头信息迅速处置，将一些负面舆情及时遏制在萌芽状态。其次，要建立网络舆情处置预案，在负面舆情事件发生后抓住时机变被动为主动，掌握舆论引导的主动权，避免舆情危机的扩大化。最后，要建立健全舆情危机新闻发布制度，充分利用传统媒体、政府网站、政务新媒体发布信息，让社会公众及时了解事件完整的、真实的情况，消除谣言和片面信息带来的负面影响。

（二）增强部门联动协同能力，确保回应口径统一

在2017年河南社会治理舆情事件中，涉及两个或两个以上职能部门的占了不小的比例，但从舆情应对实际情况来看，不同层级、不同部门联动协同能力偏弱，一些热点事件引发的舆论质疑并未得到较好的平息。一般而言，舆情处置工作需要立足于事实，采取及时回应、疏导、说理的方法，获取民众的理解和信任，谋求官方舆论场和民间舆论场共识度的增强。要做到这一点，就需要各职能部门之间高度配合，对相关信息及时共享，加强敏感舆情跨部门的协同处置，并明确各部门在处置过程中的职责，保持统一口径，以防表态有偏差而进一步激化矛盾。此外，当舆论质疑情绪持续高涨时，就需要不同级别的部门联动协同处理危机，由更高、更独立的部门发布官方信息，以保障调查处置的客观公正，遏制舆情的继续发酵。

（三）积极联合第三方进行发声，消除公众疑虑

在当前地方政府公信力下降的情况下，一些社会治理敏感舆情事件发生后，相关部门的回应往往不能让公众彻底地相信事实真相，有时反而会引发

更多的猜测。此时如果能邀请与该舆情事件没有利害关系、在社会上享有公信力的第三方机构或团体以客观、权威的态度发声，就会有利于澄清公众的疑虑，还原事实的真相，减轻当事方的舆论压力。

第三方机构或团体既包含以报刊、电视台为代表的传统媒体和以“两微一端”为代表的新媒体，也包含各大网络平台的管理员、版主，同时还有一些网络意见领袖、专家学者以及较为活跃的网民等。对于政府部门而言，在平时应注意拓展和积攒第三方机构和团体资源，关键时刻秉持客观公正的立场，协助还原真相，提升舆情回应的效果。

（四）加强政务新媒体运营管理，避免激化网民情绪

目前，河南省政务新媒体发展迅速，在全国位居前列。但政务新媒体是一把“双刃剑”，运营管理得好，可以塑造政府形象；运营管理得不好，则会损害政府形象。2017 年以来，河南一些政务新媒体在回应热点舆情事件时由于发言不当，反而引发了“次生舆情灾害”，加大了舆情处置的难度。例如，在“驻马店女子被撞飞遭二次碾压身亡”一事中，网民对涉事警方信息公开的时间点提出质疑，追问“为什么4 月份的事故，到6 月份自媒体发酵后才通报?”针对此疑问，“@平安驻马店”微博回复称，“每天全国各地都会发生许多交通事故，咱不可能每一起交通事故都要发布出来”。该回复引发了众多网民的不满，认为“官方的此种回复让人感到凄凉，权力再大也不如拥有一颗善良的心，如此才能获得尊重，才能在人民心中树立威信”。

政务新媒体的一言一行，都代表官方的态度。倘若政务新媒体的管理员把其当成自己的自留地，带着个人情绪与网友怒怼，用官微身份骂人、反驳、攻击他人等，只会使相关部门成为舆论的众矢之的。因此，政务新媒体的运营，需要明确定位和发展方向、处理好个人和公职身份关系、建立专业的运营团队、依靠制度保障等。政务新媒体运营人员则需要先培训，后上岗，掌握基本的舆情应对能力和技巧，耐心诚恳地回应公众的疑虑，确保沟通有效，方能在舆情引导工作中发挥积极的作用。

（五）建立公共决策舆情风险评估机制，增强预判能力

2017 年，河南公共政策类舆情争议颇多，折射出相关部门在公共政策决策过程中缺乏足够的风险预判能力。为有效预防和应对公共政策实施中的各类舆情危机，政府在进行公共决策时，应始终坚持科学决策、民主决策、依法决策，健全决策机制和程序；推进政务公开，增强公共政策制定透明度和公众参与度。

在舆情风险防范方面，可以建立公共决策舆情风险评估机制，在各类决策实施前围绕决策的可行性、民众认可度、媒体关注度等方面，预判可能引发的公众舆论压力，进而调整决策并采取风险防范与处置措施，从源头上预防和减少舆情风险。具体而言，政府部门可以成立公共决策舆情风险专家咨询委员会，其中可以包含法律专家、公共政策专家、新闻媒体人士、舆情研究人员等，从专业角度去评估公共政策的合理性、现实性，能让公共决策的制定更加科学、更接地气、更能符合民众诉求和利益，以此减少舆情风险和舆论压力，推动相关决策的顺利实施，维护政府部门的良好形象和公信力。

精准扶贫篇

Targeted Poverty Alleviation

河南省深度贫困地区脱贫攻坚调查与思考

高林照*

摘　要： 本文采取点面结合和比较分析的方法，通过实地走访深度贫困地区的部分深度贫困村及非贫困村，与县乡村干部、驻村第一书记、种养大户、贫困户进行面对面交流，召开县直、乡镇相关部门座谈会，深入了解深度贫困地区的贫困状况、成因以及脱贫攻坚取得的成效，并初步提出脱贫攻坚的对策建议。

关键词： 河南　深度贫困　脱贫攻坚

深度贫困地区是脱贫攻坚的重点和难点，河南省虽然不属于深度贫困地区，但是有卢氏、淅川、台前和嵩县 4 个贫困发生率都在 10% 以上的深度

---

* 高林照，河南省政府研究室城乡建设研究处处长。

贫困县，还有1235个贫困发生率在20%以上的深度贫困村。深度贫困县和深度贫困村贫困程度深、扶贫成本高、脱贫难度大，是贫中之贫、困中之困、坚中之坚、难中之难，如果不能如期脱贫，将直接影响全省到2020年实现全面脱贫的目标，因此，必须高度重视并切实加强深度贫困地区的脱贫攻坚工作。

一　深度贫困地区贫困现状及成因

深度贫困地区均地处深山区或者黄河滩区，千山起伏、万壑纵横、交通闭塞、耕地匮乏、河滩密布，自然条件差，生产能力弱。

（一）地理位置相对偏僻，基础较为落后

从地理人口看，深度贫困地区均处于省际交界地区，要么山高闭塞，要么交通不便。比如，卢氏县偏居西隅，交通闭塞，北边的崤山、东边的熊耳山、西边和南边的伏牛山将其与外界隔绝，古有“卢芭四塞之地，严险甲于诸邑”之说，被称为河南的“西藏”，“一方水土养不了一方人”。全县人口密度为89人/平方公里，有“一沟十八岔，岔岔有人家，多则五六户，少则一两家”的说法，尤其是贫困发生率在50%以上的行政村更是居住分散，人口密度仅为46人/平方公里，比人口密度排在全国倒数第五位的甘肃省（63人/平方公里）还低。比如台前县地处黄河滩区，长期受到黄河水患影响，在小浪底工程建成之前，黄河三年两漫滩、金堤河五年三内涝，基础设施不敢投入，重大项目不能布局，一些资源“养在深闺人未识”，难以发展。淅川县是南水北调中线工程核心水源区、国家重点生态功能区和全国移民大县。为服务国家调水工程，半个多世纪搬迁移民36.7万人，506平方公里土地、42万亩良田被淹。目前，该县共有贫困乡镇15个、贫困村140个、贫困户14874户43238人。深度贫困村达98个，14个村的贫困发生率超过50%。低保五保贫困户占比高达69.9%，因病因残致贫比例超过68%，80%以上的贫困人口生活在深山区、石山区和库区沿线。

（二）土地干旱贫瘠，灾害频发多发

深度贫困地区自然生存条件不太好，耕地不利于粮食作物生产，自然灾害时有发生，不耐干旱，灌溉跟不上，经常“望天收”，而且不连方成片，不适合开展大规模的土地流转。特别是一些深山区，由于处于南北气候过渡带，小气候多，暴雨等极端灾害时有发生，加之居民多邻沟而居，极易受到山洪、泥石流等灾害影响。以嵩县为例，全县耕地面积47万亩，人均不足0.8亩。贫困人口人均耕地0.67亩，人均有效耕地仅0.02亩。陆浑水库周围人均2分多，部分村人均不足1分，群众戏称：活着无地种，死了没处埋。而且耕地大都是瘠薄的坡耕地、“挂画地”、跑土、跑水、跑肥的“三跑田”，被人们形象地描述为“地像墙上挂，旱涝都害怕，一场大雨下，要啥没有啥”。

（三）发展观念滞后，思想封闭保守

受经济社会发展滞后和地理交通条件影响，深度贫困地区本地人才培养少，外地人才不愿来，贫困人口素质更是偏低。深山贫困区出现了文盲多、光棍多、痴呆憨傻多的“三多”现象。深度贫困地区低保和五保贫困户占比将近40%，60岁以上贫困人口占比将近20%，因病致贫、因残致贫占比超过30%。这些贫困人口“无业可扶、无力脱贫”，实现稳定脱贫难度较大。根据我们随机选择的3个贫困村贫困户调查问卷，贫困户文盲占比为27.8%，小学文化程度占比为46.3%，初中文化程度占比为24.1%，高中文化程度仅为2%，有效劳动力占比也较低。在调研中，我们发现受老辈人的生活习惯和思想观念影响，往往越穷的地方，群众思想越封闭落后。一方面，贫困忍受程度强，往往“不怕穷”、安于现状。通过对3个贫困村贫困户的调查，88.9%的受访者对当前生活表示满意或基本满意，只有11.1%的表示不满意。有的说：“老百姓的后代还是老百姓，穷人的后代还是穷人！俺紧紧巴巴在土里刨些吃的，就觉得日子能过。”另一方面，不少贫困户思想保守狭隘，怕这怕那，宁可守着穷摊子，也不愿尝试新事物。同时，

大多数贫困村支部书记自身致富能力较差，又缺乏带贫的经营主体，导致贫困村产业发展迟滞、贫困户增收缓慢。

二　深度贫困地区脱贫攻坚措施及成效

全省脱贫攻坚战打响以来，深度贫困地区坚持把脱贫攻坚作为头等大事和第一民生工程来抓，始终把握精准方略，以脱贫攻坚统揽经济社会发展全局，苦干实干，合力攻坚，掀起了一场“拔穷根”“摘穷帽”的脱贫行动，不仅取得了脱贫攻坚的阶段成效，而且方方面面都发生了可喜的变化，产生了脱贫攻坚的综合效应。

（一）改善了农村基础设施

通过整合涉农资金加大扶贫投入，贫困村基础设施条件和公共服务水平得到整体提升。落实交通、水利、电力、教育、医疗5个专项方案，特别是易地搬迁扶贫，实现了农村人口由零星分散居住向县城、乡镇、产业集聚区、旅游景区集聚，贫困群众出门行路便利了，子女上学便利了，有病求医便利了，获得信息便利了，寻找就业门路便利了，多年面临的“行路难、上学难、就医难、就业难、娶妻难”“五难”问题得到有效解决。台前县自2013年以来，共组织实施农村公路建设项目424个，建设里程547.3公里，其中村道239.9公里；通过建设滩区小康大道、西环路南延、渠村至孙口公路台前线段（滩区通道）等项目，为枣包楼等79个贫困村建设公路200余公里，惠及贫困人口14817人；所有贫困村实现了“村村通”。安全饮水方面，现有108个贫困村中已经全部建成并通上自来水。淅川县坚持水质保护和脱贫攻坚两大政治责任一肩扛，水质安全持续提升，脱贫攻坚取得决定性进展。中线工程通水以来，累计输送优质水超过130亿立方米，输水量相当于3个密云水库，水质稳定保持在Ⅱ类以上标准，生态造林面积连续10年稳居河南省县级第一。贫困人口由2016年底的69555人减至43238人，减贫率为37.8%；贫困发生率由2016年底的10.66%降至7.03%，下降3.63

个百分点；2016 年、2017 年易地扶贫搬迁 3812 户 15147 人；农民人均可支配收入达到 11094 元，同比增长 11%。

（二）促进了产业结构调整

通过产业扶贫，培育壮大了一批投资少、风险小、带动强、发展快的特色优势产业，拓宽了贫困群众增收和农村集体经济发展渠道。卢氏县编制产业扶贫规划，大力发展“果、牧、菌、烟、药、菜”等特色优势产业，打造四大产业片区，实施百万亩核桃、百万亩连翘、百家规模以上企业、百万旅游人次“四个一百”工程。林果业，新发展核桃 20 万亩，新建基地 56 个，全县核桃总面积超过 70 万亩；新发展猕猴桃、大樱桃等特色水果 1 万亩，新建基地 8 个；建成无刺花椒基地 4 个，面积突破 4000 亩，林果业产值 6.04 亿元。畜牧业，先后引进科尔沁集团、三阳畜牧等养殖企业 6 家，建成基地 12 个，发展特色养殖合作社 133 个，畜禽总存栏量达到 154.9 万头（只），同比增长 28.2%，总产值 6.5 亿元，同比增长 30%，带动 3350 户，户均增收 4000 余元。食用菌，建设食用菌产业园 2 个，生产基地 12 个，发展食用菌 1.26 亿袋，实现产值 9.16 亿元，带动贫困群众 4199 户。烟叶种植 7.5 万亩，收购 17.33 万担，税收 0.45 亿元，带动贫困群众 1000 余户。中药材，完成连翘人工种植 14 万亩，建成范里镇柏坡村等万亩示范基地 5 个、横涧乡青山村等千亩示范基地 34 个，人工种植总面积达 20.4 万亩。蔬菜，建成沙河乡果角等高山有机蔬菜基地 8 个、大棚 367 个，带动贫困群众 105 户，户均增收 2 万余元。该县农业龙头企业达到 44 家，合作社达到 1349 家，家庭农场 13 家。建成培训就业基地 19 个、产业扶贫就业基地 176 个、产业扶贫增收大棚 1213 个，带动贫困群众 12985 人，户均增收 3500 余元。嵩县大力发展沟域经济、岭域经济，实施产业扶贫项目 220 个，扶持 6370 户贫困群众发展中药材、核桃、品种羊、土鸡、肉牛等特色种养业和旅游服务业；年输出务工人员 13.9 万人，其中贫困劳动力转移就业 15000 余人；建成村级集中式发电站 83 个，扶持 4593 户 16075 名无劳动能力的贫困人口。两年来，累计完成 24 个贫困村、17257 名贫困人口脱贫任务。

（三）创新了农村发展方式

在扶贫过程中，注重把发挥政府主导作用和调动贫困群众主观能动性结合起来，带来了农村发展方式的转变。河南省按照“政银联动、风险共担、多方参与、合作共赢”的工作思路，大胆创新、积极探索，创新实施了“三级四体系”的卢氏金融扶贫模式，破解了服务怎么保障、信用怎么评定、风险怎么防范、项目怎么选择、成本怎么降低“五大障碍”，激发了内生动力，淳朴了文明风尚，提升了产业水平，巩固了坚强堡垒。卢氏县全年新增扶贫贷款超过10亿元，是上年度的11.5倍，贫困户户贷率同比提高43个百分点。卢氏金融扶贫模式得到中央领导和国务院扶贫办肯定，要求在全国推广，全省金融扶贫现场会在卢氏召开，全国金融扶贫观摩会在卢氏观摩。

“三级”是指县、乡、村分别建立扶贫服务站、扶贫服务中心，专门对贫困户对农民宣讲党的扶贫政策，对扶贫的一些项目进行咨询和推荐，为农民提供贷款咨询。

“四体系”贯穿整个扶贫过程。第一是解决金融服务问题，与扶贫中心相结合，把一些金融服务加在里面，建立了金融服务体系。第二是信息评级体系，与普惠金融类似，针对贫困户贷款进行信息搜集，对其信用进行评级。第三是产业支撑体系，为农民推荐项目和产业，把这些产业和项目与金融资源对接起来，形成产业支撑体系，有效解决金融资源怎么用和项目怎么选的问题。第四是风险防控体系。贫困户的贷款风险程度更高，因为金融扶贫跟财政扶贫不一样，需有借有还，通过风险防控体系和信用评级体系解决了金融风险的分担问题，金融机构参与贷款的积极性很高。尤其重要的是，推动了农村工作由以往的行政命令转变为更加注重市场机制，通过发展农民专业合作社，以市场为纽带，让农户以参股方式参与农村经济社会发展的决策，并成为直接受益者。

淅川县在推行常规扶贫模式基础上，创新四种带贫模式，构建利益联结机制，激发贫困户和带贫主体参与产业扶贫的积极性。第一种，“三权分置”模式。土地所有权归村集体，承包权归农户，经营权归龙头企业。政府负责顶层设计，购买公共服务，落实政策、资金等；龙头企业负责承贷、担保、使用和偿还产业贷款，在农户土地上发展产业；农户拿土地入资，在获得固定地租收益的基础上，产业见效后，乡镇政府（村委会）、企业和农户按1∶4∶5的比例分红净利润，其中10%归乡镇政府（村委会），40%归龙头企业，50%归农户。目前，该县渠首区域的九重、香花、厚坡3镇，引入河南仁和康源公司，采取这种模式发展软籽石榴，基地规模已达2万余亩，亩效益1.5万元左右。第二种，“保底分红”模式。在乡镇政府（村委会）的引导下，带贫企业负责提供苗木、技术培训和产品回收，农户负责种植、管护，协议约定3年后亩净效益保底3000元，不足部分由企业补齐，超出部分由村委会、龙头企业、农户分别按5∶10∶85的比例分享净收益。该县老城、荆紫关等5个乡镇，采取这种模式发展杏李，销售有渠道，收益有保障，企业省去了协商租地、平整土地、管护等麻烦，节省了地租、雇工、水电路配套等多项开支。目前，已建成千亩以上杏李产业基地12个，带贫8000人，贫困户发展意愿强烈。第三种，“资产收益”模式。按照“政府引导、公司主导、合作社主体、农户参与”的原则，农户拿土地入股专业合作社，合作社负责产业种植、管理等工作，公司负责苗木、农资、技术和销售，农户免收地租，产业见效后，农户、公司和合作社按5∶4∶1分享净收益，使贫困群众实现了“资源变资产、资产变资金、资金变股金、农民变股民”的转变。目前，该县金河镇玉皇、东升等8个村通过推行这种模式，发展油用牡丹近2万亩，带动1200户群众参与，仅每年务工增收便达7000元以上。第四种，“返租倒包”模式。带贫企业租赁贫困户土地发展产业，产业见效后，贫困户自主承包负责管护。除向企业缴纳一定的承包费和技术服务费外，净收益全部归贫困户。如滔河乡绿地公司依托食用菌孵化园平台，吸纳贫困户发展香菇种植，贫困户利用小额信贷和到户增收资金购买绿地公司菌棒、管护等服务，待菌棒开始出菇时，再“返租倒包”给贫困户，贫困户负责后期管护和采菇，企业负责回收，贫困户通过参与获得更多收益。目前，该县滔河、毛堂、西簧、老城、大石桥5个乡镇采用这种模式，发展香菇3000万袋以上，带动4000余户贫困户户均年增收1万元以上。

（四）密切了党群干群关系

领导对口帮扶，第一书记驻村帮扶，在党群干群之间建立了一条紧密的联系纽带，拉近了感情距离，增强了群众对党、对干部的信任度。一方面，通过实施产业扶贫、转移就业扶贫、金融扶贫等政策措施，进一步拓宽了农业增效、农民增收的思路和渠道，切实增强了基层党组织和基层干部的号召力。另一方面，通过医疗扶贫、教育扶贫、水利扶贫等措施改善了民生，让群众得以发展，得到实惠，感受到党和政府的温暖，对基层干部充满了感激之情。台前县注重选优配强村党支部书记这一“领头雁”，重点把致富能手、复转军人、返乡创业党员等优秀人才选进村班子，还有针对性地确定帮扶单位、驻村第一书记和结对帮扶责任人，提升了村级党组织的“造血”功能和“输血”水平。2014年以来，该县分两批选派226名干部到村担任第一书记，联合省、市帮扶单位66名驻村第一书记，对全县贫困村和贫困户实现了对结帮扶全覆盖。我们走访的夹河乡卢庄村支部书记赵忠雨就是返乡创业典型。该村通过流转土地，建设农业生态旅游观光园，实现了户户有土地流转租地收入、35%的群众在农业园区和精准扶贫就业基地有打工收入。2017年7月，该村从村集体经济收益中拿出10万元分给群众。在嵩县黄庄乡汝南扶贫搬迁社区，我们来到2017年乔迁新居又逢儿子刚刚新婚的贫困户范钦成家，老两口抑制不住内心的喜悦向我们讲到，以前一家人住在大山破旧的房屋，儿子曾谈过两个女朋友，都因他家居住条件差而告吹，自打搬进了新房，儿子顺利娶了媳妇，结婚仪式当天新婚夫妇不拜天地却拜共产党，他家大门上贴的对联就是“搬新居感恩共产党，娶新娘铭记习主席”，家里客厅摆放着习近平主席的画像。

（五）转变了干部工作作风

各级各部门更加积极主动地开展工作，广大干部尽职尽责、担当作为，展现出了良好的精神状态，干部工作作风有了明显改进。领导干部积极发挥表率作用，深入贫困乡村，走访调研，督查指导。各级党员干部真正深下去了，蹲下去了，住下去了，而且真正了解了实情，真正同困难群众融为一体，打成一片，与群众关系真正成为鱼水关系，干群成了责任共同体、利益共同体、共同脱贫致富一家人。一系列利民、惠民的扶贫政策，都以最快的速度、最具体的措施和最有效的手段送到了基层，送到了困难群众的家里，迅速见到实效，得到广大贫困群众的认可。

三　推进深度贫困地区脱贫攻坚的对策建议

习近平总书记指出，攻克深度贫困堡垒，是打赢脱贫攻坚战必须完成的任务。在下一步工作中，必须按照习近平总书记在深度贫困地区脱贫攻坚座谈会上的重要讲话精神，采取力度更大的支持、更加有效的举措、更加有力的工作，集中力量攻关，实现全面如期脱贫。结合深度贫困地区实际，提出如下建议。

（一）持续完善基础设施，补齐发展短板

特殊的自然环境造成深度贫困地区基础设施薄弱和公共服务滞后，成为制约当地发展的突出因素，当前尤其要加大这方面的支持投入力度。交通建设方面，建议加快实施河南省“十三五”交通运输扶贫攻坚规划，加快推进干线公路等的建设，提升连通周边市县水平；实施农村公路畅通工程，尽量做到向进村入户倾斜。同时，统筹考虑整村搬迁和交通扶贫工作，避免出现“设施改善了、人却搬走了”的不必要浪费现象。通信建设方面，结合深度贫困地区山大沟深、地广人稀的特点，加快通信基站、光纤到村布局建设，对干线公路及旅游公路沿线通手机信号要实现全覆盖，着力解决20户以上自然村通手机信号问题。水利、电力等方面，实施农村安全饮水工程和新一轮农村电网改造，加大搬迁安置区、扶贫工厂、扶贫车间等生活生产用水、用电保障力度。

（二）加大产业扶贫力度，夯实发展基础

产业扶贫是就业之基、增收之本、脱贫之策。由于缺乏龙头企业带动，加之农村青壮年劳动力外出打工，剩下的多是老弱病残，产业扶贫缺乏人力支撑，因此，当务之急是必须大力发展龙头企业、农民合作组织。一是积极培育引进龙头企业。依托深度贫困地区资源优势，完善产业规划，明确产业方向，进一步解放思想、搭建平台、营造环境，加大招商引资力度，着力引进培育一批劳动密集型、科技成长型、辐射带动型、就业容量大的企业，增强“造血”功能，以龙头企业招引人力人才，以龙头企业解决贫困户分散生产经营、脱贫能力弱的问题。二是以“一乡一业、一村一品”为载体，依托当地资源优势和种养习惯，扶持农村贫困户发展投资少、见效快、风险小的特色种养业。三是着力扶持发展专业合作社、专业种植大户等新型经营主体，培育壮大具有优势的增收产业，通过“龙头企业 + 基地 + 农户”“公司 + 合作社 + 农户”等方式，把更多农村贫困户纳入产业化经营链条。对吸纳农村贫困人口就业 30 人以上或带动农村贫困户 10 户以上的各类经营主体，在用地保障、财税政策、银行贷款等方面给予重点支持。四是加快发展旅游扶贫、电商扶贫、家庭手工业扶贫等扶贫新业态，对各类扶贫龙头企业给予贷款贴息和培训补助等优惠政策。五是大力发展集体经济。加快村集体产权制度改革，把落后村集体闲置土地等资源和经营性资产作股量化到村民，组建股份合作社，引导农村贫困户以土地承包经营权入股合作社、龙头企业，持股分红。

（三）加快易地搬迁步伐，改善发展条件

从调研了解的情况看，易地搬迁最大的问题是贫困户搬迁后的生产生计问题，尤其不能让贫困户“住着新房子、过着穷日子”。重点解决好三个问题：一是妥善处理搬新退旧问题。建议不搞“一刀切”，给予搬迁户一定的生产过渡期、生活适应期，根据实际情况在原村庄适当保留一些生产用房，为贫困户返回原村从事农业生产提供方便。二是尽快出台非贫困户同步搬迁

政策。据反映，由于新的搬迁政策含金量很高，建档立卡贫困户只要符合搬迁条件，个人不花一分钱就能拥有一套新房，且城区、镇区和中心村等不同安置区域房屋实际价值差异较大，造成“非贫困户争当贫困户、贫困户争当搬迁户、搬迁户大多数想到城区安置”的倾向十分突出，“悬崖效应”明显，由此引发的涉贫信访问题也骤然增加。同时，一些居住分散的贫困村，贫困户搬走之后，非贫困户仍在原村居住，基础设施建设难度更大，资源浪费严重，应围绕同步搬迁问题在补贴标准、补贴方式、资金来源等方面出台意见，实行贫困户不花钱、非贫困户交纳一定费用的办法，实行同步搬迁，确保搬得出、稳得住、能发展、可致富。三是加强搬迁社区管理。易地扶贫搬迁，不仅要让贫困群众搬得出、稳得住，还要让他们能发展、过得好，要科学统筹易地扶贫搬迁迁出点和迁入地资源，积极创新，着力盘活耕地、林地、宅基地，衔接好低保、医保和养老保险，统筹就业就学就医，建好经营性服务场所、农耕场所、公共服务场所，用活集体经营机制、社区管理机制、群众动员机制，助推易地扶贫搬迁后续发展，有效解决“搬出后怎么办”以及安置社区的管理问题。

（四）深化农村产权改革，激活发展动力

农村改革是助推精准脱贫的持续动力。随着脱贫攻坚不断深入，农村“无劳动能力、无生产技能、无自有资金”的“三无”贫困户占比越来越大，成为攻坚的重点难点。要加快农村集体产权制度改革，特别是农村土地“三权分置”改革，落实集体所有权，稳定农户承包权，放活土地经营权，建立归属清晰、权责明确、保护严格、流转顺畅的现代农村产权制度，赋予农民更多财产权利，激发农村经济发展活力。在农村集体产权制度改革的基础上，通过资产收益扶贫方式，探索“资源变股权、资金变股金、农民变股民”途径，有利于加速资源盘活、资产流动，壮大农村集体经济，增加农民财产性收入，促进“三无”贫困户从兜底保障扶贫转为产业发展扶贫，实现“死钱”变“活钱”、“输血”变“造血”、“保底”变“保富”。

（五）全面开展技能培训，提高农民素质

“授人以鱼不如授人以渔。”通过开展技能培训，让贫困群众真正掌握一门劳动技能，拥有一技之长，是增收致富全面奔小康之要。一方面，加大农业技术培训。调研中发现，一些深山区核桃种植面积较大，但是种植技术落后，遇到病虫害，核桃不仅有黑点且品相不好，不到成熟季节就落了，造成了很大损失。还比如有的地方农民有养蜂的习惯，但由于技术落后，收入很低，抗风险能力差，而有的贫困户在扶贫单位帮助下，购置了新式蜂箱尝试新式养蜂，一年增收4000元。因此，对那些有劳动能力的贫困户，农业、林业、科技等部门要结合当地扶贫产业项目，有针对性地开展培训，加快培养新型职业农民，提高贫困人口自力更生、自我发展能力。另一方面，加大就业创业培训。为贫困家庭劳动力提供免费职业技能培训、实用技术培训和创业培训，搭建供需平台，提供岗位信息、政策咨询、创业项目推荐等服务，确保贫困户家庭至少掌握一门就业技能，加大劳务输出，鼓励返乡创业，努力实现“就业一人、致富一家”“创业一人、带富一方”。

（六）加强村级班子建设，增强“两带”能力

“农村富不富，关键看支部。”基层组织软弱涣散，往往是贫困村难以脱贫的重要原因，必须夯实基层基础，打造一支“不走的扶贫工作队”，打通扶贫政策“最后一公里”。应选优配强村“两委”班子，按照“自身立得起、工作干得好、群众信得过”的标准，把支部书记选好，真正实现选好带头人、配强一班人、造福一方人。一是选拔思想政治素质强、脱贫致富能力强的优秀人才担任村党组织书记，配齐配优村“两委”班子，加强对班子的培训，提高班子的致富带富能力。二是抓好年轻后备干部培养储备工作，解决好班子结构老化、思想滞后问题。三是积极推进贫困村党支部与强村党支部、企业党支部、机关党支部的链接，发挥支部联建、产业互融、资源共享、以强带弱作用。四是推行新乡贤制度，让机关退休干部参与家乡基层党组织建设，推动基层党组织发展。五是建立党员帮扶贫困户制度，村里

的党员和贫困户都在一个村，远亲不如近邻，实行“一对一”帮扶效果更明显、更有效。

（七）提升公共服务水平，打牢脱贫根基

教育是扶智的基础，医疗卫生则是劳动能力的保障。要实现深度贫困地区与全省同步建成小康社会，必须通过抓好教育和卫生脱贫等工程，打牢脱贫致富的根基，从根本上阻断贫困代际传递链条。教育方面，落实农村义务教育阶段学校特岗教师、定向师范生等政策，完善乡村教师补充机制，稳定农村教师队伍，提高农村教学质量。合理布局学校和师资力量，加快改善农村义务教育薄弱学校基本办学条件。加大特岗教师的聘用力度，保障农村贫困人口集中区域乡村中小学教师师资力量。提高贫困地区教师薪酬待遇，对于条件较差的贫困村教师加大补贴力度。医疗卫生方面，把健康扶贫作为重中之重，加大标准化村卫生室建设力度，推动医保制度、医疗服务、卫生设施联动发展，实行医疗卫生人员下乡扶贫，确保每个村庄有一名常驻医生。进一步加强贫困地区县乡村三级医疗卫生服务网络标准化建设，减免农村群众预防体检费用，增加大病和慢性病救助报销种类，进一步提高报销比例。加快农村养老院和残疾人设施建设，对符合集中供养条件的农村老年贫困人员逐步实现集中供养，对残疾人实施集中供养。

（八）加大扶贫宣传力度，切实振奋精神

贫困既有物质贫穷，也有精神匮乏，扶贫要同扶智、扶志结合起来，注重扶贫先扶志、治穷先治愚，激发内生动力。应当看到，深度贫困地区深度贫困是历史客观条件造成的，在当前脱贫攻坚的新形势下，随着交通等基础设施条件的改善和投资力度的加大，深度贫困地区面临着千载难逢的发展机遇，以前的所谓不利因素恰恰成了现在大发展的有利条件，比如深山区生态环境条件好，为发展旅游业提供了得天独厚的条件，比如深山区的农畜产品，因为无公害无污染恰恰最受市场欢迎。要通过脱贫攻坚政策巡回宣讲团、文艺会演下乡等形式，深入宣传扶贫政策和发展机遇，坚定打赢脱贫攻

坚战的信心和决心。卢氏县驻村第一书记脱贫攻坚政策巡回宣讲报告会的形式就很值得提倡，专门挑选一批工作实绩突出、表达能力较强的优秀第一书记为宣讲团成员，到各乡镇巡回宣讲，通过亲身经历和现身说法，交流抓党建、带队伍、谋发展、促脱贫的经验做法，用真情讲述脱贫故事，以典型鼓舞干群士气。

河南省农村医疗贫困调查研究

侯圣伟*

摘　要：　本文在问卷调查的基础上选取典型案例深入访谈，发现重大疾病医疗费用支出是造成河南省农村医疗贫困的典型因素，“医疗费用支出型贫困”现象广泛存在；慢性疾病的长期费用负担是造成医疗贫困的另一个重要因素，其不仅影响农民的生活质量，还对农民的心理产生重要的消极影响；医疗贫困还表现在因不断高涨的医疗费用放弃治疗、消极治疗等。这种医疗贫困问题和农村医疗保障制度的不完善紧密相关。作为解决医疗贫困的对策，首先要从根本上增加农民的可支配性收入，提高农民的医疗购买力水平；做好农村医疗保障制度的有效衔接，建立慢性病预防及长期治疗支持机制，阻断慢性病长期费用支出造成的隐形医疗贫困问题；在解决贫困的对策中引入“收支平衡”的甄别机制，将农村居民面临的因疾病造成收支不平衡的情况纳入“脱贫”的对象范围内。

关键词：　河南　农村　医疗贫困　解决路径

一　导　言

农村贫困率发生较高多数是因为家庭成员患大病重病或慢性疾病，使医

---

* 侯圣伟，博士，郑州轻工业学院政法学院讲师，研究方向为医疗保障、卫生经济学。

药支出大幅增长，而家庭总收入并没有同时相应增长，以及因疾病而无法工作导致收入中断或下降，家庭支出超过了收入①。而2003年以来实施的新型农村合作医疗制度并没有对整体灾难性卫生支出风险产生明显影响②。医疗救助水平总体偏低，大病家庭受助有限，在救助受益人次持续增长和医疗救助资金投入大量增长的“双增长”下，农村贫困家庭的疾病经济负担持续繁重③。所以，农村医疗贫困问题在上述三种压力之下，呈现出原因复杂性和解决方式综合性的特点，是我国完成2025年贫困人口脱贫的关键所在。

医疗贫困是疾病费用的支出超过了家庭所能承担的程度形成的显性及隐性生活水平下降导致的贫困现象。仇雨临、张忠朝从贫困人口的医疗贫困角度，认为医疗贫困模型大致可以描述为以“三重医疗保障”为背景，农村居民医疗消费可能导致医疗贫困，其二者受到人口因素、社会经济因素和健康因素的影响；医疗贫困路径为：就医选择—医疗费用支出—灾难性医疗支出致贫—医疗费用支出致贫④。但我们在调查中发现，医疗贫困不仅存在于贫困人口中，还存在于政府扶贫对象之外的“正常”农村居民中，农村存在一种隐性医疗贫困问题。

河南省作为农业大省，农村空间跨度大、人口分布广、基数大，医疗贫困的原因千差万别，也体现出一定的共性。本文在2017～2018年暑假及寒假期间对河南省农村调研的基础上，从近160户500多位问卷调查对象中排除享受医疗救助的低保户、家庭收入较高未明显受到医疗费用困扰的对象，对医疗费用造成生活困难的、具有典型代表性的6户对象进行了二次深入访谈，为避免问题过度发散以及为获取相贴切的信息，访谈以专业

---

① 康伟立：《农村弱势群体医疗保障的现状及对策研究》，《经济研究导刊》2017年第21期。

② Xuedan You，Yasuki Kobasashi：The New Cooperative Medical Scheme in China，*Health Policy*，2009（1）：1-9.

③ 赖志杰：《城乡医疗救助制度的现状、重要问题与建设重点》，《当代经济管理》2014年第7期。

④ 仇雨临、张忠朝：《贵州少数民族地区医疗保障反贫困研究》，《国家行政学院学报》2016年第3期。

性知识为基础、以半控制式引导方式进行。6 户访谈对象按照特点分为三种类型：家中有病人造成生活水平显著下降的两户，A1、A2；家中有慢性病人造成生活水平长期处于较低水平的两户，B1、B2；感觉医药费用贵生病时选择在家买药自我治疗的两户，C1、C2；本文通过对以上 6 户家庭访谈记录的归纳整理，突出表现农村医疗贫困问题，在分析过程中结合已有研究成果，对访谈反映的问题进行映照，并从中探析河南农村医疗贫困问题的对策。

二　河南农村医疗贫困的表现

（一）重大疾病医疗费用支出是造成农民医疗贫困的典型因素

2009 年实施“新医改”以来，政府主导和公益性方向的改革进展加快。全民医疗保险制度的基本建立，城乡居民医疗保险制度的实施，在一定程度上促进了基层医疗机构服务能力的提升。硬件设施明显改善，但以药养医抵消了基层医改和基本医改的效果，群众负担没有减轻，“医改成效不彰”[①]。在当前经济发展新常态下，农民外出务工的收入不稳定性显著，农产品价格的持续下跌又进一步恶化了农民收入状况。

“虽然政府宣传说保险报销的比例高了，我们以前不知道，对这个没有感受，上次老人突然脑溢血，才感觉到医疗费用实在太高了，根本吃不消，加上后期治疗，每个月看病吃药的钱都是自己拿的，整体生活水平一下子就降下来了，还借了亲戚朋友的钱，没办法啊，本身就挣不多钱，还得有固定的看病支出。（A1）”“以前我们只听说新农合报销比例高，我们自己的费用很少，这次孩子妈妈得病，一下子就花了 4 万多，这一年挣得钱还不如一次看病花的多，我今年挣钱不多，不好找工

① 刘雪松：《医疗供给侧结构性改革内涵的多重分析》，《发展研究》2016 年第 11 期。

作，孩子妈妈得病也得让人照顾，感觉压力一下子大了，都不敢给孩子买玩具什么的了。（A2）”“现在工作不好找，找到了挣得也没以前多了，这不我离年还有两个多月呢就回家来了，挣不到钱，在外面花的也多，还不如回家呢，回来还可以照看下病人和孩子，现在老百姓真的不容易，我们村里今年出去挣钱的都不怎么样，粮食还这么便宜，比上年便宜了两毛多，整体收入都少了，看病倒是越来越贵。（A2）”“国家的政策是好的，想给我们农民减轻看病费用，让我们看得起病，但我们去一次医院，基本把几个月、一年的收入都花进去了，那我们肯定生活就困难了，这样的情况村里很多的，不光我们家遇到过这种情况，别人家也遇到过。你看谁家日子过得不错，只要家里有人得病住个院什么的，他家的条件立马就下降了，有的还得靠借钱，都是农民，看着过得不错，有个啥病就都砸进去了，还是医药费太贵了，越来越贵。（A1）”

医疗费用的快速上涨，超过了农民实际收入的增加幅度，造成农民生活水平下降，使农民进入“贫困”行列，这种现象被称为“医疗费用支出型贫困”，但以往我们在研究医疗贫困问题时对此现象关注较少，城乡居民医疗保险的设计初衷在于保基本、抓大放小，作为城乡居民基本医疗保险的补充，重大疾病医疗保险对农村居民的医疗费用进行二次报销，在一定程度上减轻了农村居民的医疗费用负担，但对于医疗费用支出性贫困问题，医疗救助并没有相应的制度安排，“因病致贫、因病返贫”的现象并没有得到根本遏制。

（二）慢性疾病的长期费用负担是造成河南农民医疗贫困的另一个重要因素

随着社会经济的发展，生活水平、居住环境、生活习惯、饮食结构等发生巨大变化，慢性病发病率在全世界范围内急速增加，成为威胁人类健康和生命的主要原因，慢性疾病在河南农村也呈现出高发态势，其发病率早在

2011 年已接近于城市居民[1]，而张天娥等的研究表明农村居民的慢性病患病率已高于城市[2]。慢性病病因复杂，对生活质量的损害较强，治疗困难且需耗费较长时间和较高费用[3]，而城乡居民医疗保险对于慢性病的报销等支持力度较低，造成农民不重视慢性病，不治疗以及消极治疗乃至放弃治疗慢性病等困境。

> “我们家是五口人，接近 80 岁的老娘和两个孩子，孩子都已经成年了，大学毕业在外地工作，也不是很好的工作，基本不能够接济家里，他们能够顾全自己就不错了。我和爱人大部分时间在家里种地，空闲时间去城里打零工，我爱人有糖尿病，好几年了，一直靠打胰岛素和吃药维持，这种病钱花了不少，但也不见好，周围也有得糖尿病的，基本都是状态很差，每个月差不多要一千元的看病钱，身体也不适合干重活，就是靠养着呢，后期这个病还会恶化，烂腿烂脚、内脏变坏，但也不能不治啊。（B1）”“我们家孩子他爸爸是高血压，血脂也稠，靠吃药维持着，这样的病都是花钱却治不好的，家里有点钱基本都给他爸爸买药了，去医院？没用，医院也没好办法，说是可以换血治疗，但是太贵了，我们根本承担不起，再说换血也只是暂时好转，孩子们时常给我们些钱，但他们经济也很紧张，挣得不多，还得养孩子和买房子，只能靠我们两口子自己挣钱，能挣到什么钱呢，也没法出门打工。（B2）”“这病国家给报销一部分，但是不多，大多还是自己负担。（B1）”“报销是给报销，但是挺麻烦的，要去村里开证明，去医院登记什么的，每次给药都有限制，意义不大。（B2）”“肯定影响我们的生活啊，和别人家相比，吃的住的都差一些，就像这过年呢，也只是买挂炮仗放放，人家放

① 郭丽君：《河南省新乡地区农村居民亚健康状况及疾病状况分布特征》，《新乡医学院学报》2011 年第 6 期。

② 张天娥等：《临床护理工作者的职业道德和伦理学修养》，《中国医学伦理学》2008 年第 5 期。

③ 解莉莉：《农民慢性疾病的护理研究》，《中国卫生产业》2014 年第 10 期。

烟花咱看着就可以了。（B2）”。

糖尿病、高血压、精神疾病等慢性病有其特殊性，长期医药费用支出是被访谈对象面临的重要负担，而这些慢性病患者无法从事收入较高的重体力劳动或者外出打工，直接影响了其生活质量的提高和疾病的治疗，与一般性疾病相比，这是重大疾病之后对农民医疗贫困影响最大的因素，也直接影响到农民患者的治疗积极性，“拖”“认命”往往是其共同的心理活动。

（三）不断高涨的医疗费用使农民放弃治疗、消极治疗，是医疗贫困的长期表现

医疗费用上涨过快，超过农民的实际负担，“看不起病”“不看病”的现象在当前农村仍然具有普遍性。在调查问卷中发现这一问题后，我们通过访谈对此现象进行了深入了解，访谈结果从侧面也反映出我国医改工作的不足之处。

“我们家就是一般的农民家庭，有收入吗，有，但是不高，能看病吗，能，但是负担太重，我们也不想看，身体不舒服自己买点药或者去卫生室让医生看看就可以了，如果是大病，耽误治疗？不会的，大病的话，去大医院也不好治啊，大医院多贵啊，那个××家，去市里花了十几万，这不也回来等咽气了吗，白花钱！（C1）”“人该怎么死就会怎么死，该什么时候死就会什么时候死，得了病花了钱，治不好，还拖累家里人，现在看病多贵啊，看不起，那个××村的姓王的，得病儿女都回来了，有什么用呢，把儿女的钱都给花光了，还不是死了，还真不如人家，得了病直接喝农药了，谁也不拖累！（C2）”“报销国家给报啊，又不全给报，自己拿的也不少啊，负担不起，不能把儿女给拖累穷了。（C2）”“听说县医院报销的高一些，好像是70%～80%吧，但要想治得好点，县医院不中，白看白花钱。（C1）”“看病不花钱的话看不看，那当然看啊，看好看不好，不拖累家里人。谁得病不想看，谁不想健健

康康的多活几年，现在生活水平多好啊，哪有不想活着的，可你得看得起病啊！（C1/C2）”

对美好生活的向往是广大农民的心声，农民也想分享社会发展的成果，但一部分农民群体，由于家庭或者其他方面的原因，难以负担较为高昂的医药费用，或可以预见医疗费用对自己以及家庭带来的巨大的经济压力，对于疾病采取了消极治疗的心理以及实际行动。因样本选择问题，本次调查未能就访谈中提及的个案进行详细调查，但也反映出部分农民在面对疾病时的艰难抉择，他们构成了我国农村医疗贫困的一种现象，也反映出医疗贫困的深层次原因，即医疗费用仍然是制约农民就医、保障健康权的障碍因素。

三　河南农村医疗贫困的形成原因

通过对以上典型医疗贫困农户的深入访谈，我们可以发现，造成农村医疗贫困的原因既有我们一直强调的医疗制度性因素，又存在收入支出之间发生偏离所造成的潜在型的贫困问题，整体来看，可以将其原因归纳为以下几点。

（一）支出型贫困为河南农村医疗贫困的主要原因

如果现有的政策环境不变，到 2020 年，我国医疗费用将依然保持 12.08%～18.16%的年均增速，其增速将明显高于社会经济发展速度，且会加重目前存在的社会问题。从“家庭灾难性卫生支出发生率”可以看出，1991 年该指标为 10.73%，2015 年达到 13.02%，2020 年将为 14.27%，即在既定保障水平下，随着医疗费用的过快增长，医保的费用风险分担水平受到挑战，百姓就医公平性日益恶化[①]。最近几年，医疗费用的增长幅度一直高于经济发展速度，而我国现阶段农民收入增加速度又低于社会经济发展速

① 周凯、王烨捷：《我国人均医疗费用增长率远超 GDP》，《中国青年报》2015 年 4 月 9 日。

度，这就造成农民医疗费用实际负担水平更高，从访谈中我们也发现了这一点，特别是对收入处于中低等水平的农民来说，疾病费用对生活的影响巨大，造成该部分群体生活质量急剧下降，“因病致贫”现象仍然突出。基于当前医保救济及国家扶贫政策，该部分群体并不能从制度上享受相应的减免或救助政策，属于“潜在型贫困”，这也是国家和政府在制定医疗减免以及扶贫政策时不可忽视的潜在问题，如何避免这种支出性贫困、保障农民的健康权和基本生活权，是当前面临的一项政策议题。

（二）慢性疾病是河南农村医疗贫困持续存在的主要因素

从调查和访谈结果来看，慢性疾病患者家庭生活水平呈现整体较低的现象，家庭收入较低、医疗费用长期存在，这两个因素交织形成了此部分群体的长期医疗贫困问题。有研究表明慢性疾病治疗费用在总医疗费用中的占比较高，尤其是中低收入家庭承担着更为沉重的疾病费用负担①，农村慢性病患者群的相对疾病经济风险是总样本人数的 2.5 倍之多②。从调查访谈中还发现，被调查农村地区的慢性病患者呈现增加的趋势，但政府相关部门并未做好慢性病预防、经济风险防控等工作，农村居民面临的慢性病风险和疾病负担短期内并不会降低或减少，由此造成的医疗贫困问题会长期存在。

（三）医疗保障制度的不完善是河南农村医疗贫困的制度性原因

河南农村基本建立起居民医保、重大疾病医疗保险、医疗救助等全方位多层次的医疗保障制度，但该医疗保障制度在实际运营过程中存在的问题导致农村医疗贫困问题的产生。如城乡居民医保制度在保障农村居民基本医疗权的同时，实际报销比例低于农民实际承担水平，实际诊疗过程中不符合报销范围目录内的自费较高；重大疾病医疗保险作为居民医保的有效补充，加

① 井珊珊等：《农村慢性病病人家庭疾病经济风险的比较研究》，《中国卫生事业管理》2014 年第 2 期。

② 李友卫等：《1984～2004 年我国慢性病防控相关重要政策的回顾分析》，《中国慢性病预防与控制》2016 年第 8 期。

大了医保对于高费用段自我负担的保障力度，但在实际执行过程中，医疗救助享受重大疾病医疗保险报销的范围较小，其原因在于重大疾病医疗保险的起付范围以当地居民人均可支配收入为标准，不同收入水平的家庭对于起付标准的感受敏感度不同，实际应该享有医疗救助的家庭被阻挡在了重大疾病医疗保险的门槛之外，造成事实上的医疗贫困问题。

四　河南农村医疗贫困解决路径分析

在调查和访谈阶段，我们也真切地发现，被调查和访谈地区农村医疗贫困原因复杂，它是两种或两种以上的因素综合而成的，并且表现形式多样化，很多医疗贫困问题表现并不显著，特点也不突出。根据精准扶贫和医疗保障反贫困理论，要解决医疗贫困问题，必须遵循“医疗消费—医疗贫困—医疗保障反贫困”的解决路径，即“就医选择—医疗费用支出—灾难性医疗支出返贫—医疗费用支出致贫—基本医疗保险—大病保险—医疗救助—其他补充保障”，在这种多维一体的政策支持下，才有可能解决河南农村医疗贫困问题，根据具体的调研结果来讲，应该做好以下几方面的工作。

（一）采取针对性的政策提高农民的可支配性收入，以满足其医疗服务购买需求，提高农民的医疗购买力水平是根本对策

随着社会经济的发展和医疗技术的进步、老龄化的程度加深带来的医疗费用的上涨，从供需结构上来讲，医疗费用下降的空间不大；医疗保障作为保障社会成员基本医疗需求的制度安排，从逆向选择和道德风险的规避上也要求农民必须负担一定比例的医疗费用。通过增加农民可支配收入来提高其对医疗产品的购买力是解决农村医疗贫困的必由之路，河南农村地域广，生产生活条件多样，当地政府应根据实际情况推动符合本地区农村经济发展的生产政策，如集体性外出务工、就地工作机会的创造等，千方百计提高农民收入。

（二）做好医疗保障制度的内部有效衔接，改变险助脱节造成的医疗贫困问题

基本医疗保险、重大疾病医疗保险和医疗救助脱节，制度失衡是当前农村“看病难、看病贵”的重要原因，作为保障广大农村居民医疗权、健康权的基本制度安排，三者之间应改变以居民人均收入为标准的衔接方式，通过建立家庭实际收支平衡为标准的机制设计，在制度上真正发挥医保在解决医疗贫困问题时支撑作用，真正降低农民医疗费用过度支出造成的“支出型贫困”问题；建立慢性病预防及长期治疗支持机制，简化慢性病医疗费用报销手续，提高报销标准，阻断慢性病长期费用支出造成的隐形医疗贫困问题。

（三）改变静态收入为标准的扶贫机制，从动态收支平衡的角度扶持隐性医疗贫困农民

政府在扶贫过程中既要保证显性贫困对象的脱贫问题，更要重视医疗问题导致的隐形贫困问题。当前扶贫政策以静态收入为标准，对于动态性的收支不平衡形成的贫困特别是医疗贫困问题支持匮乏，“一人得病，全家贫穷”是这种动态贫困的典型表现。政府应该在解决贫困的对策中引入“收支平衡”的甄别机制，将贫困问题和家庭收支是否平衡联系起来，将农村居民面临的因疾病造成收支不平衡的情况纳入“脱贫”的对象范围内，在一定的期限内给予医疗救助等方面的支持，保障农民在发生疾病支出型贫困问题时能够使生活质量不出现大的变动，并在这种政策支持下培养其较强的自主发展摆脱支出型贫困的能力。

五县市脱贫攻坚成效状况分析

——基于电话与实地调查数据

樊红敏　杜鹏辉　马秋爽*

摘　要： 基于2017年12月社会治理河南省协同创新中心开展的5次脱贫攻坚调查数据，本报告总结了当前县市扶贫工作的总体情况：一是大多数帮扶责任人与贫困户建立了有效联系，帮扶满意度总体较高；二是帮扶措施制定和落实情况总体较好，措施制定集中在2~4条，帮扶措施落实率平均在90%以上；三是村级户级档案管理情况良好；四是村容村貌和户容户貌情况有所改善。但是与此同时，脱贫攻坚工作也存在政策执行不力、能力扶贫工作开展和政策宣讲不到位、帮扶措施精准度有待提高和社会力量参与不足等问题。针对这些问题，本报告认为宜从以下五方面着手巩固脱贫成效：一是建立帮扶责任人考评体系；二是提高扶贫政策执行力，增强政策落实实效；三是提升政策宣讲能力，提高群众政策认同度；四是加强能力扶贫，促进脱贫攻坚长效化；五是鼓励多元主体参与，建立社会力量参与的方法与机制。

关键词： 社会治理　脱贫扶贫　河南

---

* 樊红敏，郑州大学公共管理学院教授，博士生导师；杜鹏辉，郑州大学公共管理学院2016级硕士研究生；马秋爽，郑州大学公共管理学院2017级硕士研究生。

党的十九大提出要坚决打赢脱贫攻坚战，重点攻克深度贫困地区脱贫任务，确保到2020年我国现行标准下农村贫困人口实现脱贫，贫困县全部摘帽，解决区域性整体贫困，做到脱真贫、真脱贫。落实党的庄严承诺，让贫困人口和贫困地区同全国一道进入全面小康的社会，消除贫困，让人民有尊严地生活是政府不可推卸的责任，也是检验精准扶贫政策成效的试金石。自2013年“精准扶贫”战略的提出到2017年底，河南省有577.7万农村贫困人口实现稳定脱贫，37.3万贫困人口搬出了深山，5514个贫困村退出贫困序列，[①] 可谓成果丰硕，但截至2017年底，河南省仍有221.4万贫困人口和3723个贫困村，脱贫攻坚任务依然艰巨。河南省委、省人民政府于2017年12月召开河南省脱贫攻坚第五次推进会议，确保河南省脱贫攻坚成效。本报告以社会治理河南省协同创新中心于2017年12月作为第三方机构开展的“2017年度脱贫攻坚成效调查”结果为依据，总结当前河南省扶贫工作的总体情况、存在的问题，进而有针对性地提出对策建议。

一　样本选取和评价指标体系

（一）样本选取

本报告的调查数据来源于2017年12月社会治理河南省协同创新中心（以下简称中心）作为第三方机构接受委托，对河南省五县市开展的脱贫攻坚调查。调查方式包括电话调查和实地调查两种方式。调查样本包括五县市电话调查样本9467个、977个和484个，共计10928个；实地调查两县市样本278个和218个，共计496个。本次电话调查和实地调查对象包括2016年脱贫户、2017年拟脱贫户和未脱贫户。

① http：//www.hnsfpb.gov.cn/sitesources/hnsfpb/page _ pc/xwzx/fpyw/articlefff3177d8f2b4f-128ed2fa1a6d51d014.html.

（二）评价指标体系

受电话调查和实地调查各自的特点影响，依据层次分析法，对于脱贫攻坚成效调查的评价指标体系分别进行三级指标构建，详见表1和表2。其中2017年脱贫攻坚成效电话调查评价指标体系从脱贫攻坚成效一级指标出发，下设信息采集准确度、贫困户政策知晓度、帮扶措施精准度、帮扶措施落实度、帮扶人联系情况帮扶工作满意度六个二级指标；而2017年脱贫攻坚成效实地调查评价指标体系则从档案规范度、脱贫率、政策知晓度、帮扶措施落实率、帮扶满意度以及村容村貌和户容户貌六个一级指标维度构建。

表1　2017年脱贫攻坚成效电话调查指标体系

一级指标	二级指标	三级指标
脱贫攻坚成效	信息采集准确度	错号空号差错率
	贫困户政策知晓度	是否有帮扶政策明白卡
		是否知道明白卡上面的政策内容
	帮扶措施精准度	贫困户困难与帮扶措施对应度
	帮扶措施落实度	贫困户受到了哪些帮扶
	帮扶人联系情况	是否有帮扶责任人
		帮扶人2017年与贫困户联系或到贫困户家中帮扶情况
	帮扶工作满意度	对帮扶工作是否满意

表2　2017年脱贫攻坚成效评估实地调查指标体系

一级指标	二级指标	三级指标
档案规范度	村级档案	一户一档
		一村一档
		规范程度
		精准扶贫明白卡
	户级档案	规范程度
脱贫率	家庭人均年收入	家庭人均年收入是否大于等于4070元
	两不愁三保障	不愁吃
		不愁穿
		义务教育有保障
		基本医疗有保障
		住房有保障

续表

一级指标	二级指标	三级指标
政策知晓度	“N+2”帮扶政策知晓度	“N+2”帮扶政策知晓度
	家庭帮扶措施知晓度	家庭帮扶措施知晓度
帮扶措施落实率	帮扶措施规范度	帮扶措施数量是否大于等于N+2
		帮扶措施是否符合实际
	帮扶措施落实率	帮扶措施落实率
帮扶满意度	帮扶工作总体满意度	帮扶工作总体满意度
村容村貌和户容户貌	村容村貌	村容村貌
	户容户貌	户容户貌

二　五县市脱贫攻坚成效总体情况分析

（一）帮扶工作满意度总体较高，超过90%的帮扶责任人与贫困户家庭建立了有效联系

贫困户对帮扶工作的满意度是衡量扶贫工作的一项重要指标。在帮扶工作满意度方面，用满意率和基本满意率来表达贫困户的满意度。满意率为明确表示满意的贫困户人数除以总人数，基本满意率为满意和基本满意的贫困户人数除以总人数。从数据来看，剔除一些无效样本（空号和无人接听等情况）后，在电话调查的9467户脱贫户和贫困户中，对帮扶工作的基本满意率为91.10%。实地调查的496户贫困户对帮扶工作的总体满意度为89.43%，当前河南省帮扶工作的整体满意度较高。电话调查满意度情况具体如表3所示。

表3　贫困户对帮扶工作满意度

单位：户，%

调查类型	满意	不满意	基本满意	满意率	基本满意率
电话调查	3601	479	1302	66.91	91.10

在电话调查中，通过对贫困户的访谈，以贫困户的个人认知和判断为准，来判断当前县市贫困户帮扶责任人配备和其履行责任的情况。通过数据分析得出有95.4%的贫困户都清楚自己的帮扶责任人是谁，有92.75%的贫困户表示帮扶责任人与贫困户建立了联系，并对他们进行了不同程度的帮助。具体如表4所示。

表4　帮扶人与贫困户联系情况

单位：户，%

	有（是）	没有（否）	贫困户明白帮扶责任人比例	建立联系比例
有无帮扶责任人	5178	246	95.40	—
帮扶责任人是否联系	5016	392	—	92.75

在针对帮扶责任人的电话调查中，有94.76%的帮扶责任人对贫困户家庭情况比较了解，1.46%的帮扶责任人对贫困户家庭情况有点了解，仅有0.48%的帮扶责任人对贫困户家庭情况不了解。绝大多数帮扶责任人不但对贫困户的家庭成员名字、职业、收入等了解，并且对于致贫原因、疾病史、帮扶项目等也非常清楚。说明帮扶人与贫困户家庭建立了有效联系，这也为帮扶措施的精准制定提供了保障。同时也有12个帮扶责任人表示对于帮扶对象情况有点了解，4个帮扶责任人不了解帮扶对象，进一步的调查发现不了解的具体原因是工作变动不再做帮扶责任人。当前河南省脱贫攻坚工作中帮扶责任人发挥的带头作用较为明显并且发挥了巨大作用，但同时工作变动导致的帮扶成效减弱值得注意。

（二）帮扶措施落实情况较好，医疗扶持和爱心救助的落实率最高

在针对B市的电话调查中发现，医疗扶持，落实残疾补贴，教育扶持，解决饮水问题，技能培训，落实低保，小额信贷，解决就业岗位，引导发展特色种植业、养殖业，提供市场销路，企业救助或爱心人士救助等针对贫困户的11项帮扶措施中，帮扶责任人针对每户贫困户制定的帮扶措施集中在

2～4 条，分别占 20.3%、26.1%、19.5%，制定 5 条占 10.6%，1 条和6～11 条均为 10%以下（见图 1）。医疗扶持、解决就业岗位和教育扶持是最常用到的帮扶措施。

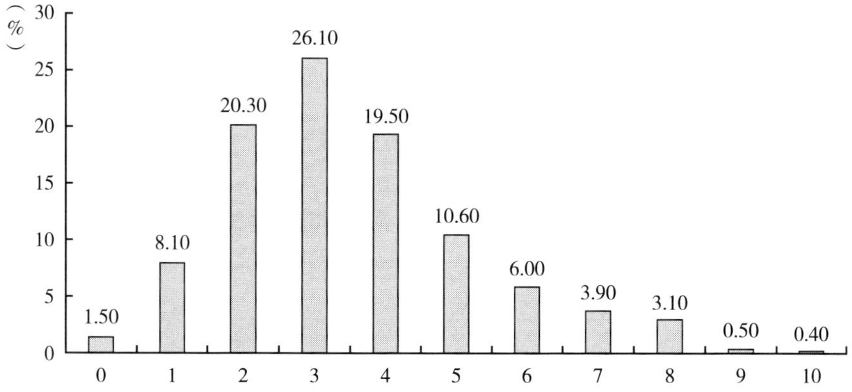

图 1　B 市帮扶责任人为贫困户制定帮扶措施数分布

政策落实率是指该次调查中帮扶责任人为贫困户制定某条帮扶措施的总体次数中该条措施实际落实的占比。以落实率的高低来衡量帮扶措施落实情况的好坏，调查发现各项帮扶措施落实情况总体良好，总体落实率为95.17%。其中，医疗扶持和企业救助或爱心人士救助的落实率高，分别为101.94%和 100.50%；教育扶持、解决饮水问题、落实残疾补贴等各项措施落实率均在 90%以上，帮扶措施落实情况总体良好（见表 5）。

表 5　B 市各项帮扶措施制定和落实情况

单位：条，%

帮扶措施	医疗扶持	企业救助或爱心人士救助	教育扶持	解决饮水问题	引导发展特色种植业、养殖业	落实残疾补贴	提供市场销路	落实低保	技能培训	解决就业岗位	小额信贷	合计
制定措施数	619	199	282	189	293	206	91	321	240	323	55	2818
落实措施数	631	200	275	184	282	198	87	299	212	275	39	2682
落实率	101.94	100.50	97.52	97.35	96.25	96.12	95.60	93.15	88.33	85.14	70.91	95.17

（三）村级户级档案保存和整理规范情况良好

根据河南省扶贫办于2017年5月18日印发的《河南省脱贫攻坚档案资料规范化建设指导意见》以及《河南省脱贫攻坚档案资料规范化建设指导意见指标解释及印制填写说明》①，把精准扶贫方略贯彻落实到完善建档立卡相关工作的全过程，将贫困户家庭档案资料、村级档案资料以及乡级档案资料纳入建档立卡的工作中是当前河南省精准扶贫脱贫攻坚工作成效的一项重要内容。我们在实地调查中考查了D市各乡镇及村、户档案规范情况，乡级档案考核包括档案的文件目录是否整齐有效，文件资料是否齐全、有照片或图像的资料是否清晰及其是否留存有复印件；村级档案考核包括村中一村一档、一户一档的保存情况和档案的总体规范程度；户级档案考核了每户是否拥有精准扶贫明白卡和档案的规范程度，并以此将档案的规范情况进行成效分析。本次评估分别以乡级档案规范度、村级档案规范度和户级档案规范度3项指标平均对档案的规范度进行测量。数据结果显示，调查的所有乡镇、办事处、村以及脱贫户的档案保存管理比较规范，按照百分制计算得分，各镇、村平均得分分别为80.62分和85.75分，各地的档案管理情况良好。

（四）村容村貌和户容户貌情况有所改善

村容村貌和户容户貌是直观反映脱贫成效的一个重要衡量指标，反映了贫困户的精神面貌，通过调研员入户的实际观感评分，百分制计算93个村的村容村貌和496户脱贫户和脱贫户的户容户貌情况，村容村貌和户容户貌的平均得分分别为69.78分和64.40分。与以往调查的主观感知比较，通过实施脱贫攻坚整村推进的方法，贫困村的生产生活条件、村容村貌有所改善。

三　存在的问题

调查表明上一个阶段的脱贫攻坚工作取得了较好的成效，制定了一系列

① 豫扶贫办〔2017〕46号和豫扶贫办〔2017〕47号文件。

有针对性、具体有效的措施，但是调查也发现了脱贫攻坚工作中存在的一些问题，主要集中在政策宣讲、政策落实方面。

（一）扶贫工作中存在政策执行不力的问题，主要表现在各类补贴的认定与发放方面

扶贫工作的执行力问题主要表现在各类补贴的认定和发放方面。许多贫困户反映自己已经被认定为残疾人或者低保户，但是存在证件难办理以及补贴发放不到位的现象，这些现象在教育、医疗、残疾、低保等各种补贴认定和发放中都有不同程度的存在。一些因残因病致贫的贫困户反映自己按照政策规定可以享受某项政策扶持，但没有办法和途径申请政策帮扶和相关补贴，导致诸多政策落实不到位。例如，有贫困户反映由于年龄问题低保被取消，新规定要求60岁以上才能享受低保，而其本人因车祸已无劳动能力，生活非常困难。另有贫困户反映低保认定不公平问题，有贫困户反映本人无劳动能力，三口之家有两个未成年孩子，但没有拿到低保，相反同村一些家中有劳动力的取得了低保资格。

（二）能力扶贫工作开展不到位

党的十九大提出，要把扶贫跟扶智、扶志结合起来。发展经济，增强实力，摆脱贫困，打赢脱贫攻坚战，重点是要提高贫困户的就业能力，鼓励贫困群众增强信心，通过党和政府帮扶、自己努力摆脱贫困达到小康水平。在电话调查中，各县市的部分贫困户认为，当前的职业技能培训流于形式，不符合实际情况，职业技能培训效果较差，对就业的帮助不大。其次是小额贷款政策执行不到位，有901户贫困户表示家中存在缺乏资金的困难，所有受电话调查的各县市贫困户中仅有14.1%表示受到了小额贷款帮扶；有一些贫困户反映申请小额贷款手续烦琐，始终申请不下来。这说明针对有劳动力能力的贫困户，从能力扶贫着手开展的扶贫工作亟待加强，要充分激发贫困地区和贫困人口的内生动力和积极性，促进脱贫攻坚工作更加注重实效。

（三）扶贫政策宣讲不到位

提升群众对扶贫政策的知晓度是脱贫攻坚成效的一项重要内容，也是我们宣讲扶贫政策工作的一大目标，要让贫困群众知晓并满意目前党和政府的扶贫政策，让其利用适合的脱贫政策帮助脱贫。在电话调查和实地调查中，发现大多数贫困户家庭都有了政策明白卡，但是许多贫困户仍然不知道自己应该享受哪些政策，也不知道应该如何去使用扶贫政策，究其原因可能与贫困户的文化程度低有关，但在访谈中很多贫困户也表现出了想了解自己应享受政策的强烈意愿，说明各县市针对贫困户的政策宣讲工作不到位。

（四）帮扶措施的精准度有待进一步提高

电话调查结束后，通过调查员主观判断该户贫困户帮扶措施与致贫原因的一致情况，调查员判断该贫困户帮扶措施与致贫原因相对应的为一致，一致的贫困户占调查总数的比重为一致率。统计结果显示，五县市总的一致率为62.75%，说明有接近40%的贫困户帮扶措施针对性不强。从五县市比较来看，5个县市帮扶措施一致率分别为78.22%、72.34%、66.05%、61.79%和60.04%，其中最高的为78.22%，最低的仅为60.04%。具体如表6所示。帮扶措施的精准度越高，扶贫资源利用的有效性越高，扶贫工作的预计成效也会更好，建议下一步对贫困户帮扶措施的针对性加以改进和查改。

表6　访问员判断的扶贫精准情况

县市	一致	不一致	不完全一致	一致率(%)
a区	79	7	15	78.22
b市	272	35	69	72.34
c县	426	56	163	66.05
d市	878	196	347	61.79
e市	1444	323	638	60.04
五县市	3354	669	1322	62.75

（五）社会力量参与不足

打赢脱贫攻坚战要动员全党、全国、全社会共同参与到脱贫攻坚工作，动员更多的社会力量来支持贫困地区的发展和深度贫困问题的解决。近年来关于企业、社会组织和个人都是社会扶贫大格局中的重要组成部分，国家扶贫办于2017年6月出台了支持社会工作专业力量参与脱贫攻坚的指导意见。本次评估电话调查的结果发现，只有不到4%的受访贫困户反映接受了企业和社会爱心组织的帮扶，政府依然是扶贫最主要的主体，虽与党和政府在脱贫攻坚中担任的主要地位和角色相适应，但这无疑也加大了各级政府在扶贫工作中的财政、人员等方面的压力。因此，应鼓励市场主体，特别是社会非营利组织参与到扶贫工作中来，充分发挥他们的专业优势，更加有针对性地对贫困户进行能力和精神层面的帮扶。

四 对策建议

（一）建立帮扶责任人考评体系，进一步增强帮扶责任人的扶贫工作实效

调查发现，帮扶责任人制度推行以来，各县市帮扶干部在贫困户的精准识别和具体帮扶方面发挥了重要作用，并得到广大贫困群众的认可。但仍有部分帮扶责任人工作流于形式、浮在表面。建议下一步从增进帮扶措施与脱贫需求有效衔接的层面，建立帮扶责任人考评体系，督促帮扶人为贫困户提供有针对性、实质性的帮扶，对症下药，使扶贫更加精准有效。

（二）提高扶贫政策执行力，增强政策落实实效

本次调查表明，各县市贫困户反映的问题线索主要集中在扶贫政策执行方面，如教育政策、低保认定与发放、残疾人救助政策、医疗救助政策等方

面都存在反映认定不公平或发放不及时等问题。基于此，各帮扶单位和帮扶责任人在实际工作中，应加强协同合作，及时了解贫困户需求，做到权责明确、互补协调，既要防止各个单位推卸自己的责任，又要防止出现问题时互相推诿，无单位负责。新的政策实施前，要经过充分公开讨论，确保政策实施的合理性和合法性，防止与现有政策间的冲突打架。如果出现政策不适应实际情况的问题，要及时进行政策纠偏。

（三）提升政策宣讲能力，提高贫困群众的政策认同度

在电话调查过程中，发现有部分贫困户有强烈的了解相关扶贫政策的意愿，但是弄不清楚自身可以享受哪些帮扶政策，这说明政策宣讲仍不到位。帮扶人和基层干部要加强对扶贫政策的学习，对政策要理解到位、宣讲到位；另外，帮扶人和基层干部要提升沟通能力，让政策准确到达贫困户。在下一步的工作中，村干部和第一书记应加强针对性的政策学习与讲解，使贫困户真正明了该求助哪些部门，如何利用政策去解决自身问题，使宣传工作落到实处。

（四）加强能力扶贫，促进脱贫攻坚长效化

调查发现，致贫原因为“缺技术”的贫困户占比居于第二位，说明在当前脱贫攻坚期，改善贫困户的劳动能力状况是脱贫攻坚长效化的关键举措。从职业技能培训到小额贷款发放，帮扶措施落实都很不到位。建议从贫困户的实际年龄、文化素质等方面综合考虑，加强技能培训供给与技能要求的精准对接，注重技能培训的针对性与有效性。同时强化政府对贫困人口就业服务，如加强对有劳动能力贫困人口的劳务输出等，注重产业发展与区域实际、农户需求的有机结合。

（五）鼓励多主体参与，建立社会力量参与扶贫的平台和机制

精准扶贫的重要特点是多主体参与贫困治理。一是要加强部门间协同合作，政府部门如扶贫办、民政部门、财政部门、金融部门等虽有专业分工，

但扶贫主体间应加强衔接和协调合作，强化衔接和协同。二是建立社会力量参与扶贫的平台和机制，鼓励社会组织、市场组织等多元参与。为此要尽快建立扶贫动员平台，动员市场主体、专业组织参与到扶贫工作中来；建立扶贫信息化平台，公开社会资源的去向和使用情况，形成社会信任机制，实现社会力量有效参与。

兰考县“三位一体”金融扶贫模式的经验与启示*

孙远太　侯 帅　张玉博**

摘　要： 我国扶贫开发已进入啃硬骨头、攻坚拔寨的冲刺期，探索精准扶贫治理之道，是让贫困人口和贫困地区同全国一道进入全面小康社会的重要方式。兰考县作为曾经的国家级贫困县，于2017年3月顺利实现脱贫，其精准扶贫的举措亟须总结和推广。兰考县在脱贫攻坚的过程中，针对贫困户的经济条件，探索形成了“三位一体”金融扶贫模式，即实施县级政府主导、央行兰考支行支持和商业银行带动的金融扶贫的具体举措。“三位一体”金融扶贫模式实现了精准扶贫过程中从单纯的“输血”变为既“输血”又“造血”，重在培养贫困户“造血”功能的转变，为其他贫困地区通过金融扶贫实现脱贫提供一些经验借鉴。

关键词： 兰考　“三位一体”　金融扶贫　扶贫模式

一　案例概述

兰考，地处豫东平原，东临山东，北依黄河，是豫东北进入鲁西南的重

* 本文系国家社科基金一般项目“政府精准扶贫绩效改进的机制与路径研究”（17BZZ004）的阶段性成果。

** 孙远太，郑州大学公共管理学院副教授，社会治理河南省协同创新中心研究员，研究方向为政府治理与精准扶贫；侯帅，郑州大学公共管理学院2016级公共管理专业博士研究生；张玉博，郑州大学公共管理学院2016级行政管理专业硕士研究生。

要门户。辖区共有3个街道、13个乡镇、450个行政村，总人口83万人，总面积1116平方公里。兰考县交通便利，有着四通八达的交通网络，其中有连霍、日南两条高速公路交叉而过，陇海铁路和郑徐高铁穿境而过，此外有220、310、106三条国道交汇于此，是河南省“半小时交通圈”极为重要的组成部分。兰考县是焦裕禄精神的发源地，是国家新型城镇化综合试点县、国家级扶贫开发工作重点县，同时也是习近平总书记第二批党的群众路线教育实践活动联系点。2014年5月，习近平总书记在指导兰考县委常委班子专题民主生活会时，兰考县委、县政府承诺“三年脱贫、七年小康”。此后三年时间内，兰考县政府以脱贫攻坚总揽全县经济社会发展的全局，紧紧围绕“六个精准”，发挥资本市场的作用，创新金融扶贫的模式，切切实实做到扶真贫、真扶贫、真脱贫。

2014年，兰考全县共有建档立卡贫困村115个、贫困人口7.74万人。2014年以来，兰考县严格按照习近平总书记“四个切实、五个一批、六个精准”的要求，加快推进脱贫攻坚各项工作，认真开展了对大规模贫困人口识别、帮扶计划制定以及脱贫措施的落实等阶段性工作，对发现的个性问题逐村交办，对存在的共性问题进行集中整治，最终探索形成了金融扶贫的新模式。兰考全县按照主要致贫原因，创新扶贫机制，精准施策，整合全县资源，发挥政策优势，积累了扶贫攻坚的创新经验。截至2017年3月，兰考县115个贫困村中有114个实现脱贫，全县剩余贫困人口仅剩15278人，其中需要兜底人口7275人，根据低于2%的贫困退出指标，兰考县贫困发生率为1.27%，完全符合退出标准。2017年3月27日，兰考县最终实现率先脱贫，成为河南省首个“摘帽”的贫困县。

二　兰考县“三位一体”金融扶贫模式

兰考县“三位一体”金融扶贫模式，是以县级政府扶贫政策和资金为主导，以央行兰考支行业务支持为依托，以商业银行具体措施带动为纽带，通过资金扶持、平台建设、金融服务等形式为扶贫企业和贫困群体提供就业或创业条件，实现贫困群体由“输血”到“造血”的转变。“三位一体”金融扶贫模式广泛连接起地方政府、金融机构和贫困群体之间的桥梁，一方面由政府提供的政策和资金担保，可以有效降低金融机构扶贫借贷风险；另一方面金融机构可以对发展潜力较大、信用等级较高、积极主动参与扶贫的企业给予支持，促进贫困群体的就业；同时，金融机构可以为贫困群体提供金融支持，鼓励扶持贫困群体发展相关产业。

（一）县级政府主体责任引导，建立健全金融扶贫体制机制

1. 建立健全工作领导机制

兰考县专门成立了工作领导小组，其中，兰考县委书记蔡松涛担任第一组组长，且由县长和分工明确的四位副县长分别任组长和副组长，同时又下设“一办两部”（即办公室、政策开发金融研究部、“三农”金融研究部；办公室内设四组——综合组、协调组、对接组、政研组），落实试验区建设相关的工作部署。通过建立完善的扶贫工作领导机制，为日后兰考的金融脱贫确立了方向保障。另外，争取相关专业人才的支持，例如，证监会、央行郑州中心支行、省国开行以及省农行相关领导干部，整合各种人力资源，保障兰考扶贫工作的稳序开展。

2. 制定金融扶贫实施方案

兰考县专门制定了《兰考县“四位一体”金融扶贫实施办法》《兰考县信用信息中心建设实施方案》《兰考县农民住房财产权抵押贷款试点工作实施方案》等相关扶贫方案，重在加强信用信息中心建设，加快推动金融扶贫以及农民住房财产权抵押贷款试点等普惠金融重点领域创新和发展，从而为兰考实现金融脱贫提供动力支撑和政策保障。

3. 建立新型信用信息中心

兰考县政府设立了兰考县信用信息中心建设领导小组，形成了由县政府统筹领导、中国人民银行等相关各部门合力联动，县、乡、村三级共同推进的工作机制。重点搭建了以兰考企业非银行信息系统和农户信用信息系统建设为中心，与现有的中国人民银行金融信用信息基础数据库形成互为补充、

相互促进，共同支撑的新型县域信用信息共享平台。截至2016年12月31日，全县共实现信用信息中心录入农户信用信息97373户，企业信息5600户，基本实现了信用信息的广覆盖，加强了对用户信用信息的建设，为兰考实现金融扶贫提供了数据支撑。

4. 加强金融机构合作交流

兰考县积极与中国人民银行郑州中心支行签署了《推动兰考县普惠金融改革试验区合作备忘录》，并开展合作联系。主动与河南省相关金融机构开展对接工作，并与工行、农行、中行、建行、交行、邮储银行、农发行、国开行、中原银行、交省农信社10家省级金融机构签署金融扶贫的全面战略合作协议，共同推动普惠金融发展，最终实现借力金融脱贫。另外，兰考县积极采用政府主导、市场化运作模式，搭建多种融资平台，以承接中长期以及政策性信贷资金，为金融扶贫注入活力。例如，组建了城投、农投、工投、畜投、兴工5个融资平台，并设立了兰瑞与金鼎两大担保主体。通过搭建各种融资平台，筹措大量扶贫资金，与金融机构开展对接合作，向兰考县的金融扶贫计划提供了动力，加快了扶贫工作的进展。

5. 推进农村集体土地确权工作

兰考县发改委深化户籍制度改革和土地制度改革，完成了全县433个行政村16.7万户97.4万亩的土地承包经营权、集体用地、建设用地确权颁证工作任务，通过为农民工返乡创业提供担保贷款、创业培训，大量兰考贫困群众走上了脱贫创业的致富之路。兰考县财政局发挥财政资金的杠杆作用，调动金融资本与社会资本，实现财政和融资的互相支持与相互融合，保证了扶贫工作中资金链的有序运行。县委农办加强农村产权交易中心平台建设，通过推进全县农村产权交易村级服务点建设，为今后兰考县开展农村产权交易奠定了基础。同时，通过与相关软件科技有限公司开展合作，建立了完善的兰考县农村产权交易信息服务网，搭建了农村产权交易管理系统和农村产权交易电子竞价系统的信息平台。兰考县人社局积极整合资源，搞好各类培训，开展转移就业，助推扶贫攻坚。

（二）央行兰考支行业务支持，开展普惠金融精准帮扶建设

1. 做好县支行发行库恢复工作

根据郑州中支和徐诺金行长“高质量、高标准、可复制、争第一”的要求，兰考县支行依据《郑州中心支行批准同意恢复设立兰考县支库111号》的精神指示，通过实施恢复办理发行库业务，基本实现了兰考县支行发行库的正式恢复运行。目前，7家银行已经在兰考县支行开立账户，其中兰考县农商行、兰考县邮政储蓄银行、中原银行兰考县支行、中国银行兰考县支行、中国建设银行兰考县支行五家金融机构已开办人民币存缴业务。

2. 建设公共金融服务大厅

兰考县积极设立公共金融服务大厅，实现全线对外开放县支行服务，提升了服务效率与群众满意度。各个金融机构之间开展合作，加强了兄弟单位的学习交流，接待办理群众业务的能力得到了大幅度提升。随着各项业务办理频次的提升，服务民生的效率和效果也逐步显现。公共金融机构在兰考金融扶贫中发挥着越来越重要的作用。

3. 建设“普惠金融一网通”移动金融服务平台

为切实贯彻落实国务院普惠金融发展规划，中国人民银行郑州中心支行通过在兰考县试点探索建设“普惠金融一网通”移动金融服务平台，大大提升了兰考全县的金融服务覆盖率、可得性和满意度，为城乡居民提供了全新的金融服务渠道。不同金融机构通过召开“普惠金融一网通”工作座谈会，共同探讨工作思路，深入推动金融带动扶贫工作的发展；借助金融服务平台进行宣传，积极调动外部力量，不断扩大“普惠金融一网通”影响力；同时加强与政府的协调沟通，共同拓展“普惠金融一网通”使用范围，将有关社保、医保、水电煤气等公共事业缴费渠道和有关涉农补贴渠道，纳入“普惠金融一网通”微信号，一方面加快了金融服务平台的发展，另一方面为兰考人民群众的生活提供了便利。

4. 强化惠农支付体系建设，实现金融服务的全覆盖

全面升级农村取款服务点，实现农村金融服务站基本覆盖，为兰考县居

民提供转账汇款一级代理缴费等综合性支付服务，进一步推动有条件的服务点叠加残损币兑换、贷款意向收集等便民金融服务。不断拓展助农取款服务村级覆盖网络，加快助农取款服务点向惠农支付服务点的升级转化。最终实现了兰考县各个乡镇 ATM、行政村域 POS 机器和助农取款服务点“三个百分之百”的覆盖。

5. 做好农民住房财产权抵押贷款工作

兰考县支行在省市两级人民银行指导下及兰考县政府的大力支持下，成立试点工作小组，制定试点工作实施方案，创新辖内金融机构的多样化贷款产品和模式，积极参与试点启动以来，及时跟踪调度各项工作进度，多次召开座谈会，开展深入调研，积极协调有关单位和机构，实现了业务突破。

6. 加快国库建设，助力普惠金融改革

遵循“金融普惠、金融扶贫、全面经理国库”的原则，人民银行开封市中心支行在人民银行郑州中心支行的指导下，正式印发《认真履行全面经理国库职责支持兰考普惠金融改革试验区建设工作方案》。根据国库河南省分库现场工作会的统一部署，兰考支行协调推动国税部门实施出口退税退库电子化；积极推进兰考“国债下乡”销售；简明“国库业务办事流程”，为兰考群众业务办理提供了便捷。

7. 全方位开展普惠金融工作

一是建立普惠金融改革试验区专项统计制度，涵盖普惠金融 242 项和金融精准扶贫 75 项，共 317 项指标，完善了试验区金融统计、评价、考核体系。二是推广零钞及硬币自助兑换设备，打造便民利民服务硬环境。三是大力开展金融知识普及宣传，营造和谐稳定金融环境。例如郑州中支与兰考县政府联合举办“兰考普惠金融知识讲习堂”，全县党政部门、企业主、农户代表参加；开展“金融知识进校园”赠书活动，开展“普惠知识进校园”和“普惠金融知识走进创业者”讲座，提高广大群众对金融基础知识的认知和了解；印制内容涵盖利率政策、银行卡等知识的《金融常识手册》，放置公共金融服务大厅供群众参阅学习，提高民众金融素养。四是落实外汇服务。设立外汇咨询窗口，归类集中受理方式外汇业务，组建志愿者队伍，开展政策宣讲，对一些重点项目给予外汇服务。

（三）商业银行纽带助力推力，探索金融服务惠民惠农工程

1. 开展互联网金融探索

兰考县农商行与郑州一家电商网站积极开展了前期对接，主要通过该互联网平台搜集农民专业合作社、小微企业和商户的包括经营、销售、产业链等相关的大数据信息，以期为当地三农事业提供具有针对性的金融服务；并在此基础上，与该平台相关部门开展互联网金融合作，通过运用网络技术进行产品设计，并将兰考县的信贷产品以及金融服务积极投放到该电商平台，从而达到农商行、平台与客户的三方共赢互惠，进一步促进兰考县在互联网金融方面取得新进展。

2. 开展金融精准扶贫

中原银行兰考支行发放扶贫贷款 2917 万元。邮储银行开展了扶贫小额信贷扶持项目在额度和利率上对兰考县单独授权最优政策，创新支持兰考县建档立卡贫困户脱贫，截至目前，已累计支持贫困户 243 户、投放金额 1317 万元。中行则创新精准扶贫担保模式，通过“政银助业通”“互助通宝”的业务模式，为以往受到金融排斥的弱势群体，特别是贫困家庭、致力发展新型农业的涉农及小微企业提供便捷的金融服务。农行 2017 年以来在上级行支持下，采取平行作业、优先办理、利率下浮等支持项目尽快投放的绿色通道，目前已经投放 3 户金额 4.76 亿元；已营销成功 3 户金额 31.5 亿元，预计年底可投放贷款 20 亿元以上，为兰考城镇化建设和县域经济发展做出了突出贡献，为兰考县脱贫攻坚提供强力支撑。在贷款投放方面，农商行根据借款人类型制定不同的贷款扶贫政策，如农户小额自助贷款、“公司 + 农户”贷款、与政府合作的金融扶贫贷款等；工行推出小企业“银政扶贫贷”业务；建行推出“助保贷”业务。

3. 扩大金融服务覆盖范围

兰考县鼓励国有大型银行在全县各个地区积极下沉机构网点，其中一些

分支机构的大型银行主动争取在贫困地区增设更多网点。为大力拓宽金融服务渠道，兰考设立建行分支机构，全面提高金融服务机构在整个县城的服务水平。一方面河南省建设银行分行加大拨付专项费用力度投资，积极进行装修改造该行营业办公用房，进一步提高了全县的网点服务能力。另一方面根据兰考部分乡镇存在物理网点较少的现象，通过推广电话支付及助农取款点建设，不断改善各个乡镇的金融服务和支付环境，扩大服务网点和范围，进一步拓展兰考全县建行服务渠道。

4. 建立普惠金融服务体系

农行、农商行、中原银行在兰考积极打造“四位一体”的现代金融支付结算体系。此外，部门金融机构积极建立惠农金融便利店，以填补兰考乡村金融服务的空白，争取实现兰考行政村助农取款点全覆盖。特别是通过完善完备刷卡设备与点钞机配备，极大地方便了全县农村用户，真正做到了服务百姓“最后一公里”。兰考县各工商支行通过增加网点渠道投入、布设相关智能设备，打造了兰考第一家县域智能化银行，从而实现了金融业务的离柜化、智能化处理。中原银行新设立固阳镇范场村和谷营镇爪营一村两个惠农支付服务点，为广大村民提供更加便捷的一站式金融服务。整体而言，兰考县各金融机构通过构建多层次、满足不同需求的金融服务体系，大大扩大了金融的覆盖范围。

5. 大力推广电子银行服务

为全面改善兰考农村的金融服务环境，促进当地地区的经济发展，截至目前，全县各银行推出了可全面实现查询转账、缴费充值、在线支付，整合电子银行、短信汇款等支付渠道移动 APP。此外，遵循方便农村居民生产生活等方面的原则，兰考县还推出多种“农民工银行卡”产品。以农行和农商行为例，农行推出了“E 商管家”“E 农管家”，并通过加强“E 商管家”“E 农管家”与数家上游批发商签订合作协议，扩大了共享下游客户群体用户，大大丰富了电商平台的购货和供货资源，初步打造了种类齐全、品质优良的县域电商平台。

三　兰考县“三位一体”金融扶贫成效

（一）构建多层次、多元化、全方位的农村普惠金融服务体系

兰考县政府支持引导金融机构、支付机构的发展，促进其向县域延伸网点和范围，基本形成了相互协作、适度竞争的全方位支付服务体系。为了引入当地互联网金融企业以及相关产业投资基金等机构进入农村金融市场，适度地放宽其市场准入门槛和政策，从而构建了一个产品完备、分工合作、协调联动、良性竞争的多层次、多元化、全方位的农村金融体系，实现了兰考全县经济的可持续发展。

（二）建立推动农村金融扶贫发展的相关配套的政策措施

兰考县政府一方面充分发挥财政税收税、金融政策以及扶贫产业的协调配合作用，加强财税、产业政策对兰考县金融业务的支持、引导和发展；另一方面，建立健全全县相关部门联合制定金融扶贫计划和促进金融普惠发展的相关的配套政策措施，完善促进兰考农村金融普惠发展的实施运行机制，加强其对金融扶贫工作的组织协调作用。深入推动兰考地方政府不断加强对兰考全县地区特别是广大农村地区使用清算网络建设和非现金工具进行支付的宣传推广工作，争取贯彻落实纳入普惠金融发展规划的具体方案，带动兰考全县农村普惠金融服务基础设施的建设和完善。

（三）创新农村金融服务产品形式

兰考县大力加强对当地特色农业、高效农业、农产品精加工相关产业的支持力度，鼓励并引导金融机构有针对性地面向农村地区推出受群众欢迎的金融产品和服务。宣传推广金融机构向广大农村地区推出的手机银行以及网上银行等移动金融服务，一方面引导兰考县广大群众提高金融工具使用效率，满足他们的多元化需求，以提高整个兰考县的金融服务满意度，促进全

县金融业务水平的提高和农村经济的发展；另一方面促进农民消费结构升级，带动兰考全县农业的转型和发展。

（四）借力金融服务实现精准扶贫的目标

兰考县因地制宜，按照兰考不同地区的人口分布状况、人口结构特点、经济金融发展水平等实际情况，对金融扶贫对象实施精准定位，通过建设有区别地定位农村金融服务基础设施的阶段性目标，贯彻“重基本，有重点、全方面、可持续”的方针，合理分配全县的财税政策资源。特别是一些偏远山区和特困地区，了解掌握并着重满足其相关的支付服务需求。同时，针对一些市场化程度较高的农村地区，要在整个地区发挥市场的决定性力量，加强建设农村普惠金融的综合服务站，实现兰考全县社会效应和经济效益双高峰。

四　启示

兰考县“三位一体”金融扶贫模式，以政府扶贫资金为主导，央行兰考支行业务支持和商业银行措施带动，广泛连接起地方政府、金融机构和贫困群体之间的桥梁，为“金融＋精准脱贫”提供了很好的样本经验，同时对于其他地区在精准扶贫过程中采取“金融扶贫”具有一定借鉴作用。

（一）发挥地方政府的主体责任地位，建立健全金融扶贫体制机制

在精准扶贫的背景下，政府是主体责任人，是带领广大贫困群体走出贫困、实现小康的领路人。与市场相比，政府的作用更多地体现在实现公共价值，满足公共需求。因此，政府在金融扶贫过程中要做好引导作用，通过构建一系列体制机制，增加金融扶贫过程中的规范化、程序化和可操作化。兰考县政府通过成立专项的工作领导小组、搭建信息化平台中心、积极与上级或同级相关部门合作、出台金融扶贫的具体政策来提高地方政府金融扶贫的

工作成效，实现金融机构信贷资金风险可控，加大金融机构对于扶贫企业的支持力度，促进贫困户通过就业和发展产业，实现脱贫。

（二）发挥金融机构的业务支持作用，推动扶贫企业和资金高效运转

在地方政府金融扶贫政策的引导下，金融机构通过对扶贫企业和贫困户产业的资金投放，实现金融扶贫的“造血”功能。金融机构、金融工具、金融理念能与贫困群众的需求无缝对接，更能为县域中小微企业发展壮大提供实实在在的帮助，提供强大的内生动力。金融扶贫既需要政府引导，还要按照市场规律做事，在机制设计上既要考虑经济因素，也要考虑社会因素，这需要地方政府、金融机构和扶贫企业的通力合作。兰考县相关的金融机构，以政府扶贫资金为主导，带动金融行业的资金，引导扶贫企业履行社会责任，广泛调动银行和企业参与扶贫开发的积极性，同时也为贫困群体实现就业和创业创造良好的金融环境。

（三）调动贫困群体的就业创业意愿，提高能力脱贫和精神脱贫效果

在地方政府的引导和金融机构的支持下，贫困群体可以实现在扶贫企业就业或通过金融资金进行再就业。摆脱贫困是一方面，如何有效提升贫困群体能力、防止“返贫”是另一方面。在实际工作中，尽可能提高贫困群体的劳动能力，对他们进行因人而异、因地制宜的培训，提高贫困群体的劳动技能。同时，由于有地方政府和金融机构的支持，贫困户可以有保障地进行自主就业和自主创业，依靠自己的能力摆脱贫困。兰考县政府和金融机构通过一系列金融扶贫措施，为贫困户提供制度保障、资金保障和组织保障，这就形成一个良性的“循环系统”，地方政府提供保障，金融机构提供业务，贫困群体提供劳动，使贫困群体在就业和创业时候没有后顾之忧，从思想和行动上调动贫困群体生产生活的积极性。

嵩县旅游扶贫开发中农民再组织化的探索

王 博　王怡楚*

摘　要： 洛阳市嵩县作为国家扶贫开发重点县，深入贯彻精准扶贫、精准脱贫方略。立足于豫西伏牛山生态核心区优美自然山水资源优势，大力实施旅游大扶贫战略行动，通过开发景区，多方面拓宽农民就业空间和推进农旅融合，提升农产品附加值的方式走出一条因地制宜的旅游扶贫之路。在打赢脱贫攻坚战的同时，创新精准脱贫与社区治理相结合，积极探索建立农民再组织化的社区治理机制，以第一书记为核心促进农民再组织化，以新的生产生活方式形成共同体，以政府引导下的秩序为连接形成组织化网络。嵩县通过创新和加强精准脱贫与基层社区治理相结合，促进农民再组织化完善乡村秩序、提高社会效益，探索出了贫困地区农村社区治理的新路径。

关键词： 嵩县　脱贫攻坚　旅游扶贫　再组织化

习近平总书记强调，“脱贫攻坚任务重的地区党委和政府要把脱贫攻坚作为‘十三五’期间头等大事和第一民生工程来抓，坚持以脱贫攻坚统揽

---

* 王博，河南省政府发展研究中心研究员；王怡楚，郑州大学公共管理学院 2017 级硕士研究生。

经济社会发展全局”。洛阳市嵩县坚决落实习近平总书记的重要指示要求，深入贯彻精准扶贫、精准脱贫方略，大力实施大扶贫战略行动，创新精准脱贫与社区治理相结合的发展路径。在打赢脱贫攻坚战的同时，积极建立农民再组织化的社区治理机制，探索出了贫困地区农村社区治理的新路径。

一　案例概况

嵩县地处豫西伏牛山生态核心区，总面积3009平方公里，辖16个乡镇322个行政村，人口62万人，其中农村人口53万人，人均耕地不足0.8亩，素有“九山半岭半分川”之称，是国家扶贫开发重点县。近几年，嵩县坚持走“绿水青山就是金山银山”的生态发展之路，把旅游扶贫作为重要抓手，以创建全域旅游示范县为载体，通过景区带动、公司合作、社会帮扶、美丽乡村建设、易地搬迁等方式，念好“带、合、帮、建、搬”五字经，让贫困群众因旅游而富，让乡村因旅游而美，让贫困县因旅游而兴，形成了“旅游带动、脱贫加快”的良性发展局面。2016年，全县接待游客1200万人次，实现综合收益37.6亿元，旅游业收入占农民家庭收入的比重达68%，全县贫困人口由2011年的8.46万人减少到2016年底的4.67万人，嵩县用实际行动走出了一条因地制宜的旅游扶贫新路子。

二　嵩县旅游扶贫模式主要做法

（一）开发景区，多方面拓展农民就业空间

伏牛山区优美的自然山水资源成为开发景区、发展旅游业的基础，而旅游业对农民的就业具有强劲的带动作用。嵩县出台了诸多优惠政策，吸引企业、社会组织、个人参与到乡村景区开发中，并通过“核心景区+农家乐集群”以及安置就业、提供摊位、入股分红等方式，充分发挥景区对邻近贫困地区和交通沿线贫困村的辐射带动作用，让贫困人口分享景区发展带来的收益。

嵩县按照持续建设“5A嵩县”的发展理念，全力打造“全域旅游”示范县，积极引导和鼓励各类企业开发嵩县旅游资源，打造“全域旅游”带动“全域脱贫”。实现就业安民、创业富民和发展惠民。嵩县政府每年整合资金2000万元，对景区开发、农家宾馆建设、旅游商品生产等进行重点扶持或奖励。2014年9月，瑞贝卡集团入驻白云山景区，投资建设白云山国家级旅游度假区，涵盖车村、白河两镇，面积近600平方公里。嵩县以白云山、木札岭为龙头，带动周边贫困居民发展农家乐，逐步形成“木扎岭+龙湾村农家乐集群”、“木札岭—天桥沟—白河”百里农家宾馆长廊；同时，主要景区周边配套旅游项目和新兴业态应运而生，天桥沟自驾游营地、滑雪场、木札岭漂流等相继建成开业，在白云山和木札岭景区直接就业的当地村民就有500多人，带动群众发展农家宾馆近千家，解决就业1万余人，其中近1/3就业者为建档立卡贫困户。

（二）推进农旅融合，提升农产品附加值

积极探索休闲农业及特色养殖业的运作模式，鼓励农民把山区丰富的农副产品向旅游商品进行创新性的转变，支持农民加工特色农产品旅游商品，实现农业、养殖业与旅游产业的深度融合，并通过休闲农业及养殖业的市场化运作路径，拓展农产品的销售渠道，有效带动农民脱贫致富。

在嵩县天桥沟村，来自省旅游局的第一书记，结合单位专业优势和贫困村自然禀赋，发展乡村旅游产业，通过在前湾、岭后、古路沟、上沟沿线种植向日葵，打造了林田海花景观带，全村种植油葵300亩，培育休闲农业观光基地，带动了22户贫困户83人增收；同时，以政府贴息的方式，贫困户通过养鸡、养兔、养羊、养猪、养牛，实现16户46人脱贫，全面实现产、供、销一条龙服务。

嵩县白河镇通过成立嵩县白河伏牛山旅游开发有限公司引导农户种植香菇、银杏、猕猴桃、柿子、金钗石斛等土特产品和中药材，通过公司加工、包装十余种特色旅游商品，既拉长了旅游产业链条，又拓宽了特色农产品的销售渠道，提升了当地农产品的附加值，增加了农民收入。

（三）加强第一书记的引领作用

嵩县县委以“精准管理、发挥作用”为目标，进一步细化驻村第一书记工作任务，从严抓实第一书记管理，有效整合各职能部门和派出单位优势资源，打破条块壁垒，形成工作合力，充分发挥第一书记在脱贫攻坚工作中的引领作用，推动精准扶贫脱贫工作扎实有效开展。

创新开展“七个一”，即帮好一个班子、引好一个项目、促成一批对子、干成一件实事、培育一项产业、建好一个合作社、转移一批劳动力。研究出台了《嵩县驻村第一书记“七个一”工作“印痕管理”百分制考核办法（试行）》《嵩县驻村第一书记“七个一”工作台账》《嵩县驻村第一书记“七个一”工作手册》，县委坚持每月对驻村第一书记“七个一”工作进行逐项督导检查，将督导结果以《嵩县驻村第一书记“七个一”工作简报》形式在全县范围内予以通报，力促“七个一”工作扎实开展，强化结果运用，严格问责。

嵩县县委还专门成立了以县委副书记为组长，以县委常委、组织部长和主抓扶贫工作副县长为副组长，以相关部门主要负责同志和各乡镇党委书记为成员的驻村第一书记“七个一”工作领导小组，专项负责统筹安排、督导推进“七个一”工作。进一步整合县直各职能部门职责，打破条块壁垒，为第一书记开展工作提供全方位保障。

三　嵩县旅游扶贫模式对农民再组织化的探索

随着城乡二元体制的走向，原有的农村生活方式已无法适应农村人口大量流动的状况，生产方式的转变，导致村庄、村民间的联系减少甚至孤立化，从而使得村庄、村民最基本的社会联结被破坏，村庄和村民的集体意识减弱，协作意识和能力下降，乡村社会出现了“组织衰败”的现象。因此，提高农民的组织化程度，不仅有利于打赢脱贫攻坚战，也是增强基层社区治理、实现乡村振兴的必然要求。嵩县的旅游扶贫模式，在行政资源的引导下，推动各类资源下乡，把第一书记树立为农民再组织化的核心领导者；通过改变乡村的生产生活方式，形成农民共同体；在政府的引导下，引入市场机制，构建农民再组织化的秩序。

（一）以第一书记为核心的农民再组织化

组织能够发声的主要因素就是要存在领导者，他能够有效地影响到其他成员的态度和行为。领导者要做到有效性，就需要他的动员能力和对资源的调配能力。第一书记因精准脱贫工作深入乡村，掌握本村的各种情况，熟悉村民家庭状况，在完成精准脱贫工作的同时，也为动员村民打下了基础。并且第一书记都是省市县各级单位下派的人员，都有着一定的行政资源，可以利用行政资源的下乡为第一书记树立权威，成为农民再组织化的核心领导。

例如，嵩县车村镇的天桥沟村是省旅游局的定点帮扶村，第一书记是省旅游局的工作人员。因此省旅游局局长带领局党组班子成员及机关各处室、直属单位主要负责人到天桥沟村，实地调研推进旅游精准扶贫工作，采取党支部（总支）帮扶贫困户措施，按照“一对一”“一对多”的形式与32个贫困户进行对接，落实帮扶措施，通过微博微信为天桥沟村进行旅游宣传，并在省局官方网站上制作“天桥沟村旅游扶贫”网页。而且天桥沟村在第一书记的积极推动下，建立了自驾游营地，设立了“爱心屋”，引导村民改造家庭宾馆，卖起了山货，自驾车友还送来了衣物、书籍、家电等物资。

（二）以新的生产生活方式形成共同体

村是农业社会最基本的组织单位，是具有极强同质性的共同体。但在城镇化浪潮的冲击下，大量农村青壮年劳动力开始进入城市，乡村人口剧减，原有的农村生活方式已无法适应农村人口大量流动的状况。乡村的生产生活方式随之转变，导致了村落社会走向消解，村民个人间、与组织间的联系被极大弱化，甚至乡村世界出现了“鸡犬之声相闻，罕往来”的局面。因此要实现农民的再组织化，就需要为乡村注入新的生产生活方式，形成基于共同生产生活方式的组织共同体。通过脱贫攻坚工作的推进，为贫困户提供新的生产生活方式，依赖经济、文化、社会心理等资源的纽带作用，进一步凝聚起来，形成共同体。

扶贫搬迁是改变生产生活方式、形成新的共同体最直接的方式，在新的环境下，人与人之间的结合是人性的自然流露。嵩县在扶贫搬迁过程中，把分散居住于地质环境恶劣、不具备生产生活条件的贫困群众搬迁出来，向旅游景区服务区和服务驿站集中，使乡村旅游服务成为搬迁小区的特色主导产业和稳定增收来源。先后建成车村镇黄水村、水磨村、铜河村，白河镇下寺村、上庄坪村和木植街乡石磙坪村等 10 多个旅游搬迁安置小区，解决了 4300 名贫困群众稳定脱贫问题，户均年收入达到 5 万元以上。

利益共同体是最稳固的组织，利益目标的一致性，能强化组织的动员能力。嵩县积极发展集体经济，强化农民合作经济组织的联合功能，与企业签约，带动贫困群众脱贫致富。如华东制药、民生药业、河南豫博等 10 余家集旅游、花卉苗木种植、中药材加工等于一体的龙头企业，以“企业 + 合作社 + 农合”的方式流转土地，使当地群众获得稳定的地租收入和就业劳动收入。嵩湖生态园也凭借这种方式，已累计培训安置闲散劳力 300 多人，其中 80% 是本地妇女。

还有，车村镇天桥沟村，2013 年成为美丽乡村后，依托优美的环境和初具规模的农家宾馆群落，通过全员发动、全民参与，全力打造旅游风情小镇，晋升为国家 3A 级旅游景区，实现了从“贫困村落”到“美丽乡村”，再到“国家 3A 级旅游景区”的华丽蝶变。

（三）以政府引导下的秩序为连接形成组织化网络

我国过去组织化的社会基础在于我国属于典型的熟人社会，血缘和地缘的高度结合加上姻亲关系，使得农民在宗族、村庄等小群体内部有着密集的社会关联、高度的信任和强烈的认同感。但现在乡村原子化的走向，村民内的信任度已无法成为农民组织化的连接网络。而组织化是一种建立在情感性、认同性关系以及共同志业基础上的治理模式。因内部合作需要，人们需要协商出合作规范，构成网络联系，形成自治理机制，从而维持系统长期秩序。因此，在脱贫攻坚过程中，贫困户的识别和退出标准，作为一种秩序的同时，政府引导下的公益秩序，以及市场秩序，一起构成了农民再组织化的内部秩序，形成了一种新的治理机制。这种模式在一定程度上能够直接体现组织群体的需求，有效克服政府模式的低效率和市场模式的不公平。

政府引导下的秩序除了脱贫攻坚的要求外，还有政府推动下的公益活动，在活动的开展过程中形成的新秩序。例如，2016 年 8 月，嵩县向社会发起了“帮扶一个贫困户，嵩县山水任您游”旅游精准扶贫大型公益爱心活动。爱心人士或爱心企业可以通过助学帮扶、项目帮扶、就业帮扶等方式，自愿选择帮扶对象。2019 年之前，只要帮扶一个贫困户，即授予帮扶者“嵩县旅游精准扶贫爱心卡”，持卡者本人及户口本上的家庭成员，可以免门票进入嵩县所有 A 级景区观光游览。脱贫攻坚完成后，将对做出贡献的爱心人士授予“嵩县县民”荣誉，游览景区终身免票。县委、县政府专门设立了“旅游扶贫公益爱心活动”办公室，从全县贫困家庭招录 8 名大学毕业生，专门负责帮扶活动的组织开展和爱心卡的发放等工作。已有将近千个贫困户联系到有意向资助的爱心企业、爱心人士。

旅游扶贫的市场化本身就要求各参与方遵从市场秩序。车村镇与洛阳林安汽车公司联合成立了嵩南旅游开发公司，天桥沟村 32 家贫困户以农舍、林地、苗圃等资源作价入股，农民变成股东。此外，该村引进白云山自驾游营地和滑雪乐园项目，安排本村 50 多名贫困群众就业。本着“同等条件下贫困户优先”的原则，安排当地贫困户人员参与工程建设和小型运输 1600 人次，贫困户创收 54 万元。

还有，木札岭景区的龙王村曾经是个远近闻名的贫困村，原来人均收入不到 2000 元，经过发展现已拥有农家宾馆 150 多家，标准化床位超过 6800 张，人均纯收入超过 3 万元。目前，农家宾馆已经“蔓延”到周边 5 个行政村，当地农民逐步向商业零售、旅游客运、旅游工程等行业延伸。

四 启示

打赢脱贫攻坚战，农村人口全部脱贫，是全面建成小康社会、实现第一个百年奋斗目标的一个标志性指标。脱贫攻坚是一项系统性、复杂性的工程，涉及政治、经济、社会、文化和生态文明建设的全过程，是国家治理体系和治理能力现代化的一种体现。这一重大战略工程需要多方工作的统一协调推进。创新和加强精准脱贫与基层社区治理相结合，创新乡村治理体系，不仅有利于脱贫攻坚工作的稳步推进，改善农民生活状态，还能促进社会整体进步，提高社会治理效果。

（一）以脱贫攻坚促进农民再组织化

从嵩县的经验中可以看到，农民再组织化是在脱贫攻坚工作推进的过程中发生的，这种再组织化是以改善农民生活状态为出发点，着重发挥了行政资源的引导作用和市场化的资源配置作用；是在农民以独立的认知判断为基础，根据自身内在需求，有意识、有目的的自我设计、自我控制地去行动、去组织化，而不是完全的“被组织”。这种农民再组织化解决了当前城乡二元结构下，农民分散、村级组织涣散的治理问题，为精准脱贫与基层社区治理相结合提供了一条有效路径。

（二）以脱贫攻坚完善乡村社会秩序

脱贫攻坚的目的不仅仅是改变贫困人口的贫困状态，更是以脱贫攻坚统领经济社会发展全局，不断增强人民群众获得感、幸福感。这就需要发展乡村经济的同时，完善乡村社会秩序，走乡村善治之路。而当前，我国传统的乡村秩序已受到侵蚀，由于受城乡二元差距、文化冲突、人才流失等因素的制约，乡村已无法自发形成社会秩序，这就迫切需要以脱贫攻坚为统领，通过行政资源向乡村输入，发挥行政资源的引导作用，引导社会资本、市场资本等要素资源下乡，在资源下乡的过程中，乡村百姓的日常生产和生活受到影响改变，对诸多规则体系进行选择，从而形成并完善了乡村社会秩序。

（三）提高社会效益推进脱贫攻坚

打赢脱贫攻坚战是以贫困户的经济状况为主要标准，这就意味着在此过程中的农民再组织化是以经济效益为重点而形成的。而农民再组织化作为一种治理机制，是基层社会治理的重要内容，因此我们不能忽视农民再组织化中的社会效益。所以，在以经济效益为根基的农民再组织化的形成中，要坚持发挥政府的引导作用，强化基层党组织的凝聚力、战斗力，培育和维护农民再组织化中的社会效益，从而实现其规范化、公平化和效率化。

图书在版编目(CIP)数据

河南社会治理发展报告. 2018 / 郑永扣主编. --北京：社会科学文献出版社，2018.7
（社会治理河南省协同创新中心智库丛书）
ISBN 978-7-5201-2963-3

Ⅰ.①河… Ⅱ.①郑… Ⅲ.①社会管理-研究报告-河南-2018 Ⅳ.①D676.1

中国版本图书馆 CIP 数据核字（2018）第 139209 号

社会治理河南省协同创新中心智库丛书
河南社会治理发展报告（2018）

主　　编／郑永扣
副 主 编／郑志龙　刘学民　高卫星　樊红敏

出 版 人／谢寿光
项目统筹／郑庆寰　邓泳红
责任编辑／张　媛

出　　版／社会科学文献出版社·皮书出版分社（010）59367127
地址：北京市北三环中路甲 29 号院华龙大厦　邮编：100029
网址：www.ssap.com.cn
发　　行／市场营销中心（010）59367081　59367018
印　　装／三河市龙林印务有限公司

规　　格／开 本：787mm×1092mm　1/16
印 张：23.25　字 数：352 千字
版　　次／2018 年 7 月第 1 版　2018 年 7 月第 1 次印刷
书　　号／ISBN 978-7-5201-2963-3
定　　价／99.00 元

本书如有印装质量问题，请与读者服务中心（010-59367028）联系